MATIERE D'ART
Architecture contemporaine en Suisse

A MATTER OF ART
Contemporary Architecture in Switzerland

Ce livre est publié à l'occasion d'une exposition au Centre culturel suisse à Paris (5 mai – 1 juillet 2001).

Livre et exposition sont produits par le Centre culturel suisse – Pro Helvetia, fondation suisse pour la culture, et sont conçus et réalisés par l'ITHA (Institut de Théorie et d'Histoire de l'Architecture Jacques Lucan et Bruno Marchand, directeurs) du Département d'Architecture de l'Ecole polytechnique fédérale de Lausanne.

L'exposition est réalisée avec le concours de la Fédération des Architectes Suisses (FAS) et la contribution du Canton d'Appenzell Rhodes-Intérieures.

Commissariat de l'exposition, conception et réalisation du livre l'accompagnant:
Jacques Lucan
avec Colette Raffaele,
Guy Nicollier et Philippe Mivelaz,
les conseils de Martin Steinmann,
et la collaboration de l'équipe du Centre culturel suisse:
Daniel Jeannet, directeur, Héléna Bastais, Bruna Mettler,
Anne Pellaton, Jean-Jacques Roubaty et Antoine Marchon.

This book is published for the purpose of an exhibition held at the Centre Culturel Suisse in Paris (5 May – 1 July 2001).

The book and exhibition are produced by the Centre Culturel Suisse – Pro Helvetia, Arts Council of Switzerland, and designed by the ITHA (Institut de Théorie et d'Histoire de l'Architecture chaired by Jacques Lucan and Bruno Marchand) of the Department of Architecture at the Ecole Polytechnique Fédérale de Lausanne.

The exhibition is produced with the competition of the Fédération des Architectes Suisses (FAS) and the contribution of the canton Appenzell-Innerrhoden.

Exhibition commissioners and editorial board of the accompanying book:
Jacques Lucan
with Colette Raffaele,
Guy Nicollier and Philippe Mivelaz,
advised by Martin Steinmann,
with the cooperation of the Centre Culturel Suisse:
Daniel Jeannet (Director), Héléna Bastais, Bruna Mettler,
Anne Pellaton, Jean-Jacques Roubaty and Antoine Marchon.

MATIERE D'ART
Architecture contemporaine en Suisse

A MATTER OF ART
Contemporary Architecture in Switzerland

Centre culturel suisse
Paris

Birkhäuser – Publishers for Architecture
Basel · Boston · Berlin

PRO HELVETIA
Arts Council of Switzerland

This book was kindly supported by

Written and designed by:
ITHA (Institut de Théorie et d'Histoire de l'Architecture, chaired by Jacques Lucan
and Bruno Marchand) – Department of Architecture
Ecole Polytechnique Fédérale de Lausanne
Jacques Lucan
with Colette Raffaele,
Guy Nicollier and Philippe Mivelaz,
advised by Martin Steinmann.

Translation from French into English: Sarah Parsons, Paris.
Translation of essay by Stanislaus von Moos:
Elizabeth Schwaiger, Toronto (English) / Irène von Moos, Zurich (French)

A CIP catalogue record for this book is available from the Library of
Congress, Washington D.C., USA.

Deutsche Bibliothek Cataloging-in-Publication Data

Matière d'art : architecture contemporaine en Suisse = A matter of art
/ Centre Culturel Suisse, Paris. [Transl. into Engl.: Sarah Parsons...].
- Basel ; Boston ; Berlin : Birkhäuser, 2001
ISBN 3-7643-6445-9

© 2001 Birkhäuser – Publishers for Architecture,
P.O. Box 133, CH-4010 Basel, Switzerland.
Member of the BertelsmannSpringer Publishing Group.
Printed on acid-free paper produced of chlorine-free pulp. TCF ∞

Printed in Germany
ISBN 3-7643-6445-9

9 8 7 6 5 4 3 2 1   http://www.birkhauser.ch

Les signes (→) renvoient aux pages dans lesquelles il est question des projets mentionnés. Pour des informations complémentaires concernant les architectes et les bâtiments et projets présentés dans ce livre, le lecteur pourra se reporter au répertoire donné en annexe.

(→) indicates those pages featuring the project(s) referred to. For any additional information concerning the architects, buildings and projects mentioned in this book, please consult the list in the appendix.

AVANT-PROPOS
FOREWORD

Jacques Lucan

En réalisant ce livre, nous proposons une «coupe» dans le passé le plus récent: en effet, sa partie centrale est consacrée à la présentation de quinze bâtiments achevés de construire entre 1997 et 2000. Cette «coupe» est mise en regard d'une histoire plus longue, aussi bien grâce à la «Conversation» avec Martin Steinmann, que grâce aux essais de Stanislaus Von Moos, Joseph Abram et Bruno Marchand, et aux thèmes spécifiques abordés, qui présentent des réalisations et des projets supplémentaires.

La «coupe» dans le passé le plus récent n'a pas pour objectif de représenter toute l'architecture suisse contemporaine. Faire un livre et une exposition nécessite des choix si on propose, non pas une lecture documentaire qui voudrait ne rien oublier, mais une lecture qui suppose des partis-pris quant à ce que l'on estime être au vif de la production architecturale contemporaine. Nous n'avons donc pas cherché à dresser un tableau qui se soucierait d'équilibre géographique en donnant à chaque canton ou chaque région linguistique une place particulière, pas plus que nous n'avons voulu équilibrer des «tendances» que nous aurions cherché au préalable à distinguer.

La situation de l'architecture suisse n'est pas explicable par une seule ligne de développement, et on n'a jamais pu, à son sujet, postuler une homogénéité «nationale». Elle est compréhensible si on l'envisage au contraire comme une succession ou même une cohabitation de «moments», correspondant souvent à des «traditions» culturelles, attachées à des aires géographiques ou linguistiques: par exemple le moment du *Neues Bauen*, suivi après la Seconde Guerre mondiale par un modernisme tempéré, avant la surprise du moment tessinois à partir du milieu des années soixante-dix. Depuis quelques années, il ne fait pas de doute que l'architecture de la Suisse alémanique soit devenue prépondérante avec, récemment, une étonnante éclosion de bâtiments intéressants dans les Grisons. Ces moments successifs correspondent-ils à des cycles? On peut le supposer et cette question mériterait un approfondissement spécifique.

Peut-on tenter maintenant de relever ce qui caractérise l'architecture suisse d'aujourd'hui?
Nous avons choisi de traiter plusieurs thèmes, en posant l'hy-

The purpose of this book is to provide a "section" of Switzerland's most recent architecture, with a focus on fifteen buildings constructed between 1997 and 2000. Yet this "section" is nonetheless viewed within its broad historical context, through a conversation with Martin Steinmann, through essays by Stanislaus Von Moos, Joseph Abram and Bruno Marchand, and through specific themes in which other built works and projects are presented.

As the term "section" implies, our aim is not to show the complete works of contemporary Swiss architecture. Choices have to be made when compiling material for a book and exhibition, especially when the goal is not to set forth a comprehensive documentary but rather to offer subjective interpretation of what lies at the cutting edge of contemporary architectural output. That is why we have not sought to create a balance between the "trends" we have endeavoured to identify, nor have we attempted to paint a picture of geographic balance by according each canton or linguistic region its own slot.

The development of Swiss architecture cannot be explained in mere linear fashion, nor can it be postulated that it bears homogenous national features. Rather, it should be understood as a sequence or sharing of "moments" that often correspond to cultural traditions tied to geographic or linguistic areas. A case in point is the *Neues Bauen*, followed by the tempered modernism of the post-World War II years, then by the unexpected Ticino experience that was sparked in the mid-seventies. Over the past several years it has become abundantly clear that the architecture of German-speaking Switzerland has taken on preponderant proportions, with several remarkable buildings being spawned in the canton of Graubünden. The question is whether these successive "moments" can be compared to cycles. It might be assumed so, which thus calls for in-depth appraisal.

The first issue to tackle is whether contemporary Swiss architecture shares common characteristics. That is why we have drawn up a number of themes, basing our

pothèse qu'une époque se reconnaît par la teneur des questions qu'elle se pose, par les problématiques qu'elle construit et développe. Même si une inscription «locale» fascine, comme réponse à un milieu, prise en compte de données contextuelles, appropriation d'une identité, la reconnaissance internationale de plusieurs de ses protagonistes et l'intérêt suscité par l'architecture suisse contemporaine dans les publications et revues spécialisées, suggère qu'elle aborde des problèmes qui dépassent des frontières limitées, problèmes qui touchent à une dimension artistique.

Car, en dernière instance, il s'agit de cela: pourquoi l'architecture suisse contemporaine nous intéresse-t-elle sinon parce qu'elle porte l'idée de l'architecture comme art? Les bâtiments que nous avons choisis, s'ils sont intelligibles à partir de données fonctionnelles et contextuelles, nous font aussi appréhender l'architecture en elle-même, mais hors des règles de nos habitudes. Nous avons donc nécessairement affaire au nouveau: si nous approchons les choses pour en reconnaître le caractère durable, c'est encore pour les voir telles que nous ne les avons jamais vues et libérer ainsi de nouveaux domaines de sensibilité. Ce que nous offre l'architecture bouleverse notre regard, et construit une nouvelle réalité.
On l'a compris: nous sommes restés dans les limites de l'architecture, parce qu'elle est pour nous... matière d'art.

Nous avons choisi de montrer des réalisations d'architectes qui exercent leur activité professionnelle en Suisse: c'est pourquoi il ne sera pas question de bâtiments cependant remarquables, construits en Suisse, mais conçus par des architectes qui exercent à l'étranger, parmi lesquels il faut indubitablement distinguer l'auditorium et le centre de congrès de Lucerne de Jean Nouvel et le siège de l'UEFA à Nyon de Patrick Berger. De façon parallèle, nous avons choisi de ne pas présenter des bâtiments réalisés par des architectes suisses hors de Suisse: c'est pourquoi la réalisation de la Tate Gallery à Londres de Herzog & de Meuron est absente de cet ouvrage, tout comme le musée de Bregenz de Peter Zumthor, par exemple.

research on the assumption that each period of time is marked by specific issues and problematic givens that are developed and built on. There is one particular fact to note in this respect. On the one hand, there seems to be a fascination in Switzerland with "local" architecture as a response to specific environments, to contextual data and to a quest for identity; on the other hand, the international acclaim enjoyed by a number of Swiss architects and the attention accorded to contemporary Swiss architecture in professional reviews and other publications would suggest that geographic boundaries have been transcended and that an artistic dimension has come into play.

Artistic is indeed the right term. After all, the reason why contemporary Swiss architecture has aroused so much interest is arguably because it projects the notion of architecture as an art form. In the buildings we have selected the architecture is underpinned by functional and contextual givens, enabling us to appreciate the architecture for itself, though not in a way we are accustomed to. We are hence clearly dealing with something new here. We are being invited to perceive the lasting nature of buildings, which means we see these buildings from a totally different angle, opening up new realms of awareness. Our gaze falls on the architecture and is shattered by what it sees, engendering a new type of reality. Our objective is thus clear: we have remained within the bounds of architecture quite simply because, to our mind, architecture is a matter of art.

We have deliberately chosen to show the works of architects who practise in Switzerland. Hence no reference has been made to a number of striking buildings constructed in Switzerland but by architects practising abroad. Among these should be cited Jean Nouvel's auditorium and conference centre in Luzern, together with the UEFA headquarters in Nyon by Patrick Berger. Equally, we have chosen not to feature buildings constructed by Swiss architects outside Switzerland. Consequently, works such as the Tate Gallery in London by Herzog & de Meuron and the art museum in Bregenz by Peter Zumthor are not presented.

OBSESSIONS

Conversation entre Jacques Lucan et Martin Steinmann

OBSESSIONS

Conversation between Jacques Lucan and Martin Steinmann

La Suisse et l'architecture moderne

J.L. – Commençons par évoquer le passé le plus récent de l'architecture suisse. Pour cela, j'emprunte un propos à Marcel Meili. Rappelant le climat des années soixante-dix, celui-ci déclarait : «*Le modernisme n'était pas perçu comme un moment qui demandait à être dépassé. Au contraire, il était reçu comme un héritage [...]. Le fait que, dans une large mesure, l'architecture puise sa vitalité d'une intimité non rompue avec le Mouvement moderne peut apparaître contradictoire. C'est une des particularités de l'histoire de ce pays au XXe siècle, qu'il ait subi les attaques contre la culture moderne à un moindre degré que dans des pays voisins.*»[1]
Selon Marcel Meili, l'architecture suisse n'a donc pas été dans une situation de rejet, de rupture par rapport au développement de l'architecture moderne. Ce qui a créé une situation culturelle particulière et enrichissante: pas de rejet, pas de rupture absolue, un héritage varié.

M.S. – Cette observation est juste. Une explication réside certainement dans le fait que la Suisse n'a pas connu la guerre sur son sol. Il n'y a donc pas eu de rupture. Bien sûr il y a eu des crises économiques, bien sûr l'architecture moderne était loin d'être acceptée par tout le monde, mais elle n'était jamais l'objet d'un complet rejet. Déjà, en 1940, Alfred Roth, dans son livre *La Nouvelle Architecture*, expliquait la situation de certains pays comme la Suisse, la Suède, la Hollande, pays démocratiques qui avaient partiellement échappé à une «idéologisation» de l'architecture moderne. Il faut dire cependant que dans les années soixante, années de mes études, cette architecture locale était passablement ignorée, et que ce fut l'un des apports de ma génération que sa redécouverte.

J.L. – Du moment que des architectes, des historiens et des critiques – mais des historiens et des critiques qui sont souvent architectes – se mettent à se poser les questions: «qu'a-t-on produit ces dernières années? pourquoi ça s'est produit de cette façon?», une attitude réflexive se fait jour. Elle a évidemment pour but de comprendre où en est le développement de l'architecture, selon quels paramètres, quels critères l'architecture a été conçue. Le phénomène le plus intéressant est que ce mouvement de compréhension embraye sur la production architecturale elle-même, c'est-à-dire que le pro-

Switzerland and Modern Architecture

J.L. – Let's start by talking about the most recent episodes in Swiss architectural history. First, I'd like to quote Marcel Meili, who referring to the seventies said: *"Modernism wasn't perceived as an epoch that needed to be overcome. Instead, it was received as an inheritance [...]. The fact that this architecture could derive its vitality in large measure from an unbroken intimacy with the Modern Movement might appear contradictory. It is one of the peculiarities of the history of this country in the 20th century that it suffered the offensives against modern culture to a much smaller degree than the neighboring lands."*[1]
So, according to Meili, Swiss architecture never really turned its back on modernism. Which has given rise to an enriching and highly specific cultural status quo – no rejection, no total separation.

M.S. – That's right. One reason is undoubtedly that Switzerland was spared both world wars. So there was no break in continuity. Of course there were recessions, and of course modern architecture was not welcomed by everyone with open arms by any means. But it was never completely rejected. Even as early as 1940, Alfred Roth expounded this phenomenon in his book *La Nouvelle Architecture*, in which he described the situation of countries such as Switzerland, Sweden and Holland – democratic countries that managed to partially escape the "ideologisation" of modern architecture. It has to be said though that during the sixties – my university years – local architecture was relatively unknown, and one of the things my generation did was bring it back to light.

J.L. – Once architects, historians and critics – but historians and critics who are often architects – start asking questions such as *"What have we built in the last few years?"* and *"Why was it built that way?"* a certain thought process is triggered. The aim of this process is clearly to try and grasp where we stand in terms of architectural development, and to assess the parameters and criteria of architectural output. What is interesting is that at a given point attempts to understand architecture actually be-

jet lui-même devient outil de connaissance; il s'agit d'appréhender comment le projet est conçu. On assiste donc à la conjonction de deux exigences, l'une historique et critique, l'autre théorique concernant le projet. Cette situation est assez exceptionnelle. Cette situation donne à l'architecture suisse d'aujourd'hui une densité telle que l'objectif n'est pas de simplement faire les bâtiments aussi corrects que possible. Concevoir un projet correspond à une prise de position par rapport à ce qu'on croit être l'architecture, c'est un engagement: des architectes n'hésitent pas à problématiser leur pratique.

M.S. – Si je réfléchis bien, le retour vers les années vingt avait une raison précise: l'absence de préoccupations théoriques dans les années soixante. Se tourner vers ces années signifiait chercher une base rationnelle pour l'architecture. C'était donc un retour à l'histoire pour connaître notre tradition, celle des architectes de la Siedlung Neubühl, et un retour à la théorie pour trouver des modes opératoires, c'est-à-dire pour pouvoir agir. Il faut noter que la redécouverte du *Neues Bauen* a eu lieu parallèlement à un intérêt pour la sémiologie. Il ne s'agissait donc pas simplement de découvrir notre tradition, mais de la comprendre comme structure de formes constituant un langage et produisant des significations, notamment liées à «l'âge du machinisme».

De l'image à la structure de l'image

J.L. – L'intérêt porté à la sémiologie s'explique parce que c'est un moyen d'analyser un objet, en l'occurrence un objet architectural, qui a une forme et une signification. Cette démarche, on peut l'appeler structuraliste. Mais elle ne se borne pas à l'objet lui-même, puisque celui-ci est aussi appréhendé par rapport à une situation contextuelle – où sont impliquées des dimensions économiques, techniques et sociales. De ce fait, sémiologie et contextualisme ont partie liée.

M.S. – Une première motivation était le refus de la table rase, était de ne pas concevoir un projet indépendamment de son contexte, mais aussi de ne pas le concevoir d'une façon trop intuitive et romantique, en s'inspirant seulement des formes «trouvées» – comme on disait – sur le site. Il fallait donc mieux comprendre dans quelle structure le projet s'inscrivait, mais

come part of the architectural creation itself; in other words, the very design becomes a tool of understanding. It's all about grasping how the project has been devised. So there are two factors at work here, one of which is historical and critical, while the other is theoretical, related to the design. It's quite an extraordinary situation really. And that's what characterizes Swiss architecture today – I mean insofar as the objective is not just to make decent buildings. It's more than that. Designing a scheme nowadays means taking a stance with respect to what we believe architecture to be. It's a commitment. And what's more, architects are quite happy to question their own methods and techniques.

M.S. – Thinking about it, the reason we reverted to the twenties is that there was no theoretical focus in the sixties. Turning back in time was a way of seeking a rational basis for architecture, of understanding our roots and traditions, such as those of the Siedlung Neubühl architects. Equally, it signalled a return to theoretical ground so as to find different ways of working, to chart the course for taking action as it were. It's also significant that interest in *Neues Bauen* was rekindled in parallel with an interest in semiology. So it wasn't just a question of coming to grips with our traditions; it was more about understanding them as a structure of forms making up a language and abounding with meanings, notably connected with "the age of mechanization".

From Images to the Structure of Images

J.L. – This interest in semiology came about because it enables us to analyze objects, including of course, architectural objects. It lends form and meaning. We might call it a structuralist approach, but it isn't restricted to objects themselves because each object has to be understood in relation to a context made up of economic, technical and social factors. This means that semiology and contextualism are linked.

M.S. – Yes, the main reason it came about was that some architects refused to wipe the slate clean, to design schemes independently of their context; but they also re-

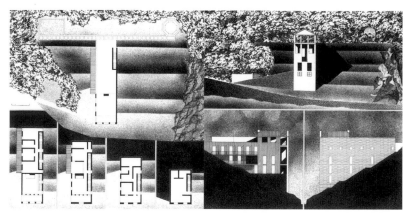

B. Reichlin, F. Reinhart, Maison à Vezio / Vezio house

aussi quelle structure le projet proposait. L'intérêt pour la sémiologie partait de là: considérer le site dans une continuité architecturale qui est aussi une continuité culturelle.

L'architecture de Bruno Reichlin et Fabio Reinhart était alors la vérification la plus claire de cet intérêt. Je pense, par exemple, à leur projet de maison à Vezio (1975), qui ne fut pas réalisé, mais qui est cependant une œuvre paradigmatique par l'association de différents éléments, typologiques et morphologiques, caractéristiques des maisons situées en périphérie des villages du Tessin. Par la mise à nu de ses procédés poétiques, cette architecture s'opposait radicalement au contextualisme naïf qui faisait alors école. Le contextualisme que nous théorisions était critique: il révélait les contradictions qui déterminent le lieu dans son histoire.

J.L. – Ces préoccupations que vous aviez, Bruno Reichlin et toi-même, à propos de la sémiologie, se sont plus tard trouvées confrontées aux premiers bâtiments réalisés, notamment par Diener & Diener et par Herzog & de Meuron, ces bâtiments permettant effectivement une lecture sémiologique et contextuelle. Si je prends le cas de Diener & Diener, je choisirai à Bâle l'ensemble au bord du Rhin, à St. Alban-Tal (1984–1986). Cet ensemble possède plusieurs parties, chacune étant d'une part spécifique à la situation urbaine qu'elle occupe, d'autre part dans une relation référentielle à une image d'architecture historiquement connotée. L'histoire à laquelle il est fait référence n'est cependant pas une histoire héroïque: les images sont celle d'une architecture moderne devenue presque vernaculaire, si bien que l'ensemble peut même, à un œil un peu distrait, apparaître comme datant des années trente. On pourrait dire ainsi que cet ensemble de Diener & Diener est sémiologiquement intelligible.

M.S. – C'est en cela, à mes yeux, que St. Alban-Tal porte une problématique à son paroxysme. Il est possible après elle de se libérer d'une manière de réagir au contexte qui lui emprunte comme des citations. Après St. Alban-Tal, le travail de Diener & Diener cherche un vocabulaire plus général, un vocabulaire qui prend aussi position, non pas *contre* la ville, mais *pour* la ville[2].

J.L. – Le travail de Diener & Diener aborde alors la question du lieu commun, qui n'exclut bien évidemment pas, mais

fused to be overly intuitive and romantic, drawing solely on forms "found", as it's termed, on site. Instead, they sought to understand what framework the design was being inscribed in, as well as what framework the design was offering in return. The interest in semiology stemmed from that, from taking stock of the site in terms of its architectural, and hence cultural, continuity. The buildings designed by Bruno Reichlin and Fabio Reinhart exemplify this approach. I'm thinking in particular about their scheme for the Vezio house (1975) which was never built but is nonetheless a paradigmatic work due to its combination of different typological and morphological components, all characterizing dwellings that can be found on the outskirts of Ticino villages. The design lays bare the poetic process, sharply contrasting the naïve contextualism that reigned at the time. The contextualism we theorized about was critical: it revealed the contradictions that give us historical insight into a place.

J.L. – This semiological research that you and Bruno Reichlin carried out was later brought into face to face contact with the early buildings of Diener & Diener and Herzog & de Meuron, because these buildings can, in effect, be read on a semiological and contextual plane. Take the complex built in Basel by Diener & Diener at St. Alban-

Diener & Diener, St. Alban-Tal, Bâle / Basel

bien au contraire requiert des décalages: ces décalages rendent manifestes les opérations auxquelles procède le projet. A ce moment l'attention se porte sur les modes opératoires eux-mêmes.

M.S. – Dans la perspective qui nous occupe ici, les premiers travaux de Herzog & de Meuron sont significatifs, notamment l'atelier Frei à Weil (1981–1982) avec ses trois différentes manières d'habiller le volume. Chaque manière correspond au côté que regarde le bâtiment. Il en résulte un tout hétérogène, comme à St. Alban-Tal: nous nous rendons compte que les discontinuités à l'intérieur du bâtiment correspondent aux discontinuités du contexte. Il faut ajouter que contrairement à certaines tendances du post-modernisme qui cherchaient des références dans l'architecture avec un grand A, Herzog & de Meuron recherchaient celles-ci dans le monde banal. Dans cette optique, je pense que Herzog & de Meuron ont toujours eu une démarche critique.

Cette démarche devient plus complexe quand les signes véhiculés conduisent dans une impasse. C'est le cas avec la maison pour un collectionneur d'art à Therwil (1985–1986): l'image de la «baraque» est en effet projetée dans un quartier résidentiel et la contradiction entre la structure formelle qui dit «je suis une baraque» et l'affectation de la maison, qui n'est pas habitée par des marginaux, met en crise une lecture sémiologique. C'est alors que le mécanisme tourne à vide.

J.L. – C'est aussi à ce moment qu'il apparaît en tant que tel.

M.S. – Le mécanisme produit des significations, mais elles sont visiblement trompeuses. On se rend donc compte qu'il ne s'agit plus de contextualisme, qu'il ne s'agit plus d'inscrire le bâtiment dans un contexte à l'aide de signifiés, mais qu'il s'agit de rendre visible la structure signifiante indépendamment de ce qu'elle signifie. Ainsi un bâtiment se prête à beaucoup de lectures, qui sont permises par cette structure; il se prête à des lectures qui impliquent nos expériences personnelles.

L'architecture comme artefact

J.L. – Le passage d'une attention portée à l'image vers une préoccupation concernant la structure de l'image – d'aucuns diraient du signifié vers le signifiant – représente une inflexion de

Herzog & de Meuron, Atelier Frei, Weil, Allemagne / Germany

Tal on the banks of the Rhine (1984–1986). The design is made up of several different parts, each one attuned not just to its urban surroundings but also to historic connotations, which are woven into a web of reference points. What greets the eye, though, is no heroic representation of history. No, it is a piece of modern architecture that seems almost vernacular, even to the point of appearing to date back to the thirties, if one doesn't look too closely. So we can say that this complex by Diener & Diener is semiologically intelligible.

M.S. – That's precisely why, to my mind, St. Alban-Tal is a paroxysm. It acted as a kind of liberating element, whereby context was no longer borrowed in the same way as quotations. For after St. Alban-Tal, Diener & Diener sought a more general lexical field, though one which allowed them to take just as much of a stance – not against the city, but for the city.[2]

J.L. – It was then that Diener & Diener began to address the issue of communal space, though obviously not precluding differences. On the contrary, the notion of difference runs throughout each scheme, spotlighting the actual methods and techniques employed.

M.S. – Herzog & de Meuron's works are also significant in this respect, notably the Frei atelier in Weil (1981–1982) which is covered in three different claddings, each one corresponding to a different side of the building. The re-

Herzog & de Meuron, Maison à Therwil / House in Therwil

la réflexion architecturale, qui se trouve de nouveau très concernée par la matière même de l'architecture, le construire.

M.S. – Il y a dans cette évolution plusieurs bâtiments qui sont paradigmatiques parce qu'ils correspondent à un moment de crise. Pour rester avec Herzog & de Meuron, l'entrepôt Ricola à Laufen (1986–1987) en fait partie (→ p. 30). Jacques Herzog a souvent parlé de la structure que présente la façade comme d'une image rappelant l'empilement des planches que l'on voit dans les scieries de la région ou la stratification du calcaire de l'ancienne carrière dans laquelle l'entrepôt s'est installé. Donc, il parle d'une référence possible à plusieurs images, mais finalement ces images ont affaire avec le fait structurel d'empiler. C'est ce fait que le bâtiment donne à voir.

J.L.– Toutes les images de référence, qui ont pu à un moment être opérantes passent au second plan. La question est dorénavant celle de comment l'empilement se fabrique? comment est constituée l'image elle-même du bâtiment? comment la façade de l'entrepôt est construite? On a maintenant le sentiment d'avoir affaire à une architecture très analytique, où chaque chose est définie, où la superposition et l'assemblage d'une chose avec une autre fait l'objet d'un travail précis. La question éventuelle de la représentation devient secondaire; la constitution du bâtiment apparaît en tant que telle.

sult is a heterogeneous whole, like St. Alban-Tal, and we realize that the broken continuity of the building corresponds to the broken continuity of the context. What's also important is that unlike certain post-modernists who have looked for frames of reference in architecture with a capital A, Herzog & de Meuron look for them in the everyday world. Overall, I think Herzog & de Meuron have always had a critical approach, though it's an approach that grows more complex when symbolic vehicles lead to a dead end. That was the case with the house they designed for an art collector in Therwil (1985–1986); here, the image of a "shack" is effectively projected onto a residential quarter, and the contradiction between the formal structure which says "I am a shack" and the actual use of the house, whose occupants can hardly be called dropouts, sets the cat among the pigeons as far as any semiological interpretation is concerned. It's at this point that the engine starts running in neutral.

J.L. – It's also at this point that the engine can be taken for what it actually is.

M.S. – The engine generates meanings, but these are patently deceptive. We realize that it's no longer a question of contextualism, that it's no longer a question of inscribing the building into a context by drawing on signifiers; rather, it's all about rendering the signifiant structure visible, independently to what it actually signifies. At the end of the day, then, the building can be read in a host of different ways, depending on one's own personal experiences.

Architecture as an Artefact

J.L. – Shifting attention from the image to the structure of the image – some might call it shifting from the signifier to the signifiant – has resulted in a change in architectural thinking. Once again, though, this hinges on the underlying substance of architecture – the actual construction.

M.S. – There are several paradigmatic buildings in this regard – paradigmatic because they correspond to a time

Cette attitude face au projet explique, selon moi, pourquoi Herzog & de Meuron, tout comme plusieurs des protagonistes aujourd'hui les plus importants de l'architecture suisse, échappent alors au post-modernisme: c'est grâce à cette attention à la structure de l'image. Le travail n'est pas resté à la question sémiologique des significations et des références. Au contraire, il s'est porté sur ce que j'appellerais la syntaxe – et il faut ici rappeler les travaux historiques et théoriques de quelqu'un comme Bruno Reichlin.
Dans cette perspective, des bâtiments rendent compte de leur propre fabrication. Et l'entrepôt à Laufen montre explicitement comment il est fait; il est intelligible, comme l'est le bâtiment d'habitation en bois à Bâle, Hebelstrasse (1984–1988).

M.S. – Herzog & de Meuron ne poursuivent pas un but seulement didactique. Ils se servent des éléments de la construction pour révéler des structures profondes qui rapprochent les faits architecturaux et les faits naturels; on le voit avec le deuxième bâtiment pour Ricola situé près de Mulhouse (1992–1993), où l'eau de pluie s'écoule le long des murs latéraux, laissant un dessin changeant sur le béton (→ pp. 31, 156). Mais il est vrai que les réflexions de beaucoup d'architectes tournent autour de la fabrication de l'architecture; ceci correspond à la recherche d'un langage plus vrai, en-deçà de signes qui ne s'adresseraient qu'à des spectateurs «savants». Par là, cette recherche se range dans la tradition du *Neues Bauen*, qui a voulu remplacer les formes conventionnelles par des formes résultant, comme «naturellement», du processus de la construction. Pourtant, la recherche dont nous parlons repose sur une équivoque, que Hans Frei a bien notée[3]: le langage de la fabrication n'est pas une *lingua franca*; il exige aussi des spectateurs savants, capables de répéter mentalement les opérations de fabrication d'une architecture à l'aide des règles qu'elle présente.

J.L. – Ce que tu dis fait immanquablement penser à l'Art concret. En effet, le texte manifeste de l'Art concret, en 1930, précisait les points suivants: «*Le tableau doit être entièrement construit avec des éléments purement plastiques, c'est-à-dire plans et couleurs. Un élément pictural n'a pas d'autre signification que* lui-même *en conséquence le tableau n'a pas d'autre signification que* lui-même»[4]. Max Bill ajoutait plus tard: «*Il s'agit de donner au spectateur la possibilité de contrô-*

of crisis. The Ricola warehouse constructed by Herzog & de Meuron in Laufen (1986–1987) is a case in point (→ p. 30). Jacques Herzog has often referred to the structure of the façade as an image, saying how it resembles stacks of planks piled up in the local sawmills or the layers of limestone in the old quarry that is home to the warehouse. So he calls up several images, but all of which are to do with the structural effect of stacking.

J.L. – Yet at one point or another all those referential images take a backseat role and the central question becomes: How was the stack made? How was the actual image of the building constituted? How was the warehouse façade built? We get the feeling that we're dealing with a highly analytical piece of architecture here, where everything is defined and where each component has been painstakingly assembled. Symbolization becomes secondary and the form of the building is revealed for what it is. As I see it, this explains why Herzog & de Meuron slip through the fingers of post-modernism, as do several other major protagonists in the Swiss architectural arena today. It all stems from their focus on structuring images; they've gone beyond semiological issues of meanings and references and have started to tackle what I would call syntax – and at this juncture it's important to remember the historical and theoretical work undertaken by such individuals as Bruno Reichlin. In other words, the buildings recount their own making, as demonstrated in the warehouse at Laufen. The warehouse is comprehensible, like the timber housing in Hebelstrasse in Basel (1984–1988).

M.S. – The goal that Herzog & de Meuron set themselves is not purely didactic. They make use of construction components to unveil the underlying structures in which architecture and nature are brought closer together. This is especially noticeable in the second Ricola building near Mulhouse (1992–1993), where the rainwater drips down the walls, patterning the concrete (→ pp. 31, 156). Though it's fair to say that an increasing number of architects are focusing on the making of architecture, in search of a more genuine language – one which does not convey symbols that only address a "learned" audi-

ler les opérations et de lui faire entrevoir les méthodes qui donnent naissance à l'œuvre d'art»[5].

M.S. – Dans cette optique, Max Bill, artiste et architecte, est effectivement important, mais aussi Richard Paul Lohse, qui conçoit le tableau de telle manière que les règles de sa formation puissent être comprises. C'est pour lui la condition d'un art démocratique où le spectateur devient en quelque sorte aussi producteur, en reconstruisant le tableau. Il n'y a donc pas de signification en-dehors de l'œuvre elle-même: on peut voir ici en quoi, pour l'architecture, c'est revenir à des faits élémentaires, et pourquoi la question du contexte, dans un sens sémiologique, est dépassée. L'architecture post-moderne, pour laquelle des éléments architecturaux représentent souvent d'autres choses qu'eux-mêmes, n'est plus ici d'actualité. Mais le glissement de l'attention des signes vers les formes s'est aussi emparé des signes de la construction. Dans cette optique, Christian Sumi parle du passage «*des matériaux vers l'effet des matériaux*»[6]. Ainsi, les planches qui protègent l'isolation des bâtiments forestiers à Turbenthal (1991–1993), bâtiments qu'il a construits avec Marianne Burkhalter, sont fixées avec des écarts techniquement plus grands que nécessaire. Il en résulte que nous percevons ces planches comme formes, verticales et horizontales, ces orientations différentes n'ayant rien à voir avec les conditions de la construction, avec la fonction elle-même des planches. Les architectes se servent d'effets contraires pour donner une expression différente aux deux corps de bâtiment, correspondant à leur caractère, dressé ou couché.

La «forme forte»

J.L.– Un bâtiment procède d'abord d'une génération dont les règles sont intrinsèques. Il donne à lire comment il est construit, dans un sens propre mais surtout métaphorique: comment il est formellement construit. S'il y a là une sortie d'un contextualisme littéral, il y a néanmoins un nouveau risque, celui d'une architecture qui pourrait se réduire, dans le pire des cas, à un expressionnisme du bricolage. Pour échapper à ce risque, d'autres thèmes devaient être abordés. Il y a dix ans, tu as introduit le thème de la «forme forte». Tu avais dit – je reprends tes propres mots –: «*Dans l'architecture contemporaine, on peut constater une tendance à concevoir les bâtiments en tant que corps géométriques simples, clairs,*

ence. It's a strategy that can be compared to the *Neues Bauen* tradition, in which conventional forms are replaced by forms that are "naturally" generated by the construction process. However, the strategy we're talking about here rests on one ambiguity, as Hans Frei has aptly noted:[3] the language of building is not a *lingua franca*; it demands a knowledgeable audience, capable of assimilating construction processes and their underpinning rules.

J.L. – What you're saying makes me think straightaway of Concrete Art. In fact, the manifesto of Concrete Art, drawn up in 1930, states the following: "*The painting must be composed entirely of pure plastic elements, i. e. of colours and planar surfaces. A pictorial element has no meaning other than* itself *and consequently the painting has no meaning other than* itself."[4] Max Bill later added: "*It involves giving viewers the chance to control the process and to show them the methods that sired the artwork.*"[5]

M.S. – Yes, Max Bill – an artist and architect – is obviously a major figure in this respect, but then so is Richard Paul Lohse, who considered it vital that the rules governing the creation of his work be understood. In Lohse's terms, such understanding is a prerequisite of democratic art, for it enables viewers to reconstruct the picture and thus become the creator in a way. So there is no meaning outside the scope of the work itself. In architecture, this means going back to basics, which is why from a semiological viewpoint the issue of context has become outmoded. Post-modern architecture, which contains architectural features that often represent something other than their own selves, is no longer topical.
However, the shift of focus from symbols to forms also encompasses construction symbols. For instance, Christian Sumi speaks of switching "*from materials to the effect of materials.*"[6] Hence, the planks that shield the external insulation of the forestry buildings in Turbenthal, which Sumi designed with Marianne Burkhalter (1991–1993), are placed at larger intervals than is technically necessary. We therefore perceive these planks as vertical and horizontal shapes that have nothing to do

des corps dont la simplicité confère une grande importance à la forme, au matériau, à la couleur, et cela en dehors de toute référence à d'autres bâtiments. [...] Ces projets se caractérisent par la recherche de formes fortes»[7]. Rappelles-nous en quoi une «forme forte» n'est pas ou est plus qu'une forme simple.

M.S. – Je réponds, dans un premier temps, par les mots de Robert Morris: le fait qu'une chose soit simple ne signifie pas que sa perception soit également simple. La forme simple est plus qu'une description mathématique ou géométrique, principalement des volumes. Car ce qui est déterminant n'est pas la simplicité ou la pureté des *«formes qui satisfont nos sens»*, comme disait Le Corbusier. Non, ce qui est en jeu avec la notion de «forme forte» est l'effet d'un bâtiment, et cet effet ne regarde pas seulement les signes de la fabrication de la forme. Un bâtiment qui illustre bien la relation entre forme et matériau est la chapelle Sogn Benedetg (1985–1988) de Peter Zumthor. L'ancienne église fut détruite par une avalanche; sa ruine, en pierre, a été consolidée et l'architecte a choisi un autre matériau pour la chapelle, le bois. Il ne s'agissait pas d'en faire un signe de ruralité, mais de laisser à la ruine sa place dans la mémoire des habitants et de disposer d'un matériau qui permettait de réaliser l'enveloppe de la chapelle de forme arrondie. Pour être précis, Zumthor a choisi un revêtement de tavillons de mélèze, qui est soumis au temps: l'exposition au soleil, à la pluie et au vent, colore la surface; elle passe progressivement du gris au brun-rouge, renforçant l'effet du volume. Dans ce sens, la matérialité est dans un rapport très précis avec la forme; elle renforce l'effet de la forme. Et la forme permet au matériau de «se présenter» au lieu de représenter autre chose, l'idée de ruralité par exemple.

J.L. – Il ne s'agit plus maintenant de savoir comment les tavillons sont fixés, s'ils sont cloués, etc. La «forme forte», en même temps qu'elle a une présence phénoménologique, propose un dépassement des procédures de composition: sa valeur n'est pas dans l'articulation sophistiquée des parties constituantes. Elle vise à l'unité.

M.S. – Ce qui importe c'est l'effet, avant toute signification, avant que la forme devienne signe – ce qui est d'ailleurs inévitable comme l'a noté Roland Barthes. L'effet produit par la

Burkhalter & Sumi, Bâtiments forestiers à Rheinau / Forestry building in Rheinau

with purely constructional considerations or with the basic function of the actual planks. Instead, the architects drew on contrasting effects to produce a different expression for each of the two parts of the building – either upright or laid down, thus reflecting the very act of felling.

"Forceful Forms"

J.L. – Buildings are created out of a set of intrinsic rules. The way we read them depends on how they are built, in both a literal and, more importantly, a metaphorical sense. Yet while this cancels out pure contextualism, it opens the door to another risk, which in the worst case scenario might boil down to producing a form of cobbled together expressionism. To escape this risk, other themes have to be included. Ten years ago, you introduced the theme of "forceful forms". You said, and here I quote: *"There is a trend in contemporary architecture to design buildings as simple, lucid geometric bodies – bodies whose simplicity spotlights shape, material and colour, without relating to any other building. [...] These schemes are characterized by a quest for forceful*

P. Zumthor, Chapelle Sogn Benedetg / Sogn Benedetg chapel

chapelle est puissant: un corps qui se dresse sur un pré en pente et qui, en soi, a une allure qui en fait une «forme forte».

J.L. – Avec la chapelle de Zumthor, tu choisis un bâtiment très éloigné de la forme d'un parallélépipède, très éloigné de la *swissbox*. Est-ce que tu choisis cet exemple délibérément parce qu'il présente une complexité volumétrique, alors que de multiples parallélépipèdes existent, qui appartiennent à une rhétorique de la production suisse contemporaine, des boîtes qui peuvent être quelquefois ennuyeuses?

M.S. – Elles sont quelquefois ennuyeuses.

forms."[7] And it is important to remember here that a "forceful form" is not just a simple shape, or rather it is much more than just a simple shape.

M.S. – First of all I'd like to cite Robert Morris: the fact that something is simple does not mean it should be perceived in a simple way. A simple form is more than just a mathematical or geometric description, composed primarily of volumes. What determines a simple form is not its simplicity or the purity of its *"shapes that satisfy our senses"* as Le Corbusier would have said. No, what is at stake in the notion of "forceful form" is the effect conveyed by a building, and this effect is not founded solely on the building's outward shape. Take Sogn Benedetg chapel by Peter Zumthor (1985–1988), which is a building that graphically illustrates the relation between form and material. The old church was destroyed in an avalanche, so the architect left the stone ruins and used another material – timber – for the new chapel. In so doing he wasn't trying to create a symbol of rural life, but rather to engrave the ruin in the memory of the local inhabitants and at the same time use a material that would allow him to envelope the chapel in a curved shape. To be a bit more precise, Zumthor clad the building in strips of larch which weather over time; so the chapel gradually changes from grey to rusty brown, depending on how sunny, windy or rainy it is, thereby heightening the effect of volume. Subsequently, materiality is inextricably linked with form here; it underscores the effect of form. And the form enables the material to "represent itself" rather than representing something else, such as the notion of rural life.

J.L. – It's no longer an issue of knowing how those strips of larch are fastened to the structure – whether they're nailed or whatever. The "forceful form", which bears phenomenological overtones, goes beyond pure composition and sophisticated articulation; rather, it takes on a value that aims at unity.

M.S. – What's important is effect, and this prevails over any kind of meaning, i.e. before the form becomes a symbol – which will happen anyway, as Roland Barthes

J.L. – Mais elles sont bien faites.

M.S. – Oui, mais «être bien fait» ne suffit pas, pas même en prenant le point de vue de l'Art concret. On se lasse des signes de la fabrication de l'objet; on sait comment on peut faire une boîte, techniquement, et on demande autre chose à l'objet architectural, qui doit être aussi un «objet à usage spirituel», pour reprendre cette belle définition de l'œuvre d'art donnée par Max Bill lui-même.

J.L. – Pour toi, la «forme forte» est une problématique qui te permet de réfléchir autrement à la forme, de dépasser à la fois un contextualisme littéral et ce que l'on peut ressentir comme étant la tentation d'un nouveau maniérisme: maniérisme de la production intelligible d'un objet architectural. Cette problématique, tu l'as énoncée en 1991. Depuis, plusieurs architectes se sont référés explicitement à la «forme forte», comme quoi le travail critique et théorique peut avoir quelquefois des influences sur la production architecturale; ils ont aussi conçu et réalisé des bâtiments que nous pouvons reconnaître comme étant des «formes fortes». Est-ce qu'il n'y a pas quelquefois, dans l'architecture suisse contemporaine, un excès par rapport à la compréhension de la «forme forte»? Est-ce que les architectes ne sont pas dans une espèce de tentation d'installer une «forme forte» comme seule façon d'affronter le chaos de la ville contemporaine? Pour finir, on installe un bâtiment, de dimensions plutôt importantes, et quelle que soit la qualité de ce bâtiment, il est déjà là, il s'affirme.

M.S. – La «forme forte» n'a, pour moi, rien à voir avec les dimensions d'un bâtiment. Prends le poste d'aiguillage d'Annette Gigon & Mike Guyer à Zurich (1996–1999). C'est un volume tout en béton dont le toit est légèrement plié (→ p. 144). Le béton, qui montre les traces des grands panneaux de coffrage, est coloré dans la masse, brunâtre, et inscrit ainsi le bâtiment dans la tonalité de l'aire de la gare. Ce qui en fait une «forme forte» est sa position par rapport au pont routier qui traverse les voies ferrées et représente en quelque sorte l'ordre de la ville. En fait, le poste d'aiguillage est décalé, indiquant ainsi qu'il appartient à un autre ordre, celui de la gare. Sa «forme forte» permet de voir les propriétés du lieu, qui étaient là, mais qui ne nous étaient pas apparues; elle intériorise ces propriétés de telle sorte qu'elle nous renvoie au

has noted. The chapel has a powerful effect. It stands tall on a sloping meadow, like a body, emanating an aura that makes it a "forceful form".

J.L. – It's interesting that you've chosen Zumthor's chapel as an example, for it has nothing at all in common with the usual "swissbox". Did you choose it deliberately, because it's a complex volume? I mean, there are scores of parallelepipeds that could be said to embody Swiss architecture – boxes that can sometimes seem rather hackneyed.

M.S. – That's because they are sometimes rather hackneyed.

J.L. – But they're well made.

M.S. – Yes, but being well made isn't enough, not even if we apply the concept of Concrete Art. It gets boring when we're continually shown how an object is made. We know how to make a box, technically that is. But we want more than that from architectural objects; we want them to be "objects with a spiritual purpose", to borrow from Max Bill's eloquent definition of an artwork.

J.L. – So in your opinion, a "forceful form" enables us to relate to form from another angle, to go beyond not only literal contextualism but also beyond what might be called a bid to adopt a new mannerism – a mannerism whereby architectural objects are rendered comprehensible. You introduced the term "forceful form" back in 1991, and since then several architects have explicitly picked up on it, which goes to show how critical and theoretical work can sometimes influence architectural output. But doesn't it seem to you that there may have been a misunderstanding in contemporary Swiss architecture regarding the notion of "forceful form"? That architects tend to opt for a "forceful form" as the only means to cope with the chaos of contemporary cities? That they end up designing buildings which make an impact purely on account of their size? In other words, they don't worry too much about the quality of the building – it's assertive enough just because it's there.

lieu. Avec la «forme forte», il s'agit, comme tu l'as dit, d'échapper à un contextualisme littéral, qui se limiterait, par exemple, à la citation de tel matériau ou de telle couleur. Pour moi, après l'ensemble de St. Alban-Tal dont nous avons précédemment parlé, l'architecture de Diener & Diener démontre ce dépassement d'un contextualisme littéral. Elle cherche, par son volume, une relation dialectique avec le contexte. Roger Diener a ainsi posé le problème: mettre un lieu en ordre par un seul bâtiment. A cette fin, il faut chercher un rapport plus général au lieu, à l'aide d'un bâtiment autonome, qui intègre ce qui est là, mais qui l'intègre dans sa propre logique, dans sa propre forme ou *Gestalt*. Ainsi, le bâtiment s'exprime sur le contexte, pas avec de la petite monnaie, mais par un geste conscient de sa propre valeur et de son propre statut.

Minimalisme et banalité

J.L. – Après avoir parlé de la forme architecturale et de son intelligibilité, d'une relation possible à l'Art concret, nous avons abordé le problème de la «forme forte». L'enchaînement nous mène ici vers l'Art minimal, même si nous devons nous garder d'une lecture rétrospective qui présenterait le développement récent de l'architecture suisse comme une marche sans obstacle, guidée par des principes uniquement rationnels. Le regard porté à l'Art minimal participe maintenant du développement d'une problématique architecturale. Dans l'Art minimal, je distinguerai deux approches. D'abord une approche phénoménologique de l'œuvre d'art, œuvre qui prend souvent la forme d'une installation: ce qui est en jeu ce sont les sensations éprouvées, sensations «premières», en-deçà de tout fatras iconographique. Ensuite, un usage de matériaux ou d'éléments ordinaires, qui ne demandent pas de façonnage important, des matériaux qui nous sont livrés par l'industrie et sont utilisés quasiment tels quels, sans altération.

Le parallèle avec l'architecture est possible: l'approche phénoménologique, nous en avons déjà parlé; le penchant à l'utilisation de matériaux banals est une préoccupation partagée par beaucoup d'architectes. Cette préoccupation est d'autant plus forte lorsque l'intelligibilité de l'architecture est un objectif affiché. Utiliser un matériau banal, mais aussi des matériaux qui ne sont pas encore très habituels dans la construction de bâtiments, c'est nécessairement se poser la question de com-

M.S. – As I see it, a "forceful form" has got nothing to do with the size of a building. Take the signal box by Annette Gigon & Mike Guyer in Zurich (1996–1999). It's made entirely of concrete with a slightly folded roof (→ p. 144). The concrete, which bears marks left by large formwork panels, is coloured right through in a brownish hue and thus blends with the tones of the station. What makes it a "forceful form" is its position in relation to the road bridge that straddles the tracks and which represents urban order. Basically, the signal box is offset, indicating that it belongs to another order – that of the station. Its "forceful form" opens our eyes to the features of the site, for although they were there before, we couldn't make them out. Those features have now been internalized as it were. As you said, by creating a "forceful form" we steer clear of pure contextualism; that is, we don't just use one specific material or colour in the same way as a quotation.

I would say that the St. Alban-Tal complex we were speaking about earlier marked a turning point for Diener & Diener in this respect; from then on they sought to go beyond pure contextualism, using volume to forge a dialectic relation with context. Roger Diener has summed it up neatly: create order within a site by a single building. To do so requires establishing a more general rapport with the site, via an autonomous building that integrates all the existing elements, but which integrates them according to its own logic, in its own fashion or *Gestalt*. And so the building relates to its context but not in a way that short-changes its customers. No, it relates to it in a way that enhances its own value and status.

Minimalism and Banality

J.L. – Having spoken about architectural form and how it can be understood, drawing connections with Concrete Art, we then went on to discuss the issue of "forceful forms". In the logical scheme of things this brings us to Minimal Art, though we must be wary about being too retrospective, such as presenting the recent development of Swiss architecture as an effortless step, guided by purely rational principles. I see Minimal Art as hav-

ment les utiliser, de quelles règles l'on se donne pour les mettre en œuvre; c'est donc, encore une fois, se poser la question de la construction de la forme elle-même.

M.S. – Cette question des matériaux banals retrouve des problèmes évoqués au début de notre conversation. S'intéresser à l'architecture de «deuxième ligne», c'est regarder l'architecture moderne lorsqu'elle s'inscrit dans la vie quotidienne, dans des bâtiments qui en montrent une application «sans rhétorique», sans héroïsme. Cette architecture, qui ne renvoie pas immédiatement aux «maîtres», laisse de l'espace pour l'imagination: on peut se l'approprier – ce qui, sans être ridicule, n'est pas possible de la villa Savoye –; on peut l'adapter à ses propres images. Cette architecture est comme un écran sur lequel tu projettes les images qui résument tes expériences.
On peut dire la même chose à propos des matériaux banals et industriels. Ils ne sont pas prisonniers d'une signification particulière; ils sont, pour un certain temps, en quelque sorte libres. Mieux, c'est nous qui sommes libres d'y associer nos significations propres. L'effet qu'ils produisent devient alors déterminant pour leur utilisation. Ils peuvent développer leur effet: un Multiplex, un béton teinté, une verre armé peuvent éveiller des émotions d'un ordre très général. Nous revenons ainsi à la question de la phénoménologie.

J.L. – C'est aussi dans cette perspective que la quotidienneté, que les atmosphères urbaines familières, «ordinaires» deviennent attirantes, certains adoptant des positions plus radicales que d'autres. Je pense bien sûr aux protagonistes de l'Architecture analogue, et avant tout à son idéologue Miroslav Šik, qui s'intéressent aux choses qui sont là, à leur poésie en tant qu'elles sont banales, cette poésie devant beaucoup à leur matérialité.

M.S. – Je pense, de plus, que le repli sur les matériaux et sur les effets qu'ils sont susceptibles de produire ne sont que l'ultime moyen d'éveiller des émotions générales que j'appelle *Stimmungen*.

J.L. – On assiste ainsi à une étonnante convergence entre une attitude portée vers le réalisme et une attitude portée vers l'abstraction. Abstraction dans le fait d'utiliser «à d'autres fins» des matériaux ordinaires; réalisme dans le fait de rester au plus près de ces matériaux mêmes.

Gigon & Guyer, Poste d'aiguillage CFF, Zurich / CFF signal box, Zurich (→ p. 144)

ing two facets. First, the phenomenological facet of an artwork – an œuvre that often takes the form of an installation, engendering sensations, primal sensations, over and above any iconographic jumble. Secondly, there is the use of materials and ordinary components, which don't require any major shaping or moulding; these are factory-made components that can be used straight out of the packet. We can draw parallels here with architecture; not only is there the phenomenological approach, which we have already mentioned, there is also the use of banal materials, which attracts a great deal of architects. This attraction grows even stronger when the goal is to make the building comprehensible. Using everyday materials – but materials which are not often employed in architecture – necessarily leads to questions such as how to actually use them, which guidelines to adopt when using them and so forth; so once again, questions are raised about the construction of the form itself.

M.S. – This issue of banal materials ties in with what we were saying at the beginning of our conversation. I mean, the idea of "second row" architecture, of perceiving modern architecture in accordance with how it is inscribed in our daily lives. These buildings are devoid of rhetoric and heroism, and so might not at first glance look like masterpieces. But they do leave room for the imagination: we can adapt them to our own images and we can appropriate them, which is something we can't possibly do with certain other buildings – like the Villa Savoye for instance. This type of architecture is like a

M.S. – Les deux attitudes recherchent, par des voies opposées, comme l'essence des choses. En ce qui concerne la peinture, Wassily Kandinsky les a rapprochées en disant que le réalisme cherche à transmettre le sens d'une œuvre en représentant des choses simples, et que l'abstraction cherche à faire de même en présentant des formes simples. En dernière instance, conclut-il, les deux attitudes se ressemblent car ce ne sont pas les choses et les formes qui importent, mais ce qu'il appelle leur «résonnance» ou leur essence.

Et peut-être est-ce ce que nous montre aussi l'Architecture analogue: la recherche d'émotions familières, données par une architecture réaliste, qui touche en toi une corde sensible et te fait chercher à comprendre la raison des émotions que tu ressens.

Enveloppe et tectonique

J.L. – Je regarderai maintenant la relation du réalisme et de l'abstraction d'un autre point de vue. Aujourd'hui, on assiste à une inflexion dans l'attention portée à l'architecture: l'accent est souvent mis sur l'enveloppe du bâtiment, plus que sur la spatialité, l'expression de la fonction ou l'expression de la structure, questions qui étaient familières à l'architecture moderne. Ces questions ne sont pas abandonnées, mais elles sont moins prévalentes qu'elles ne l'étaient. Mettre l'accent sur l'enveloppe, c'est considérer ce qui la constitue et comment elle est constituée. Ce qui la constitue, c'est le matériau; comment elle est constituée, c'est la manière de mettre en œuvre le matériau. Les matériaux veulent être présentés comme tels: ils deviennent ainsi des entités abstraites. En même temps, d'être présentés comme tels ils acquièrent un surplus de réalité.

M.S. – Ces considérations sur la matérialité et les sensations qu'elle éveille ne doivent pas être cantonnées à l'extérieur du bâtiment. L'exigence «d'éveiller des émotions justes» – pour citer Adolf Loos –, des émotions qui soient en accord avec la destination du bâtiment, s'applique au même titre à l'intérieur.

C'est quelque chose d'évident lorsqu'on visite, par exemple, l'école de Paspels (1996–1998) de Valerio Olgiati (→ pp. 112–116, 151). Les salles de classe sont toutes en bois, murs, sols et plafonds; elles s'opposent ainsi aux halls qui sont

screen onto which you can project images reflecting all your experiences. The same can be said of ordinary, industrial materials, for these are not bound to any particular meaning. They are free in a way, at least for a while. More importantly, though, we ourselves are free – free to fashion our own meanings and interpretations. And the use of these materials is inextricably linked to their effect, for in themselves, materials such as Multiplex, coloured concrete and reinforced glass can evoke very general emotions. This brings us full circle, back to the question of phenomenology.

J.L – That's why the concept of "ordinary" urban surroundings – everyday features – has become attractive, though some architects have adopted a more radical stance than others. Obviously, I'm thinking about the champions of analogous architecture (in particular the ideologist Miroslav Šik), for whom there is a certain poetry in the very essence of banality, and this poetry owes a lot to the use of materials.

M.S. – In fact, I think it's only through materials and their ensuing effects that general emotions can be kindled – emotions that I call *Stimmungen*.

J.L. – So what's happening is that two approaches – realism and abstraction – are converging in an amazing way. Realism in the sense of remaining truer to building materials, and abstraction in the sense of using ordinary materials for purposes other than those for which they were initially intended.

M.S. – Yet both approaches are characterized by a striving to seek out the essence of things, albeit by different paths. Wassily Kandinsky pointed this out, saying that realism transmits the meaning of an artwork by the fact that it represents simple objects, while abstraction does exactly the same thing by incorporating simple forms. In the final analysis, Kandinsky concluded, the two approaches resemble one another for it isn't the objects or forms of an artwork that are important, but rather what he called their "resonance" or their essence. And perhaps this is what analogous ar-

tous en béton. Par sa matérialité, cette école se réfère aux maisons traditionnelles. Ce que réalise la salle de classe, c'est la *Stube*, la bonne pièce de ces maisons, et le vieux mot pour salle de classe est effectivement *Schulstube*. Cette référence ne se limite pas à l'usage des deux matériaux: le son des pas sur le béton diffère de celui sur le bois; l'odeur du bois diffère de celle du béton; la fraîcheur du béton diffère de la chaleur du bois; etc. L'architecture se vit par tout le corps comme nous le rappellent les phénoménologues.

J.L. – Cette dimension physique, qui appelle une approche sensitive presque immédiate, caractérise beaucoup de bâtiments présentés dans ce livre. L'esthétique qui est en jeu est ce que j'ai appelé une esthétique de l'immanence[8]: les modalités d'appréhension des choses ne nécessitent pas de faire obligatoirement appel à des significations transcendantes. Cette esthétique de l'immanence est le symptôme d'une nouvelle sensibilité, d'un nouveau réalisme, qui se démarque du post-modernisme: le parti-pris des choses accorde de fait aux qualités tactiles et visuelles une importance primordiale. D'autre part, mettre l'accent sur l'enveloppe, intérieure ou extérieure, c'est être confronté au problème de la surface, qui peut être un «plan épais», c'est-à-dire doté d'une complexité structurelle. Mais cette surface s'interpose entre nous et la construction «réelle»: il y a un écart entre les nécessités statiques de la construction et l'apparence donnée au bâtiment; l'apparence n'est pas le pur reflet des nécessités.

M.S. – La «vérité de la construction» n'est pas le problème de cette architecture, ou alors elle regarde la construction de l'enveloppe elle-même, question dont nous avons déjà parlé à propos de l'entrepôt de Laufen.
Il existe évidemment des bâtiments dont l'enveloppe de verre laisse voir la construction. Mais la notion de tectonique se réfère à autre chose; elle se réfère à «l'image de la construction». Dans cette image, la structure des forces réelles se trouve transcrite en une structure de forces visuelles, nécessairement simple. L'Ecole suisse d'ingénieurs du bois à Bienne (1990–1999) de Marcel Meili et Markus Peter[9] est un des rares exemples qui réfléchissent ainsi la construction. Elle le fait de deux manières, l'une que l'on peut nommer réaliste, l'autre formaliste. Dans le premier cas, la construction est directement visible et intelligible en montrant les éléments qui portent, en bas les piliers, en haut les portiques de bois avec

chitecture is all about too; the search for familiar emotions, engendered by realist architecture, which strikes a chord within us and makes us try to understand what we are actually feeling.

Tectonics and the Building's Envelope

J.L. – Let's now examine the relationship between realism and abstraction from another perspective. In the architecture of today, there is often more of a focus on how the building is enveloped rather than on spatial flows, function, structure and so on, which were all hot topics in modern architecture. It's not that these are no longer part of the game; it's just that they play a less important role than before. Zeroing in on the building's envelope means thinking about what the envelope is made of and how it is made. What it is made of is the material. How it is made is the way in which the material is employed. Materials "want to be" taken for what they are, which means they become abstract entities; yet at the same time taking them for what they are adds a touch more reality.

M.S. – That being said, this preoccupation with materials and the sensations they arouse must not be confined to the outside of the building. To cite Adolf Loos, it's vital *"to arouse fair emotions"* – emotions that fit with the purpose of the building and which apply just as much to the inside as they do to the outside. The result can be striking, as is borne out in the school by Valerio Olgiati in Paspels (1996–1998). The classrooms are clad in wood from top to toe – the walls, the floors and the ceilings – and contrast sharply with the concrete corridors. The building materials used in the school give it the feel of a traditional dwelling. The classrooms are the *Stube* (the best room of the house) and the old word for classroom is in fact *Schulstube*. But there is more to it than that: the sound of footsteps is not the same on concrete as on wood, the smell of wood is different to that of concrete, concrete is cool whereas wood is warm, and so on and so forth. Remember, architecture is experienced with the whole body, as phenomenologists are quick to tell us (→ pp. 112–116, 151).

Herzog & de Meuron, Pharmacie de l'hôpital, Bâle / Hospital pharmacy, Basel (→ pp. 90–93)

J.L. – This physical dimension, which appeals so strongly to the senses, characterizes many of the buildings in this book. So the aesthetic we're dealing with here is what I would call an aesthetic of immanence,[8] whereby there is no need to draw on transcendent meanings for things to be understood. It is an aesthetic that stems from a new kind of awareness, a new kind of realism, and which stands apart from post-modernism. It is an aesthetic that is largely underpinned by tactile and visual attributes. What's more, focusing on how structures are enveloped – whether inside or outside – automatically leads to the question of surface. Surface can be structurally complex (a deep plane) for it lies between us and the "real" construction; that is, there is a gap between the static nature of the building and the appearance bestowed on it, since appearance does not fully reflect the building's underlying nature.

M.S. – Though "constructional truth" is not what's at stake in this type of architecture, or rather it only applies to the structure of the envelope itself, as we have already mentioned in relation to the warehouse in Laufen. Obviously there are some buildings, such as glass-wrapped ones, whose construction principles can be clearly perceived. But the notion of tectonic pertains to something totally different here; it pertains to "the image of the construction". In such an image, the structure of real forces is translated into a structure of simple, visual forces. The Swiss Timber Engineering School built by Marcel Meili and Markus Peter in Biel (1990–1999)[9] is one of the rare examples in which this kind of construction logic is conveyed. It is conveyed in two ways: first, in what may be termed a realist way, and second, a formalist way. Realist because the construction is directly visible and legible, revealing the load-bearing elements – pillars and wooden portal frames with overhangs, burgeoning with symbolic references. And formalist because the building is also indirectly visible, composed of large timber panels that clad the "crates" containing the classrooms. These panels are laid vertically along the pillars and horizontally along the spandrels; they thus herald the forces at work within the building itself (→ pp. 98–103).

des porte-à-faux, gonflés en signes. Dans le second cas, la construction est indirectement visible, traduite par les grands panneaux de bois qui constituent le revêtement des «caisses» contenant les salles de classe. Ces panneaux sont posés verticalement devant les piliers et horizontalement devant les poutres des allèges; ils parlent ainsi des forces en jeu dans le bâtiment (→ pp. 98–103).

L'architecture comme art

J.L. – Sans conclure, essayons de voir les implications qu'emportent les caractéristiques de l'architecture suisse contemporaine que nous avons tenté de distinguer et d'analyser pré-

cédemment. Si les bâtiments que nous présentons dans ce livre sont différents les uns des autres, ils recherchent cependant, pour la plupart, une présence d'une grande intensité, une présence physique dans laquelle matérialité et intégrité sont des caractéristiques essentielles. Cette présence physique intense correspond à l'exigence de retrouver des sensations élémentaires et quasi-phénoménologiques – nous en avons longuement parlé –, pour réactiver nos capacités de regarder et ouvrir de nouveaux terrains à notre sensibilité et à notre imagination.

M.S. – La présence physique dont tu parles empêche que les formes de l'architecture disparaissent dans leurs significations, comme disparaissent les mots du langage quotidien dès que nous les avons compris – je me réfère ici librement à Paul Valéry. Le but de l'art est d'insister sur la valeur propre de la forme et de résister à sa transformation en significations univoques, comme nous en avons discuté à propos des matériaux. Nous constatons en effet que l'architecture courante est plongée dans un *muzak*, une musique de grands magasins permanente, et c'est là une retombée du post-modernisme. Dans cette situation, l'art peut servir de modèle à l'architecture, par sa méthode qui consiste à «rendre difficile» la forme – comme disaient les formalistes russes –, à rendre difficile sa consommation. Je pense ainsi que le rapprochement de l'architecture suisse vers l'Art minimal correspond à une résistance à la boulimie de formes qui caractérise le temps présent.

J.L. – En dernière instance, ces bâtiments dont nous parlons veulent être des œuvres d'art, et cela malgré les démentis de nombreux architectes qui affirment ne pas «vouloir faire de l'art». Pour illustrer cette position, je pense encore à un bâtiment de Herzog & de Meuron comme la pharmacie de l'hôpital cantonal, à Bâle (1995–1998). Les façades de la pharmacie, qui semblent être des murs épais avec des fenêtres profondes, se révèlent constituées de couches produisant des effets de moirage, ce qui perturbe réellement le regard, qui ne sait plus à quoi s'en tenir, et qui est obligé de scruter ce qu'il en est de cette matérialité troublante (→ pp. 90–93). Entre le sensible et l'intelligible, un lien nouveau se noue: c'est là le propre d'une vision artistique.

Architecture Viewed as Art

J.L. – Without concluding as such, let's try to take stock of the main characteristics of Swiss contemporary architecture that we have just attempted to identify and analyze. While all the buildings in this book differ from one another, mostly all of them nonetheless bear the common trait of being physically intense, sharing the same two main characteristics of materiality and integrity. Physical intensity arises from our need to rediscover raw, near-phenomenological sensations – we've spoken about this at length – so that we may open the door to new realms that might stoke our awareness and fire our imagination.

M.S. – The physical intensity you're speaking about prevents architectural forms from being swallowed up by their meanings, just as the words of everyday language are swallowed up as soon as we understand them – I'm quoting freely from Paul Valéry here. The aim of art is to stress the proper value of form and to prevent univocal meanings, as we have talked about with regards to materials. Current architecture has, in fact, been plunged into an ongoing muzak which is one of the spin-offs of post-modernism. In this context, art can serve as a model for architecture, both in the way it "renders form difficult", as Russian formalists used to say, and in the way it renders use of form difficult. So I think Swiss architecture has moved close to Minimal Art because there has been a rejection of the current trend to "binge" on form.

J.L. – Ultimately then, these buildings we've been speaking about can be called artworks, even though a large number of architects stress that they don't "want to make art". A good example would be the hospital pharmacy in Basel by Herzog & de Meuron (1995–1998). The building's façades, which seem to be thick walls with deep windows, are layered to produce a shimmering effect; this is extremely troubling for onlookers, who have nothing really to fix their gaze on and thus have to peer into the disturbing material (→ pp. 90–93). A new link is thus woven between sensation and legibility and it is this that can be termed artistic vision.

M.S. – Ces matériaux nous font voir la constitution du mur, ces verres sablés, ces tôles perforées, ces grilles, ces toiles métalliques; ils nous révèlent une fascination pour des effets contraires. Ce sont des voiles qui cachent ce qui est derrière – mais mal –, et qui le montrent – mal aussi –. Ce sont des voiles qui trompent et détrompent en même temps. Mais tromper n'est pas le terme exact, parce que ce qui est en jeu n'est pas la vérité des choses, mais la perception qui «construit» leur réalité, au cas par cas. Ainsi le thème de cette architecture est notre perception.

J.L. – Une perception qui inclut aussi un rapport à la durée, au temps. Parce qu'aujourd'hui nombreux sont les bâtiments qui proposent un dispositif susceptible d'accueillir l'incontrôlable, d'accueillir ce qui ne peut faire l'objet d'une prédiction: l'inclusion de matériaux inhabituels dans des bétons qui en deviennent telluriques; la végétation qui tranforme l'apparence d'une paroi et n'en permet pas une vision distincte et stable; la pluie, élément atmosphérique, qui peut «colorer» un béton de façon imprévisible; le soleil qui, selon sa force, fait une paroi de polycarbonate devenir opaque, translucide ou transparente, la fait apparaître massive ou évanescente. Sensible aux variations atmosphériques, un bâtiment peut vouloir ne plus être inerte, inaltérable. Il y a là comme une nouvelle conciliation avec la nature: l'architecture semble s'inscrire dans un cycle plus ample que celui du construire; elle nous rend sensible à la durée. Une fois de plus, l'architecture nous donne à réfléchir et percevoir; elle construit notre regard. N'est-ce pas ce qui la définit encore comme art?

M.S. – Those materials show us what a wall is made of – sanded glass, perforated sheet metal, grating, wire gauze, etc.; they reveal a fascination for contrasting effects. They are like veils that both mask and lay bare what lies behind – but badly. They are veils that trick and undeceive at one and the same time. Though trick is not quite the right word, because it's not truth that's the issue here, but rather perception, i.e. how reality is "constructed" on a case by case basis through perception. So perception is in fact the central theme of this type of architecture.

J.L. – Not to mention, of course, the notion of duration, of time. Because there are many buildings today that can be described as unpredictable and whose destiny cannot be mapped out. For instance, there are buildings where unusual materials have been mixed into the concrete so it becomes telluric, or where greenery transforms a wall, masking the structure. Then there's the effect of rain, which can "colour" concrete in unexpected ways; or the effect of sunshine which, depending on how strong it is, can make a polycarbonate wall seem opaque or transparent, solid or evanescent. And when a building changes with the weather, it no longer comes across as inert and inalterable. It is as if there has been a new conciliation with nature, whereby architecture has become part of a broader cycle – one which makes us aware of time and duration. Once again, this type of architecture makes us think and perceive. It encourages us to open our eyes. And that is perhaps yet another reason why it might be defined as art.

1 Marcel Meili, «A few remarks concerning Swiss-German architecture», *A + U*, n° 309, juin 1996.

2 Martin Steinmann fait ici allusion à l'opposition que Bernard Huet a campée entre l'architecture et la ville. Voir: Bernard Huet, «L'architecture contre la ville», *AMC*, n° 14, décembre 1986; Martin Steinmann, «L'architecture de Diener & Diener. Une architecture pour la ville», *Faces*, n° 41, été 1997, «Diener & Diener».

3 Voir: Hans Frei, «Simplicité – de nouveau», in Stanislaus von Moos, Karin Gimmi, Hans Frei, *Minimal Tradition*, Baden, Verlag Lars Müller, 1996.

4 «Base de la peinture concrète», *Art concret*, avril 1930 (déclaration signée Carlsund, Doesburg, Hélion, Tutundjian, Wantz), reproduit dans *Art concret*, Paris-Mouans-Sartoux, Réunion des musées nationaux-Espace de l'Art concret, 2000.

5 Max Bill, *Konkrete Kunst*, 1949, cité par Bruno Reichlin, «L'art concret au travail», *Faces*, n° 15, 1990. Pour une approche de Max Bill et l'architecture contemporaine en Suisse, voir: Stanislaus von Moos, Karin Gimmi, Hans Frei, *Minimal Tradition*, op.cit.

6 Voir: Christian Sumi, «Positive Indifferenz», *Daidalos*, août 1995, «Magie der Werkstoffe II».

7 Martin Steinmann, «La forme forte. En deçà des signes», *Faces*, n° 19, printemps 1991.

8 Voir: Jacques Lucan, «La théorie architecturale à l'épreuve du pluralisme», *matières*, n° 4, 2000.

9 Pour une analyse de l'Ecole suisse d'ingénieurs du bois, voir: Martin Steinmann, «Figures basculantes», *Faces*, n° 47, hiver 1999–2000.

1 Marcel Meili, "A few remarks concerning Swiss-German architecture", *A + U*, no. 309, June 1996.

2 Here, Martin Steinmann is referring to the contrast sketched out by Bernard Huet between architecture and the city. See Bernard Huet, "L'architecture contre la ville", *AMC*, no. 14, December 1986, and Martin Steinmann, "L'architecture de Diener & Diener. Une architecture pour la ville", *Faces*, no. 41, Summer 1997, "Diener & Diener".

3 See Hans Frei, "Simplicité – de nouveau", in Stanislaus von Moos, Karin Gimmi, Hans Frei, *Minimal Tradition*, Baden, Verlag Lars Müller, 1996.

4 "Base de la peinture concrète", *Art concret*, April 1930 (declaration signed by Carlsund, Doesburg, Hélion, Tutundjian, Wantz), reproduced in *Art concret*, Paris-Mouans-Sartoux, Réunion des musées nationaux-Espace de l'Art concret, 2000.

5 Max Bill, *Konkrete Kunst*, 1949, quoted by Bruno Reichlin, "L'art concret au travail", *Faces*, no. 15, 1990. For further details on how Max Bill's approach ties in with contemporary architecture in Switzerland, see Stanislaus von Moos, Karin Gimmi, Hans Frei, *Minimal Tradition*, op.cit.

6 See Christian Sumi, "Positive Indifferenz", *Daidalos*, August 1995, "Magie der Werkstoffe II".

7 Martin Steinmann, "La forme forte. En deçà des signes", *Faces*, no. 19, Spring 1991.

8 See Jacques Lucan, "La théorie architecturale à l'épreuve du pluralisme", *matières* no. 4, 2000.

9 For an analysis of the Swiss Timber Engineering School, see Martin Steinmann, "Figures basculantes", *Faces*, no. 47, Winter 1999–2000 and *The Architectural Review*, May 2000, pp. 67–69.

1

En proposant un tableau de l'architecture contemporaine en Suisse, nous ne pouvons pas faire l'économie d'une reconnaissance de ses protagonistes les plus importants. En effet, au cours de ces quinze dernières années, une nouvelle génération d'architectes a d'une part poursuivi, en les infléchissant notoirement, les réflexions entamées dans les années soixante-dix, d'autre part a exploré de nouveaux domaines de sensibilité, enrichissant ainsi l'appréhension de l'architecture. Ces deux lignes ne peuvent pas être chacunes attribuées de façon exclusive à des acteurs différents. Néanmoins, les réflexions architecturales et urbaines ont trouvé un aboutissement dans les travaux récents de Diener & Diener, et la question de l'architecture analogue a été relancée notamment par Miroslav Šik, trouvant un écho très important dans l'enseignement. Quant aux nouveaux horizons de sensibilité, il est indubitable que Peter Zumthor et Herzog & de Meuron en ont saisi la multiplicité des résonnances, leurs réalisations ayant, de ce fait, très rapidement acquis une reconnaissance internationale

It would be nigh impossible to paint a tableau of Swiss contemporary architecture without paying tribute to its most active players. Over the past fifteen years, a new generation of architects has taken up concepts that were broached in the 1970s, pronouncedly adapting and revising them. This selfsame generation has also explored new avenues in the realm of the senses, enriching our perception of architecture. While neither of these two initiatives can be attributed exclusively to individual protagonists, it may nonetheless be claimed that they have been lent ultimate expression by a number of specific actors in the urban and architectural arena. The Diener & Diener studio is one such example, as is Miroslav Šik, a fervent champion of analogous architecture and who has notably introduced this approach into university programs. Other major contributors include, of course, Peter Zumthor and Herzog & de Meuron, whose deeply sensuous works have won them much international acclaim.

HERZOG & DE MEURON

HERZOG & DE MEURON

Jacques Herzog, Harry Gugger, Pierre de Meuron et/and Christine Binswanger

De la compréhension à l'immédiateté Herzog & de Meuron sont sans conteste parmi les architectes qui, dans les années récentes, ont le plus apporté à l'architecture suisse. Leur exigence que chaque projet soit une réponse à des questions et des situations spécifiques, leur capacité de changer de point de vue font qu'Herzog & de Meuron sont dans un mouvement constant d'enrichissement et de renouvellement de leurs problématiques.

Les trois propos qui suivent permettent de pointer trois préoccupations successives: la nécessité de comprendre l'architecture en elle-même et par elle-même; la nécessité de lier tous les éléments d'un projet; la volonté de produire un effet puissant, un impact «viscéral».

«[...] *nous essayons d'établir une parcelle de réalité qui soit démontable, en quelque sorte, donc compréhensible. Nous sommes entourés de tant de choses et d'événements que nous ne pouvons pas décoder, auxquels nous n'avons pas accès; justement pour cela, nous fabriquons un objet offrant sa propre langue. Cette offre exprime un espoir.»*[1]

From Understanding to Impact Herzog & de Meuron rank incontestably among those architects who have contributed the most to Swiss architecture in recent years.

By tackling each project as a response to a specific question or situation and by shifting their angle of vision when appropriate, they are able to constantly enrich and renew their design approach.

The quotes below highlight three successive aims: understanding architecture in itself and by itself, binding together the different components of a scheme, and producing a powerful effect – a "visceral impact".

" [...] *We try to mark out a plot of reality that can be broken down into understandable parts. Our aim is to make objects that have their own language, because we are surrounded by so many things and events that cannot be decoded or accessed. In so doing, we seek to convey a sense of hope."*[1]

1999–2002, Projet pour le magasin et les bureaux Prada, Tokyo-Aoyama (Japon) / Prada shop and offices, Tokyo-Aoyama (Japan)

«Dans nos projets, nous avons toujours essayé d'établir autant de liaisons que possible entre les différents systèmes. Nos meilleurs projets sont ceux dans lesquels la visibilité de telles liaisons a été réduite à zéro, dans lesquels les liaisons sont devenues tellement nombreuses que vous ne pouvez plus les ‹voir›.»[2]

«Dans nos bâtiments, nous ne cherchons pas la signification. Un bâtiment ne peut pas être lu comme un livre, il n'a aucune attribution, titre ou cartel comme peut l'avoir un tableau exposé dans une galerie. Un bâtiment est un bâtiment. En ce sens, nous sommes absolument anti-représentationnels. La force de nos bâtiments réside dans l'impact viscéral et immédiat qu'ils ont sur le spectateur. Pour nous, c'est cela qui est important en architecture.»[3]

"In our projects we have always tried to establish as many links as possible between the different systems at work. Our best projects are the ones in which the visibiliy of such links has been reduced to zero, in which the links have become so numerous that you don't 'see' them anymore."[2]

"We are not looking for meaning in our buildings. A building cannot be read like a book, it does not have any credits, subtitles or labels like pictures in a gallery. A building is a building. In that sense, we are absolutely anti-representational. The strength of our buildings is the immediate, visceral impact they have on a visitor. For us that is all that is important in architecture."[3]

1 Jacques Herzog & Theodora Vischer, «Entretien», *Herzog & De Meuron*, Bâle, Editions Wiese, 1988.
2 «Continuities», entretien d'Alejandro Zaera avec Herzog & de Meuron, *El Croquis*, n° 60, «H & de M 1983–1993», 1993.
3 Jeffrey Kipnis, «A conversation with Jacques Herzog (H&deM)», *El Croquis*, n° 84, «H & de M 1993–1997», 1997.

1 Jacques Herzog & Theodora Vischer, "Entretien", *Herzog & De Meuron*, Basel, Wiese Verlag, 1988.
2 "Continuities", Herzog & de Meuron interviewed by Alejandro Zaera, *El Croquis*, no. 60, "H & de M 1983–1993", 1993.
3 Jeffrey Kipnis, "A conversation with Jacques Herzog (H&deM)", *El Croquis*, no. 84, "H & de M 1993–1997", 1997.

1986–1987, Entrepôt Ricola, Laufen / Ricola storage building, Laufen

Multiplicité de points de vue A quelques années de distance, Herzog & de Meuron ont réalisé plusieurs bâtiments pour la société Ricola: un premier entrepôt à Laufen, un second à Mulhouse et un bâtiment administratif et pour l'accueil des visiteurs encore à Laufen. Ces trois projets permettent de voir comment les architectes abordent successivement des problématiques différentes, mais qui ne s'annulent pas l'une l'autre.

Le premier entrepôt Ricola démontre magistralement qu'un bâtiment peut être regardé comme un tout insécable, en même temps qu'il peut être intelligible jusque dans l'assemblage de tous les éléments qui le constituent, éléments dont la matérialité est des plus banales. C'est à cette occasion que la question du minimalisme se fait jour. Bruno Reichlin précise:

«*Au lieu de cacher, la façade dévoile, elle dénude sa complexion, ses structures et ses matériaux. Jusqu'à présent, seuls le Minimal Art ou l'Arte povera nous ont habitués à une telle expression directe [...].*»[4]

Multiple Viewpoints Over the years, Herzog & de Meuron have designed three buildings for the company Ricola. First, they built a warehouse in Laufen, followed by another warehouse in Mulhouse, then an administrative-cum-visitor reception building, again in Laufen. These three projects illustrate how the architects deal with various problematic givens, but in such a way that each given overlaps with one another.

The first Ricola warehouse is a masterly demonstration of how a building can be perceived as an indivisible whole composed of legible constituent parts – parts comprising the most banal materials. It is at this point that minimalism enters the arena. Bruno Reichlin has stated in this regard that:

"*The complexion, structures and materials of the façade are laid bare. Up until now, we have only seen such a direct form of expression in Minimal Art or Arte Povera [...].*"[4]

30

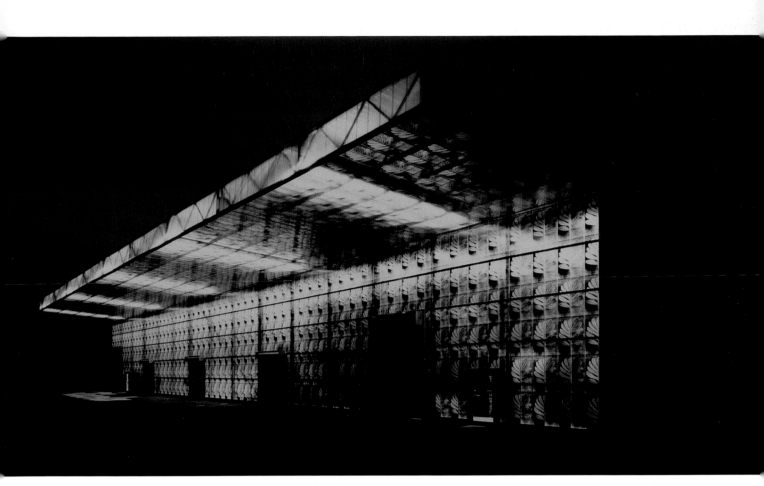

1992–1993, Centre de stockage et production Ricola Europe, Mulhouse (France) / Ricola-Europe production and storage building, Mulhouse (France)

Le second entrepôt Ricola, à Mulhouse, propose une expérience de sensations visuelles liées au temps, à l'instant même dans lequel l'édifice est regardé. Les surfaces sérigraphiées de polycarbonate réagissent en effet à la lumière changeante en créant transparences ou opacités, translucidités ou moirages: les surfaces sont des plans dotés de profondeur, qui forcent le regard à devenir pénétrant. Sensible aux moindres variations atmosphériques, le bâtiment n'est plus un objet inerte. Comme le précisent les architectes, faire un projet devient alors un véritable engagement physique.

«*Concevoir et dessiner les détails d'un bâtiment devient un parcours mental à l'intérieur du bâtiment. L'extérieur devient comme l'intérieur. La surface devient spatiale. La surface devient ‹attractive›. [...] Vous pénétrez mentalement le bâtiment dans le but de savoir à quoi il va ressembler.*»[5]

The second Ricola warehouse (in Mulhouse) is an exercise in visual and temporal sensations. The screen-printed polycarbonate surfaces fluctuate with the natural light, at times seeming transparent and at others opaque, or vacillating between a translucent and shimmering effect. They are deep, making viewers gaze piercingly into them. The building subsequently comes alive, dancing in tune to the weather. As the architects themselves say, designing a scheme is a truly physical undertaking.

"*Designing and detailing a building thus becomes a mental trip into the interior of a building. The exterior becomes like the interior. The surface becomes spatial. The surface becomes 'attractive'. [...] You mentally penetrate the building in order to know what the building is going to be like.*"[5]

4 Bruno Reichlin, «L'entrepôt dans une ancienne carrière», *Herzog & De Meuron*, op.cit.
5 «Continuities», entretien d'Alejandro Zaera avec Herzog & de Meuron, *El Croquis*, op.cit.

4 Bruno Reichlin, "L'entrepôt dans une ancienne carrière", *Herzog & De Meuron*, op.cit.
5 "Continuities", Herzog & de Meuron interviewed by Alejandro Zaera, *El Croquis*, op.cit.

1997–1998, Bâtiment de marketing Ricola, Laufen / Ricola marketing building, Laufen

Le troisième bâtiment pour la société Ricola introduit un nouveau thème dans le travail de Herzog & de Meuron: la présence de la végétation comme élément d'architecture. Cette présence de la végétation n'est pas ici étrangère à la situation du bâtiment: c'est un pavillon dont le plan a une configuration presque fortuite, les façades se pliant doucement comme si elles ne voulaient pas déranger un environnement fragile.

L'image, sinon de la fragilité, du moins de la délicatesse est précisément celle donnée par les plantations qui débordent de la toiture, mais encore par des rideaux dont les multiples variations de couleur font écho à l'atmosphère et aux lumières toujours changeantes.

La matérialité végétale et textile fait appel non seulement à notre sens visuel, mais encore à notre sensibilité tactile. Avec la sérigraphie – qui aurait pu devenir un sorte de marque de fabrique de Herzog & de Meuron –, avec le tatouage et la superposition des trames, avec l'introduction de matériaux textiles, la preuve est faite qu'aucune possibilité matérielle n'est aujourd'hui interdite à l'architecture.

In the third Ricola building, Herzog & de Meuron introduced a new theme into their work – greenery as an architectural component, blending with the site. The plan of the building almost seems to have been sired by chance, its folded façades gliding gently into place so as not to disturb the frail environment.

This sensation of fragile surroundings being handled with exquisite care is patently expressed not only in the planted greenery that overhangs the roof but also in the curtains whose multiple colours mirror the constantly changing light. As well as creating a visual impact, this blend of greenery and textiles also produces a tactile effect.

Herzog & de Meuron's use of screen-printing (which could well have become a sort of hallmark for them), combined with their play on textile materials and the way they "tattoo" and superimpose structural grids, prove that architectural materials have now become boundless.

DIENER & DIENER
DIENER & DIENER

Roger Diener

1993, Extension de la Compagnie des eaux, Berlin (Allema
Extension of the Berlin Water Company, Berlin (Germ

Des constellations Si des architectes se sont trouvés confrontés à des projets urbains de grande ampleur, à l'occasion de concours en Suisse ou à l'étranger, en Allemagne notamment, ce sont Diener & Diener. Ces projets représentent un véritable champ d'expérimentation. L'attitude adoptée n'est pas celle d'un mimétisme factice; au contraire, chaque situation demande d'être regardée dans sa spécificité, afin de ne pas venir superposer des figures sur un fond qui serait ignoré ou effacé. La reconnaissance de la spécificité d'une situation mène donc à concevoir les nouveaux bâtiments comme constituants d'un réseau d'équilibres et de relations dans lequel les anciens bâtiments sont aussi partie prenante. Ces équilibres et relations définissent des «constellations». Pour préciser cette conception, nous faisons appel à Martin Steinmann, complice de Roger Diener, avec lequel il a collaboré sur plusieurs projets, dont celui de Baden.

«Une société pluraliste renferme plusieurs idées d'ordre et [...] ces idées sont sujettes à changements. [...] Je pense qu'il est possible de prendre en compte ces changements sans pour

Constellations Of those architects who have worked on large-scale urban projects for competitions in Switzerland and abroad (Germany notably), Diener & Diener spring to mind the fastest. Their schemes represent a genuine testing ground. There is no hackneyed repetition; on the contrary, each situation is carefully assessed in line with specific needs so as not to simply superimpose features onto a backdrop that would end up being ignored or wiped out. This focus on a given context results in new buildings being designed as if they were part of a stable network of interweaving relations in which existing buildings also play a major role. These stable relations form "constellations". To elaborate on this concept, it would be useful to quote Martin Steinmann who has worked with Roger Diener on a number of projects, including Baden.

"A pluralistic society contains various ideas of order and [...] these ideas are subject to change. [...] I think that it is possible to take these changes into account without

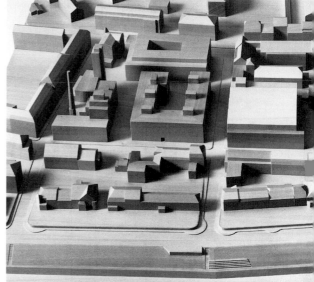

1993–1995, Plan d'ensemble pour Baden-nord / Master plan Baden North

1993–1996, Warteckhof, Bâle / Warteckhof, Basel

autant les considérer comme des prétextes au ‹n'importe quoi›. Je pense qu'il est possible de créer un ordre sans pour autant devoir l'étendre au-delà du temps présent. [...] Cet ordre est un ordre relatif au sens strict du terme, basé sur la relation des maisons entre elles. Pour le définir, je propose le terme de constellation, qui se réfère à une assemblée de maisons.»[1]

«La ville s'agglomère en des lieux où les maisons créent une certaine forme au sens d'une constellation. La définition du dictionnaire pour une constellation est une ‹configuration d'étoiles› et le Petit Robert ajoute une configuration d'étoiles ‹qui créent une forme reconnaissable›. Cette observation peut servir de base pour une stratégie de projet urbain visant à la mise en forme de tels lieux [...]».[1]

using them as an excuse for 'anything goes'. I think that it is possible to create an order without extending it chronologically beyond the present case. [...] This order is a relative one; it is an order in the literal sense of relative, based on the relation between houses. In its place I propose the term constellation. It refers, in this case, to an assembly of houses."[1]

"The city coheres at points where the houses create a certain form in the sense of a constellation. The dictionary definition of a constellation is a 'configuration of stars', and as the Petit Robert adds, a configuration of stars 'that creates a recognizable form'. This observation can serve as the basis for a town planning strategy aimed at the shaping of such places [...]."[1]

1 Les propos de Martin Steinmann sont extraits de *Das Haus und die Stadt – The House and the City*, Lucerne-Bâle, Edition Architekturgalerie Luzern-Birkhäuser Verlag, 1995.

1 Martin Steinmann, quoted from *Das Haus und die Stadt - The House and the City*, Luzern-Basel, Edition Architekturgalerie Luzern-Birkhäuser Verlag, 1995.

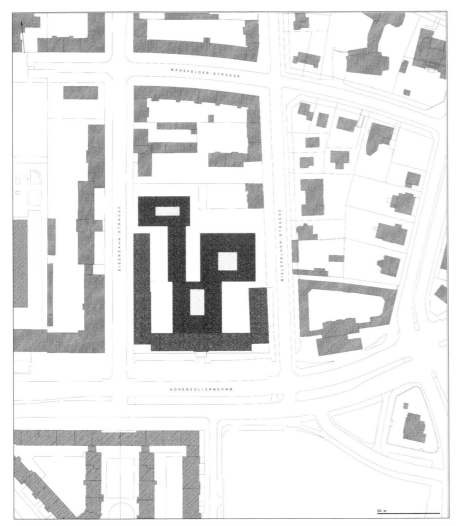

1993, Extension de la Compagnie des eaux, Berlin (Allemagne)
Extension of the Berlin Water Company, Berlin (Germany)

Formes et spécificités Les projets de Diener & Diener disposent des formes régulières dont l'intégrité demeure reconnaissable même lorsqu'elles sont quelquefois altérées pour répondre aux conditions particulières d'un contexte. Les deux projets présentés ici illustrent une conception où bâtiments et espaces libres forment un tout dense.

«*Les bâtiments industriels forment ici* [à Baden] *de grands corps autonomes. Si l'on couvrait le quartier de formes propres aux* siedlungen [...] *sa qualité de quartier industriel serait détruite. ‹Les règles données s'appliquent donc aussi aux nouveaux bâtiments: ils sont conçus comme de grands corps placés à proximité des bâtiments industriels. Ainsi ils continuent ceux-ci et reprennent leur échelle.›*[2]*»*[3]

Pour qualifier les bâtiments qu'il projete, Roger Diener emploiera le terme générique de «maison» (*Haus*), comme pour signifier que leur fonction particulière est somme toute moins importante que leur rôle dans la nouvelle configuration urbaine d'ensemble. Une dialectique entre ouverture et

Forms and Specificities Diener & Diener's schemes contain regular forms which remain recognizable even when they are altered to respond to the specific context. The two schemes presented here illustrate a design concept whereby buildings and free spaces make up one dense whole.

“*The industrial buildings form in* [in Baden] *autonomous bodies. If one were to overlay the quarter with new, settlement-like forms* [...] *its quality as an industrial quarter would be destroyed. 'The given rules thus apply to the new buildings as well: they are designed as large bodies placed next to the industrial buildings. They thus pick up the scale of industrial structures and continue it.'*[2]”[3]

Roger Diener has often employed the generic term “house” (*Haus*) to describe his buildings, as if meaning that all things considered, their specific function is less important than their role in the new overall urban configuration. A dialectic is set up between open and closed

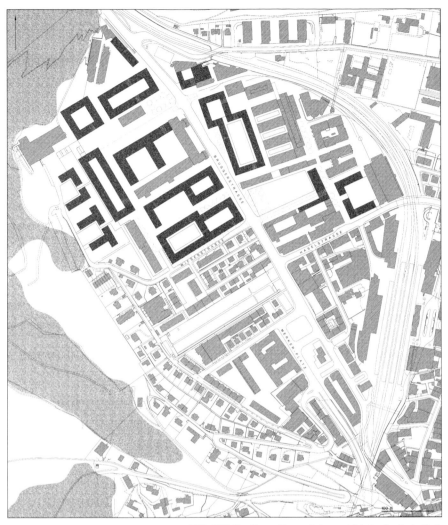

1993–1995, Plan d'ensemble pour Baden-nord / Master plan, Baden North

fermeture s'installe, dans laquelle les bâtiments ont un poids souvent renforcé par la figure qu'ils forment, celle d'une cour.

«L'extension des bâtiments administratifs de la Compagnie des eaux de Berlin est inscrite dans un site où se heurtent des morceaux ouverts et des morceaux fermés. Entourer les bâtiments administratifs existants pour former un îlot aurait signifié renoncer aux relations entre ces morceaux. L'extension a donc la forme de plusieurs bâtiments qui s'avancent vers les espaces libres de l'îlot, ‹mais sans atteindre l'alignement des rues›[2]. Ces bâtiments, qui sont typologiquement qualifiés de ‹maisons›, forment une constellation qui concilie des formes urbaines contraires, comme si celles-ci avançaient et reculaient les unes par rapport aux autres, comme si elles étaient en mouvement.»[3]

2 Propos de Roger Diener rapportés par Martin Steinmann.
3 Martin Steinmann, *Das Haus und die Stadt – The House and the City*, op. cit.

features – a dialectic in which the buildings are often lent even greater weight by the courtyard-like figure that they form.

"The extension of the administration of the Berlin Water Company has been inscribed into a site where pieces of open and closed developments collide. Rounding out the existing administration buildings to form a block would mean giving up the relationship between these pieces. The extension thus has the form of several buildings which push forward to the free spaces of the block, 'but without reaching the street frontage'. These buildings, which indeed qualify as 'houses' typologically, form a constellation that mediates between the contrary urban forms as if moving back and forth between them, as if it were in motion."[3]

2 Roger Diener quoted by Martin Steinmann.
3 Martin Steinmann, *Das Haus und die Stadt – The House and the City*, op. cit.

1993–1996, Warteckhof, Bâle / Warteckhof, Basel

Sur le site de la brasserie Warteck, une partie de l'ancienne usine est conservée et deux nouveaux programmes sont construits: des habitations qui entourent une cour ouverte; des bureaux qui constituent une cour fermée. L'ensemble présente une étonnante égalité formelle entre pleins et vides, entre bâtiments et espaces entre les bâtiments. A propos des façades, Roger Diener apporte quelques précisions.

«L'aspect traditionnel de la façade – murs rythmés par des fenêtres – reste déterminant. Nous nous préoccupons d'abord de la taille et des proportions des ouvertures, de leur profondeur et de leur dessin. [...] Il ne s'agit pas d'évoquer des significations spécifiques à travers le matériau et son utilisation; au contraire, le mur extérieur doit renforcer l'attitude primordiale du bâtiment, le mettre en relation avec l'espace urbain. [...] Dans le meilleur des cas, la façade paraît si évidente et retenue qu'elle appartient finalement autant à la ville qu'au bâtiment.»[4]

On the site of the Warteck brasserie, part of the old factory has been preserved and two new programs built: first, housing set around an open court and second, offices making up a closed court. The whole complex is an amazing balance of solids and voids, i.e. the buildings and the spaces between the buildings. At this juncture let us refer to a comment made by Roger Diener himself regarding façades:

"The traditional aspect of façades – walls punctuated by windows – remains a determining element. We concentrate first and foremost on the size and proportions of the openings, focusing on their depth and design. [...] It is not a question of evoking specific meanings through the material and its use; instead, the outside wall must drive home the primordial aspect of the building, putting it in touch with the urban space. [...] In the best case scenario, the façade seems so obvious and discreet that it can be said to belong just as much to the city as to the building."[4]

4 Extraits du texte inédit de la conférence de Roger Diener, «Firmitas», donnée le 29 octobre 1996 à l'ETH de Zurich.

6 Excerpts from an unpublished text of the "Firmitas", lecture given by Roger Diener on 29 October 1996 at the Swiss Federal Institute of Technology in Zurich.

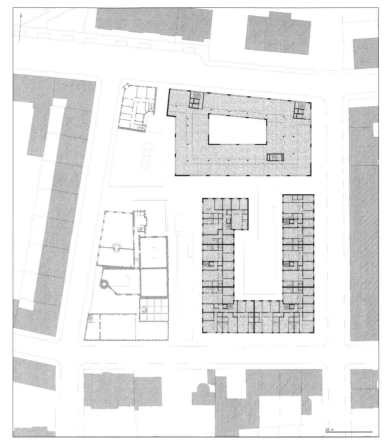

Plan de l'étage courant / Typical floor plan

PETER ZUMTHOR
PETER ZUMTHOR

Peter Zumthor

Sensations Architecte qui cultive singularité et retrait, installé dans les Grisons, à Haldenstein près de Coire, Peter Zumthor se défie de toute attitude théorique intempestive, lui préférant un enracinement dans la proximité aux choses et à ce qu'elles éveillent en nous comme sensations. La grande attention portée aux matériaux, très souvent «naturels», leurs qualités visuelles, tactiles et même olfactives étant exaltées, la précision et quelquefois la sophistication des mises en œuvre, font que le travail de Zumthor évoque celui d'un maître d'œuvre, d'un *Baumeister*. Est-ce ici nostalgie ou ultime résistance à la perte des savoir-faire constructifs? Toujours est-il que Zumthor est parvenu à ce que chacune de ses réalisations réponde à des exigences architecturales exceptionnelles.

«Je ne suis pas principalement intéressé par les dessins, les plans ou les idées théoriques parfaites, je suis intéressé par la forme architecturalement solide, par l'espace. Ce qui m'intéresse est de voir comment un bâtiment construit dans un site particulier rayonne et modifie le lieu, comment il amène ce qui a toujours existé à une nouvelle apparence.»[1]

Sensations Peter Zumthor lives and works in the Graubünden, in Haldenstein near Chur. He is an architect who cultivates singularity and retreat and mistrusts any kind of excessively theoretical stance; instead he prefers to remain firmly anchored to the reality of things around us and keenly alive to the sensations they stir. The meticulous attention Zumthor pays to materials and to their visual, tactile and even olfactory attributes, combined with the sophisticated precision with which he applies them, can be likened to the work of a *Baumeister*. Perhaps this derives from a hankering for bygone building skills, or maybe it is a last attempt at saving those skills from oblivion. Whatever the reason, each of Zumthor's works always responds to extraordinary architectural demands.

"I am not primarly interested in drawings, plans or theoretical ideas being perfect; I am interested in the architecturally solid form, in space. What interests me is to see how a building constructed on a particular site radiates something which alters the place, allows that which already exists there to appear in a new guise."[1]

1990–1996, Bains thermaux, Vals / Thermal baths, Vals

«Pour moi, les bâtiments peuvent posséder un beau silence que j'associe avec des attributs comme le calme, l'évidence, la durée, la présence et l'intégrité, et aussi avec la chaleur et la sensualité. Un bâtiment qui existe en lui-même, qui est un bâtiment, qui ne représente rien, qui est, simplement.»[2]

«Ce sont les propriétés des matériaux de construction – pierre, tissu, acier, cuir... – et les propriétés des structures que je mets en œuvre pour construire que je veux pénétrer avec mon imagination, amenant signification et sensualité à un tel degré que l'étincelle de la réussite soit allumée et que le bâtiment puisse être une habitation pour l'homme.
La réalité de l'architecture est le corps concret dans lequel formes, volumes et espaces viennent à exister. Il n'y a pas d'idées, excepté dans les choses.»[3]

"To me, buildings can have a beautiful silence that I associate with attributes such as composure, self-evidence, durability, presence and integrity, and with warmth and sensuousness as well; a building that is being itself, being a building, not representing anything, just being."[2]

"It is the reality of building materials – stone, cloth, steel, leather... – and the reality of the structures I use to construct the building whose properties I wish to penetrate with my imagination, bringing meaning and sensuousness to bear so that the spark of the successful building may be kindled, a building that can serve as home for man. The reality of architecture is the concrete body in which forms, volumes, and spaces come into being. There are no ideas except in things."[3]

1 «Questioning images», entretien avec Peter Zumhor, Daidalos, n° 68, 1998.
2 «The hard core of beauty» (1991), in Peter Zumthor, Thinking Architecture, Bâle, Birkhäuser, 1999.
3 Ibidem.

1 "Questioning images", interview with Peter Zumthor, Daidalos, no. 68, 1998.
2 "The hard core of beauty" (1991), in Peter Zumthor, Thinking Architecture, Basel, Birkhäuser, 1999.
3 Ibidem.

1990–1996, Bains thermaux, Vals / Thermal baths, Vals

Le bâtiment des bains de Vals est certainement l'un des bâtiments récents les plus emblématiques de l'architecture suisse contemporaine, parmi les plus internationalement publiés. Il propose une expérience spatiale qui tend à nous faire perdre nos repères afin que nous devenions réceptifs à des sensations que nous ne connaîtrions pas habituellement avec autant d'acuité ou d'intensité. Tous les sens sont donc impliqués, chacun souvent à plus d'un titre, dans une atmosphère de pénombres et de reflets, où s'éprouvent les variations de chaleur et de froid, où les bruits et les sons se renvoient mutuellement leurs échos.

Peter Zumthor précisera au moment de l'achèvement du bâtiment des bains: «je ne m'étais pas attendu à cette dureté et cette douceur simultanées, à cette qualité lisse et cependant rugueuse, à cette présence irisante grise et verte émanant des blocs de pierre. Un moment j'ai eu le sentiment que notre projet nous avait échappé et était devenu indépendant, du fait d'avoir pris une réalité matérielle qui obéissait à ses propres lois.»[4]

The thermal baths at Vals unquestionably ranks among the most emblematic buildings of Swiss contemporary architecture and is certainly one of the most photographed. It offers a spatial experience which tempts us to lose all bearings so that we may become steeped in unfamiliarly acute sensations. All our senses come sharply alive in the shadowy yet glinting surroundings, in a place where we switch from feeling cold to warm, and where different sounds bounce echoingly off one another.

Peter Zumthor describes how he felt on seeing the finished baths: "*I had not expected this concurrent hardness and softness, this smooth yet rugged quality, this iridescent gray-green presence emanating from the square stone blocks. For a moment, I had the feeling that our project had escaped us and become independent because it had evolved into a material entity that obeyed its own laws.*"[4]

4 «The body of architecture» (1996), in Peter Zumthor, *Thinking Architecture*, op.cit.

4 "The body of architecture" (1996), in Peter Zumthor, *Thinking Architecture*, op.cit.

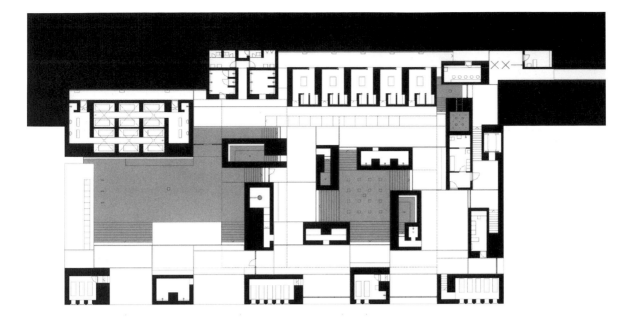

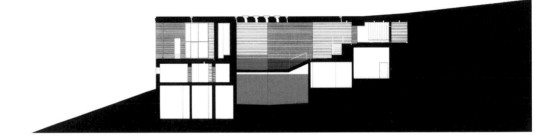

ARCHITECTURE ANALOGUE
ANALOGOUS ARCHITECTURE

Miroslav Šik

A Zurich En 1974, Aldo Rossi quitte l'ETH. Figure-clé pendant les deux années passées au département d'architecture, il a parlé d'architecture comme discipline autonome, et introduit les notions de continuité, d'analogie, de référence, se démarquant ainsi fortement du discours psycho-sociologique qui règne alors.

Fabio Reinhart, assistant d'Aldo Rossi avec Bruno Reichlin, reprend la chaire en 1983, travaillant avec Luca Ortelli, Santiago Calatrava et Miroslav Šik sur une autre interprétation de l'architecture analogue. Très vite, Šik prend une position prépondérante au sein de l'atelier, réunissant les étudiants autour de lui dans une sorte de classe d'élite. Les premières années sont marquées par une recherche d'identité. La production de l'atelier prend alors une allure de manifeste; l'isolement délibéré et la tenue uniforme noire de ses membres évoquent le clan; l'intérêt pour les architectures discréditées, comme celle de la période fasciste, déconcerte.[1]

Les efforts sont portés sur l'opposition à l'avant-garde moderne et la redécouverte de courants secondaires, d'architectures anonymes ou anachroniques. Le régionalisme et la périphérie, sur fond d'un traditionalisme non figé, sont d'autres sujets de

Zurich In 1974 Aldo Rossi left the ETH in Zurich after two years at the helm of the Architecture Department. Two years during which he moulded architecture into an autonomous discipline, introducing notions of continuity, analogy and reference, clearly setting himself apart from the psycho-sociological stance that dominated at the time. Fabio Reinhart (joint assistant to Aldo Rossi with Bruno Reichlin) took over the chair in 1983, working with Luca Ortelli, Santiago Calatrava and Miroslav Šik on a new interpretation of analogous architecture. Šik very quickly took on a central role within the atelier, grouping students around him in a sort of elite class. The early years were spent searching for an identity, with the atelier's output resembling a manifesto. Its members' black uniform and their deliberate isolation bore overtones of a clan; in addition, their interest in discredited architecture, such as that of the Fascist era, was disturbing.[1]

For Šik, this period was one of dissociation with the modern avant-garde; it was also a time of rediscovering secondary movements and anonymous and anachronistic architecture. In parallel, he led studies on regionalism and

Miroslav Šik, avec/with Daniel Studer, 1988–1997, Centre catholique Sankt Antonius, Egg / Sankt Antonius Catholic center, Egg

recherche avant la dissolution de la chaire en 1991. L'architecture analogue sera alors absente de l'ETH pendant huit ans. Suivent des périodes d'enseignement sporadiques à l'EPF de Lausanne (1992–1993 et 1997–1998) et à la CVUT de Prague, mais aussi et surtout la réalisation des trois premiers bâtiments de l'architecte[2]: concrétisations d'une méthode projectuelle jusqu'alors uniquement illustrée par les fameuses grandes perspectives à la craie grasse. Les bâtiments donnent à voir une nouvelle étape de l'architecture analogue, appelée «*altneu*» («vieux nouveau»), plus retenue sur le plan expressif, mais aussi plus synthétique, effaçant les différences entre le vieux et le nouveau, entre l'existant et le projet, en les réunissant dans une nouvelle entité de temporalité inqualifiable.

suburban architecture based on unstilted traditionalism. This research continued until 1991, when analogous architecture was taken off the curriculum at ETH for eight years. During that time Šik taught intermittently at the EPF in Lausanne (1992–1993 and 1997–1998) and at the CVUT in Prague. More importantly, he constructed his first three buildings,[2] putting into practice a design method that had previously only been conveyed through his famous large perspectives drawn with soft chalk. Those buildings marked a new step in analogous architecture, called "*altneu*" ("old new") which, although more restrained in terms of expression, is also more synthetic; it fuses the old with the new, blending the existing structures with the proposed building in a new entity that is ineffably temporal.

1 La première exposition à Zurich est accompagnée par le catalogue *Analoge Architektur*, Boga, Zurich, 1987. Cette exposition fera le tour de l'Europe en 1991, accompagnée par le livre *Analogous Architecture*, Obec Architektu, Prague, 1991.
2 Le Centre de culture et de formation Longeraie, Morges (1991–1996); le Centre catholique Sankt Antonius, Egg (1988–1997) et les logements pour musiciens, Bienenstrasse, Zurich (1992–1998).

1 The catalogue *Analoge Architektur* (Boga, Zurich, 1987) was produced for the atelier's first exhibition in Zurich.
The exhibition travelled throughout Europe in 1991 with an accompanying book entitled *Analogous Architecture*, Obec Architektu, Prague, 1991.
2 Longeraie cultural and training center in Morges (1991–1996); Sankt Antonius Catholic center in Egg (1988–1997) and housing for musicians in Bienenstrasse, Zurich (1992–1998).

Miroslav Šik, avec/with Daniel Studer, 1992–1998, Logements pour musiciens, Zurich / Housing for musicians, Z

Lieu et ambiance L'architecture analogue ne se confronte pas à l'urbanisme de grande échelle. Ses interventions sont locales et douces, acceptant la relative immuabilité de la ville. Le lieu, fut-il sans valeur apparente, nourrit le projet qui s'inspire de ses architectures, même bâtardes. La reconnaissance des choses ordinaires et de leur pouvoir d'expression poétique est une des parties constituantes de l'approche analogue.

«Le visage que ton bâtiment offre à la ville n'est pas ton affaire. Façades, volumétries, silhouettes; tout ce qui est extérieur appartient à la ville et est mesuré à l'existant. [...] Presque tous les bâtiments, aussi extraordinaire et codée soit leur architecture, seront un jour gris et intégrés. La loi du local et du conventionnel est sans merci.» [3]

«Je voudrais effacer les contrastes existants de la ville moderne. Le bâtiment doit non seulement s'insérer dans un lieu mais aussi avoir un effet sur les conflits présents. [...] Je dois apaiser les conflits de telle sorte que tout forme à nouveau un ensemble.» [4]

Place and Atmosphere Analogous architecture does not in any way equate with large-scale urban planning. It merges softly with the local context, acquiescing to the relatively unchanging nature of the city. Each scheme is an outgrowth of the site and its architecture (even when this is a crossbreed), for the analogous approach is rooted in acknowledging the poetic force that underlies the ordinary features of a given place.

"The face that your building shows the city has got nothing to do with you. Everything on the outside – façades, volumes and outlines – belongs to the city. [...] Practically every building will one day blend in with the overall greyness, however extraordinary and coded its architecture may be. The law governing convention and local context is pitiless." [3]

"I seek to wipe out existing contrasts with the modern city. Buildings not only have to be slotted neatly into their site; they have to impact the conflicting elements around them. [...] My role is to iron out each conflict so that everything can once again form one whole." [4]

L'ambiance doit être comprise comme un véritable instrument de travail, employée à renforcer l'identité d'un lieu, d'un bâtiment ou d'un espace. Dirigée, elle remplit le besoin humain profond de stabilité et protection.

«On peut composer des ambiances à partir du lieu, de la couleur locale ou d'après le milieu fonctionnel. Nous expérimentons avec les ambiances, car le genre – bâtiments de culte, habitations, édifices industriels – n'est plus facilement reconnaissable. [...] L'ambiance sert à faire reconnaître le bâtiment et sa fonction. Différentes des symboles, les ambiances font des allusions subtiles, elles sont légèrement imprécises et fortement sentimentales.»[4]

«Je veux créer un monde qui n'est ni vieux ni nouveau. Mon but est d'arriver à ce que les ambiances se neutralisent mutuellement, afin que l'on ne soit jamais capable de reconnaître un cadre social ou temporel.»[4]

In the analogous approach, atmosphere becomes a genuine tool for carving out the identity of a site, a building or a space. When properly handled, it can fulfil the innate human need for stability and protection.

"We can compose different sorts of atmosphere by drawing on the site, local colours and functional aspects. We like to experiment with these different atmospheres, since building types – whether religious buildings, housing or industrial edifices – are difficult to tell apart nowadays. [...] Atmosphere helps us to recognize what kind of a building we're in. It spawns subtle allusions (in a different way to symbols) that are slightly obscure yet strongly emotional."[4]

"My aim is to create a world that is neither old nor new. I want the various types of atmosphere to cancel one another out, blurring the social and temporal framework."[4]

3 Miroslav Šik, «Traditionalistische Koloristik», *archithese*, n° 6, Zurich, 1994.
4 «Konflikte binden», entretien de Lynette Widder et Gerrit Confurius avec Miroslav Šik, *Daidalos*, n° 67, 1998.

3 Miroslav Šik, "Traditionalistische Koloristik", *archithese*, no. 6, Zurich, 1994.
4 "Konflikte binden", Miroslav Šik interviewed by Lynette Widder and Gerrit Confurius, *Daidalos*, no. 67, 1998.

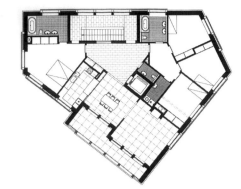

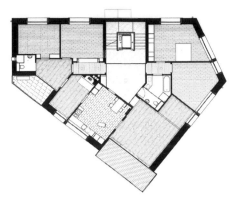

Patrick Frei, Travail d'étudiant / Student work

Lukas Imhof, Travail d'étudiant / Student work

L'enseignement A la signature reconnaissable de l'architecte, se substitue une composition d'images architecturales familières, tirées de l'environnement immédiat. Plutôt que de proposer des programmes semestriels insolites, Miroslav Šik choisit par exemple la transformation d'une maison d'habitation d'un quartier à l'échelle grandeur. Le respect des normes de construction et la consultation de catalogues standards sont de rigueur. Cet encadrement de la créativité individuelle ne la freine pas mais la confine dans «l'ordinaire».

Les perspectives, établies à l'ordinateur et coloriées pendant plusieurs jours à la main, sont un moyen lent et patient de sensibilisation à la réalité et d'appropriation de la matérialité du projet : *«Je veux qu'ils dessinent tout, donc aussi la saleté sur la route [...] ainsi ils commencent à réfléchir à l'aspect de l'asphalte échauffé par le soleil.»*[5]

Le but ultime de toute intervention est l'unité, la fusion avec le lieu, modifié de manière douce et presque imperceptible par le projet.

«Less is more – si un traditionaliste tombe sur un axiome de l'un des représentants les plus éminents du Modernisme, c'est

Teaching Analogous architecture presupposes replacing the architect's hallmark with a series of familiar architectural features based on the immediate surroundings. Šik does not get his students to work on out-of-the-ordinary programs, but rather on projects which can be tackled in depth, such as converting housing. Construction norms are carefully respected and students are expected to study standard catalogues in a harnessing of individual creation that does not curb the students' imagination but keeps it within the bounds of "the ordinary". Perspective drawings are worked up on the computer and are coloured by hand over several days. The whole process is purposefully slow so that students can grasp the material reality of the design: *"I get them to draw everything, down to the dirt on the road. [...] That way they start thinking about things like the texture of the sun-warmed asphalt."*[5] The ultimate aim of any scheme is unity, so each alteration to the site has to be virtually imperceptible, blending seamlessly with the setting.

"Less is more – if as a Traditionalist one falls back on an axiom of one of the eminences of Modernism, there

48

que cet axiome doit contenir quelque vérité! Moins c'est aujourd'hui plus [...] Nous avons besoin d'une diète architecturale, d'un retour à un monde ordinaire et régional pour trouver de nouvelles joies et des raisons de vivre.»[6]

«Toute chose qui se trouve sur la table au moment du projet, toute chose qui a trouvé à s'exprimer dans une nouvelle composition, doit à la fin avoir un effet d'unité, apparaître comme un tout indivisible, comme une monade»[6]

«D'abord l'utile, ensuite l'ambiance et, à la fin, l'effet. J'essaie constamment de garder en tête ces trois plans [...]. En mettant la priorité sur l'utile, je prends clairement ma distance par rapport à l'esprit du temps. Sans oublier l'ambiance: visualiser ce que la chose est, où elle se trouve, comment elle est construite. En troisième lieu seulement, invisible à première vue, l'objet dévoile des effets, qui ne masquent jamais l'utile et l'ambiance.»[7]

must be some truth in it! Less is actually more and not because we are ascetic-protestant educators. We need an architectural diet, a return to an ordinary and regional world to find new enjoyment and purpose in life."[6]

"Everything that originally lay on the project table, everything that has found its way into new composition, must in the end have an effect of unity, an indivisible wholeness, as a monade."[6]

"First, usefulness. Second, atmosphere. And lastly, effect. I always try to bear these three elements in mind [...]. By prioritizing usefulness, I can clearly distance myself from the notion of time. Then comes atmosphere, which helps us understand what the thing is, where it is and how it is built. Third, and not before, are the effects produced by the object. These effects should be impossible to make out at first glance and must never override usefulness and atmosphere."[7]

5 «Die Stimmung ist die SIA-Norm», entretien avec Miroslav Šik, *Transreal*, ETH Zurich, 2000.
6 Miroslav Šik, *Analogous Architecture*, op. cit.
7 Programme de semestre, Architekturabteilung, ETH Zurich, 2000.

5 "Die Stimmung ist die SIA-Norm", interview with Miroslav Šik, *Transreal*, ETH Zurich, 2000.
6 Miroslav Šik, *Analogous Architecture*, op. cit.
7 Semester program, Architekturabteilung, ETH Zurich, 2000.

Pablo Horváth,1996–1998, Ecole, Fläsch / Primary school, Fläsch

L'école de Fläsch On constate aujourd'hui que nombre d'architectes émergeants ont suivi l'enseignement de Fabio Reinhart et Miroslav Šik.[9] Si la plupart d'entre eux se sont libérés d'une iconographie analogue contraignante, il n'en reste pas moins que ce regard porté aux choses présente des familiarités avec ce qui caractérise l'architecture suisse contemporaine. Parmi celles-ci, la quête d'une authenticité profonde et la fascination d'un réalisme à la limite du banal actionnant les mécanismes du subconscient.

Ces qualités sont propres à l'école de Fläsch dans les Grisons, construite par Pablo Horváth en 1998 suite à un concours d'architecture. Mais le bâtiment est aussi représentatif de l'attitude sur le fil du rasoir du traditionalisme – entre le conservatisme figé et les renouveaux nécessaires.
Il démontre que le respect de la tradition et l'actualisation de certains de ses éléments peuvent être réunis dans un bâtiment sans que celui-ci perde son intégrité.

School at Fläsch It can be noted that many of the architects in this book have been taught by Fabio Reinhart and Miroslav Šik.[9] While most of them have shaken off the constraints of iconographic-like analogy, their architecture nonetheless remains strongly characterized by a subconscious quest for deep-rooted authenticity and a fascination for realism bordering on banality.

These are characteristics that can be found in contemporary Swiss architecture and are clearly apparent in the school at Fläsch in the Graubünden, built by Pablo Horváth in 1998 further to a winning competition entry. The building is typical of the balancing act intrinsic to traditionalism – juggling between restrained conservatism and rejuvenation. Through his design, Horváth lucidly demonstrates how traditional and modernized features can be combined in one building without sacrificing any of its integrity.

9 Conradin Clavuot, Andrea Deplazes, Pablo Horváth, Christian Kerez, Paola Maranta et Quintus Miller, par exemple.

8 For example: Conradin Clavuot, Andrea Deplazes, Pablo Horváth, Christian Kerez, Paola Maranta and Quintus Miller.

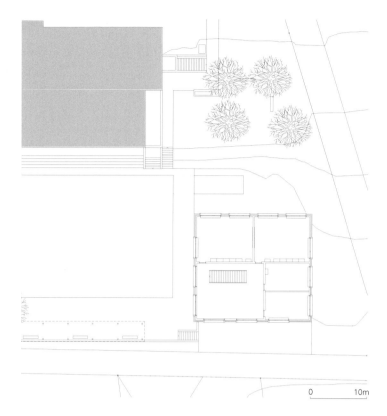

LE TESSIN, VINGT ANS APRES
TICINO TWENTY YEARS ON

Mario Botta, 1972–1977, Etablissement d'enseignement secondaire, Morbio inferiore / Secondary school, Morbio inferiore

Confiance retrouvée La fin des années soixante-dix et le début des années quatre-vingt furent sans conteste le moment d'émergence de l'architecture tessinoise sur la scène internationale. Avec Mario Botta, ce sont entre autres Aurelio Galfetti, Luigi Snozzi et Livio Vacchini qui conçoivent alors parmi leurs projets les plus intéressants, un temps rangés par certains critiques sous la bannière de la *Tendenza* ou encore du «Régionalisme critique». Ces projets se caractérisent souvent par une attitude faite d'affirmations très énergiques, exprimant un optimisme quant aux capacités de l'architecture d'apporter des réponses à l'occupation anarchique ou chaotique du territoire urbanisé: les projets inscrivent des figures lisibles dont on attend qu'elles sachent redonner une signification à ce qui resterait autrement une collection de fragments épars. Dans une période qui voit le post-modernisme s'épandre sans entraves, les projets tessinois manifestent aussi une confiance en certains idéaux de l'architecture moderne, dans une révérence faite à plusieurs de ses grands maîtres.

Cet optimisme et cette confiance vont peu à peu s'éroder, d'une part parce qu'une attitude militante et résistante ne

Restored Confidence The late seventies and early eighties incontestably marked the point when Ticino architects began entering the international arena. Among these can be cited Mario Botta, Aurelio Galfetti, Luigi Snozzi and Livio Vacchini, whose most interesting schemes were for a time bracketed by some critics under the heading of *Tendenza* or "Critical Regionalism". They were schemes that were often characterized by highly energized affirmations, expressing a sense of optimism in relation to the capacity of architecture to provide responses to the anarchy and chaos of urbanized areas. They were grounded in legible design concepts that gave meaning to what would otherwise have remained a collection of scattered fragments. At a time when post-modernism was spreading in frenzied fashion, these Ticino schemes revealed a confidence in certain modern architectural ideals, with reverence being paid to several of the grand masters.

However, the above efforts gradually wore thin, partly because voluntarist architectural and urban initiatives

parvient pas à nécessairement légitimer des interventions architecturales et urbaines volontaristes, d'autre part parce qu'une nouvelle sensibilité se dévoile vis-à-vis d'un monde suburbain qui n'est plus inévitablement regardé de façon négative: «*La périphérie ne se forme nullement de façon chaotique et sans loi. L'impression d'aléatoire provient plutôt du fait que – et c'est justement ce qui caractérise la périphérie – la trame du bâti ne s'est pas encore stabilisée et que les centres de gravité peuvent encore se déplacer. [...] L'idée que l'on puisse influer sur cette trame au moyen de mesures de composition qui s'inspireraient des caractéristiques du lieu méconnaît la complexité du mode de formation des phénomènes urbains.*»[1]

cannot necessarily be rendered legitimate by militant and resistant attitudes, and partly because a new awareness was being kindled whereby the suburban world was no longer considered as inevitably negative: *"The periphery is not in any way formed through chaos and lawlessness. Instead, the impression of haphazardness is generated more by the fact that the urban grid is not yet permanently in place and that the centres of gravity can still be moved – and it is precisely this that characterizes the periphery [...] The idea that we can tamper with this grid by means of compositional devices inspired by the characteristics of the site implies that we are unaware of the complex formation process underlying urban phenomena."*[1]

1 Max Bosshard, Christoph Luchsinger, Annette Gigon, Mike Guyer, in *archithese*, n° 2, 1994. Cité par Christoph Allenspach, *L'Architecture en Suisse. Bâtir aux XIX*e *et XX*e *siècles*, Zurich, Pro Helvetia, 1999.

1 Max Bosshard, Christoph Luchsinger, Annette Gigon and Mike Guyer, in *archithese*, no. 2, 1994. Quoted by Christoph Allenspach, *L'Architecture en Suisse. Bâtir aux XIX*e *et XX*e *siècles*, Zurich, Pro Helvetia, 1999.

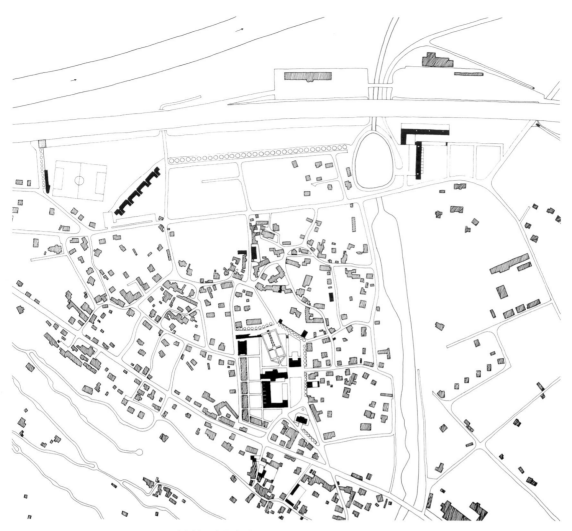

Luigi Snozzi, Projets à Monte Carasso, à partir de 1979 / Built works and projects at Monte Carasso, since 1979

L'idée d'un cycle A partir de la fin des années quatre-vingt, l'architecture suisse alémanique est progressivement venue occuper le devant de la scène tandis que l'architecture tessinoise n'avait plus la vitalité qui avait été la sienne dix ans auparavant. Peut-on parler de cycle? Peut-être, mais il ne faut pas oublier que les développements récents sont inexplicables sans le précédent tessinois, celui-ci ayant lui-même apporté la preuve qu'un renouvellement des problématiques avait été indispensable au réinvestissement de l'architecture comme discipline artistique.

Il faut enfin noter que les développements récents peuvent maintenant adopter une distance plus grande par rapport à l'héritage de l'architecture moderne, une décontraction même, dans la mesure où il ne s'agirait plus de résister pour défendre des positions attaquées, mais simplement, et plus difficilement, d'affirmer des positions. On peut d'ores et déjà poser une question: s'agit-il là d'un nouveau cycle, et à quel moment de son évolution se trouve-t-il être?

Cyclical Features In the late eighties, Swiss German architecture started inching towards the front of the stage, whereas Ticino architecture began to move out of the limelight it had enjoyed for the previous ten years.

Might this be some kind of a cycle? Maybe, but it must not be forgotten that recent developments are inextricably linked to the Ticino experience, for the latter proved that in order for architecture to be reinstated as an artistic discipline, it had to be completely reassessed. Equally, it should be noted that the hold of modern architecture has lessened somewhat, for it is no longer a question of defending one's position but of asserting it – an infinitely more difficult task. Perhaps it could thus be posited that a new cycle has been generated; if so, then it would be pertinent to ask what cyclical point we are at.

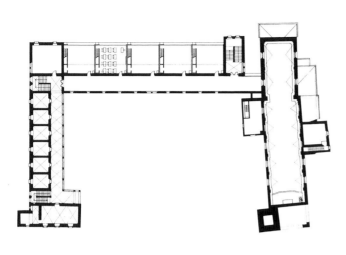

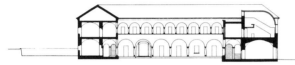

Ecole primaire dans l'ancien monastère / Elementary school in the former monastery

2

Seize bâtiments sont présentés, de seize architectes ou équipes d'architectes différents, dont un projet en cours de réalisation (des villas à Zurich-Witikon de Marianne Burkhalter & Christian Sumi) et un pavillon déjà disparu (le Corps sonore suisse de Peter Zumthor à l'exposition de Hanovre), une manière d'équilibre qui ne situe pas l'architecture exclusivement dans la permanence bâtie. La présentation de ces bâtiments relève nécessairement d'un choix, qui prend le risque d'un jugement critique, et dont il est impossible d'expliciter tous les critères dans le moment même où il s'effectue.
Cependant, deux partis-pris nous ont guidés. Le premier était de se situer au vif de la production contemporaine: l'achèvement des bâtiments présentés s'échelonne ainsi sur moins de quatre années – de 1997 à 2000. Le second parti-pris était de distinguer des bâtiments aux conceptions «radicales», c'est-à-dire des bâtiments qui correspondent à des prises de position par rapport à ce qu'on croit être l'architecture, avec ce que de tels engagements emportent de nouveauté.

Sixteen buildings by sixteen architects or teams of architects are presented here. Among them is a scheme currently under construction (villas in Zurich-Witikon by Marianne Burkhalter & Christian Sumi) as well as a pavilion that has already been dismantled (the Swiss Sound Box designed by Peter Zumthor for the Hanover Expo), the primary aim being to portray architecture in a way that does not focus exclusively on built works of a lasting nature.
We have consciously taken the risk of adopting a critical approach, since choices had had to be made about which buildings to feature. However, two important factors guided us in our selection. First, the buildings had to be truly contemporary, which explains why they span less than four years, from 1997 to 2000. Second, they had to be rooted in "radical" design concepts; that is, they had to be underpinned by specific and committed viewpoints with respect to what their makers believe architecture to be, for it is this that generates new approaches and strategies.

VILLA TOURNIER Collonge-Bellerive
THE VILLA TOURNIER Collonge-Bellerive

Andrea Bassi 1999–2000

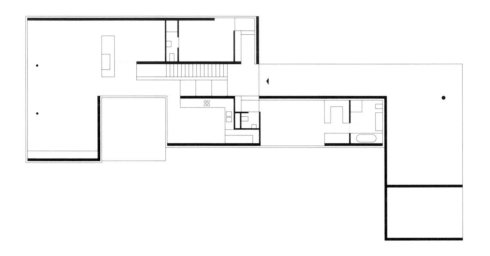

Rez-de-chaussée / Ground floor   0 _____ 5m

Dans les environs suburbains de Genève, la villa Tournier prend possession d'un terrain en pente qui regarde vers le lac Léman. On entre dans la maison après avoir longé un mur aveugle, abrité par une dalle de béton armé en porte-à-faux, dont l'horizontalité se poursuit jusqu'à la salle de séjour orientée vers l'ouverture du paysage, tandis qu'un escalier épousant le sens de la pente descend au niveau inférieur des chambres des enfants.

Andrea Bassi s'est déjà fait connaître par la réalisation de plusieurs maisons, chacune traitant un thème spécifique, notamment du point de vue de la configuration générale adoptée: maison à patio – à Vandœuvres –, maison faite de plusieurs corps indépendants – à Veyrier –, etc. Ici, à Collonge-Bellerive, pour profiter au maximum des vues lointaines ou des proximités, pour choisir des orientations et renforcer la «privacité», la géométrie de la maison forme une figure fortement articulée, capable en quelque sorte d'intérioriser l'extérieur: la maison n'est plus ainsi un objet autonome, mais un bâtiment dont le corps se plie aux exigences d'un site sans pour autant perdre son intégrité.

The villa Tournier sits commandingly on a slope overlooking Lake Geneva. One enters the house after walking beside a blank wall sheltered by a reinforced concrete overhang whose horizontal slab continues right through to the living room. Here there are views of the surrounding landscape, while below there are the children's bedrooms, accessed by stairs that hug the slope.

Andrea Bassi has won acclaim for his designs of private houses, each of which hinges on a specific theme, mainly related to layout. For instance, he has designed a patio house in Vandoeuvres, a house in Veyrier composed of several individual parts, while here in Collonge-Bellerive he has concentrated on geometric articulation to capitalize on exposure, close and distant vistas and sense of privacy.

In a way, the outside becomes the inside; the house is thus no longer an autonomous object but a building whose body bows to the requirements of the site yet without sacrificing any of its integrity.

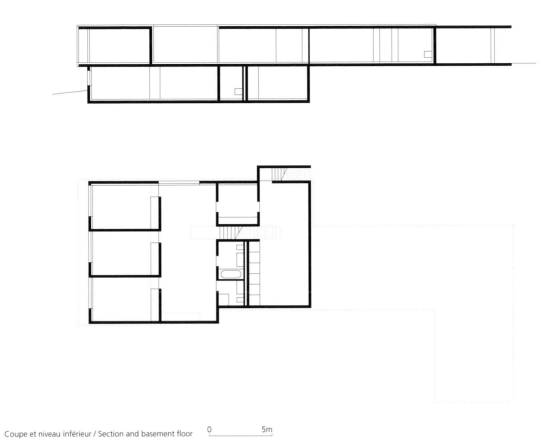

Coupe et niveau inférieur / Section and basement floor   0 _____ 5m

ECOLE Vella

SCHOOL Vella

Valentin Bearth, Andrea Deplazes avec / with Daniel Ladner 1994–1998

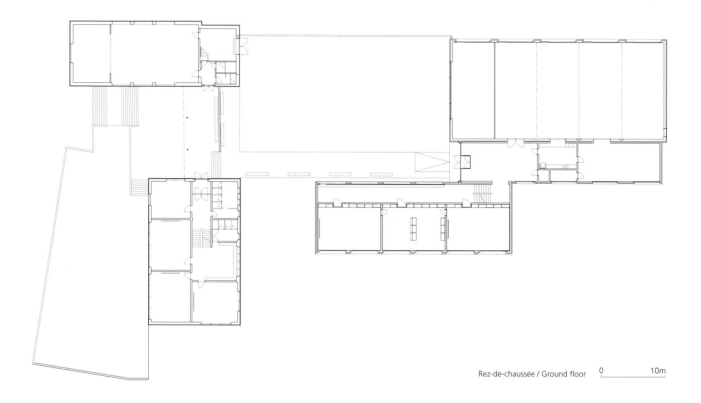

Rez-de-chaussée / Ground floor   0 _____ 10m

Deux bâtiments existants + deux bâtiments nouveaux + une cour qui les lie: dans un village composé de constructions pour la plupart indépendantes – même si elles sont très proches les unes des autres –, c'est l'équation que résoud l'école, mettant en place comme une constellation, cependant réglée par une orthogonalité qui tend les rapports et permet les glissements.

Les deux bâtiments existants ont été construits dans les années cinquante, époque depuis laquelle le village a doublé sa taille. Les deux nouveaux bâtiments sont délibérément d'une architecture analogue aux deux bâtiments existants et à d'autres constructions du village, ce qui ne signifie pas qu'ils leur soient identiques. Volumes élémentaires, toitures sans débord, positionnement et dessin de fenêtres plus grandes que de coutume: ces seuls traits suffisent à insinuer un écart, qui correspond à une réactualisation de lieux communs ou de figures familières. L'école est encore remarquable pour une conception énergétique qui ne fait pas appel à des équipements de «hautes technologies», mais à des solutions pour lesquelles la massivité de la construction est essentielle.

Two existing buildings + two new buildings + a linking courtyard in a village comprising primarily individual but tightly packed constructions.

Such is the equation of this school, which can be read as a constellation, yet one which is regulated by an orthogonal framework that both tensions and relaxes each structural relationship.

The two existing buildings were built in the 1950s and since then the village has doubled in size. The architecture of the two new buildings is deliberately analogous with that of the old ones as well as with the other structures in the village, though this by no means makes them a carbon copy. Basic shapes, roofs without overhangs, larger windows than is customary; all these features suggest differences – differences engendered by a reworking of familiar features and communal spaces.

The school is also remarkable for its energy-related design concept, in which all "high-tech" solutions have been discarded in favour of concentrating on the solid mass of the structure.

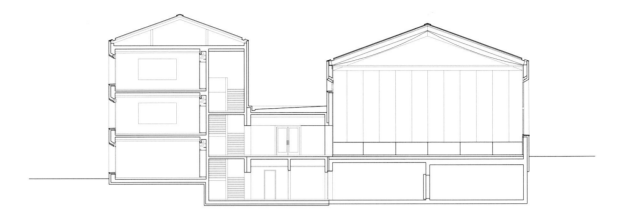

Coupe / Section   0 ___ 5m

VILLAS URBAINES Zurich-Witikon
TOWN VILLAS Zurich-Witikon

Marianne Burkhalter, Christian Sumi 1998–

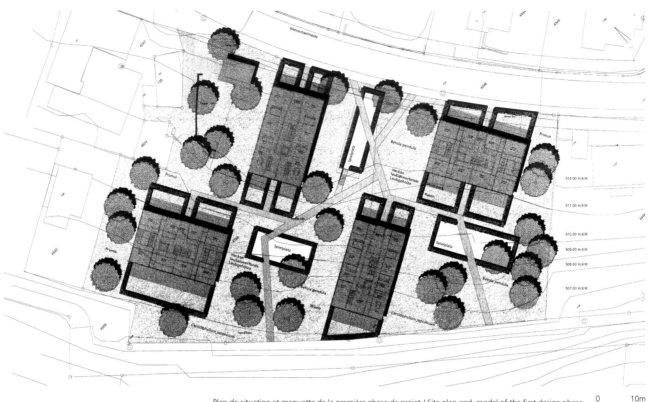

Plan de situation et maquette de la première phase de projet / Site plan and model of the first design phase

0   10m

Un terrain en pente, un environnement aujourd'hui suburbain: pour un concours, Marianne Burkhalter et Christian Sumi ont conçu quatre bâtiments d'habitation, programme destiné à une population aisée, les surfaces des logements étant grandes.

Les bâtiments sont perpendiculaires ou parallèles aux courbes de niveau. Dans le premier cas, ils rappellent les anciens bâtiments de vignoble; dans le second cas, ils se rapportent aux maisons individuelles plus récentes. Les deux orientations et l'indépendance des bâtiments préservent donc le caractère ouvert du site.

Si l'évolution du projet, dans sa phase actuelle de réalisation, a mené à l'adoption de dispositions plus simples, celles-ci n'en restent pas moins déterminées par les deux orientations, qui sont ainsi génératrices de solutions typologiques spécifiques. De plus, afin de renforcer encore cette spécificité, pour chacun des bâtiments, chaque étage a un plan particulier, le rez-de-chaussée profitant de jardins individuels clos, le premier étage étant doté de loggias saillantes et protégées, le deuxième étage ayant de grands balcons.

The competition brief was for housing a well-to-do population on a sloping suburban site. Marianne Burkhalter and Christian Sumi responded by designing four blocks containing apartments with large floor areas. These blocks are set either parallel or perpendicular to the incline of the slope. In the former case, they are reminiscent of old vineyard buildings, whereas in the latter they have been built in keeping with contemporary single-family dwellings. In addition, the fact that they face two different directions and are split into individual chunks has resulted in the site retaining a feel of openness about it.

Although the design concept had to be trimmed during the construction phase (currently in process), it still hinges on the notion of having two different exposures with specific typological solutions. To further accentuate this element of specificity, each floor is designed to a different plan, with private enclosed gardens on the ground floor, sheltered loggias jutting out from the first floor and large balconies on the second floor.

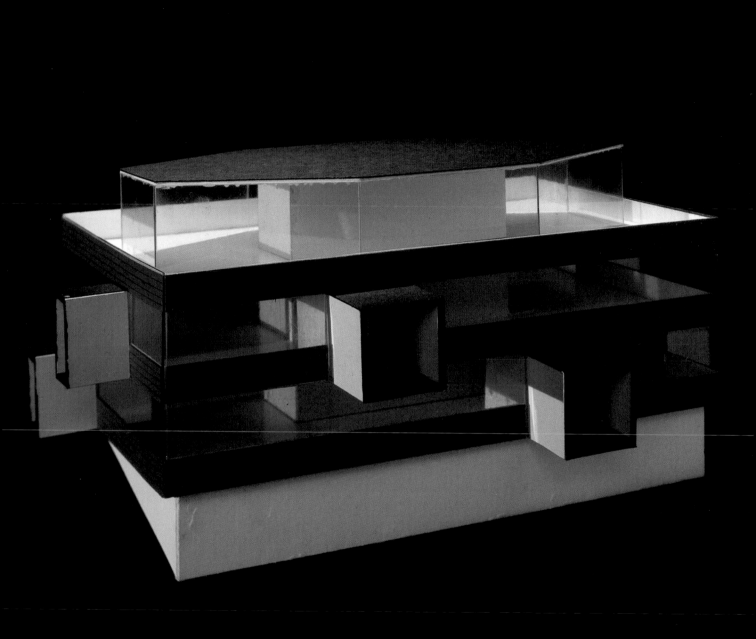

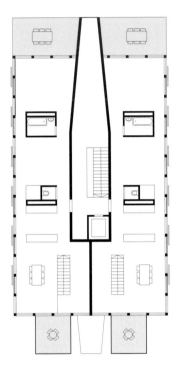

Rez supérieur de la première phase / Entrance level of the first design phase

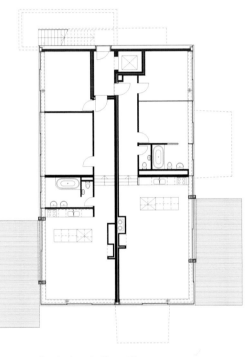

Rez-de-chaussée / Ground floor

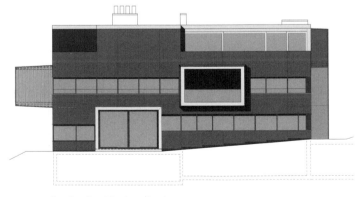

Façade sud-est / Southeast elevation

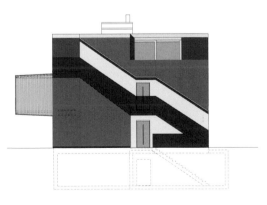

Façade nord-est / Northeast elevation

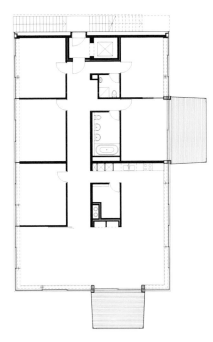

Etage / Upper floor

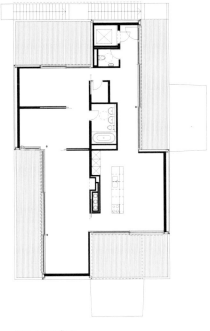

Attique / Top floor

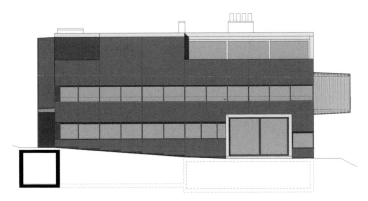

Façade nord-ouest / Northwest elevation

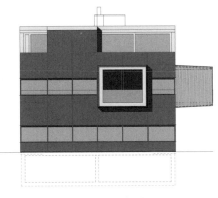

Façade sud-ouest / Southwest elevation

0   5m

ECOLE St. Peter

SCHOOL St. Peter

Conradin Clavuot 1994–1998

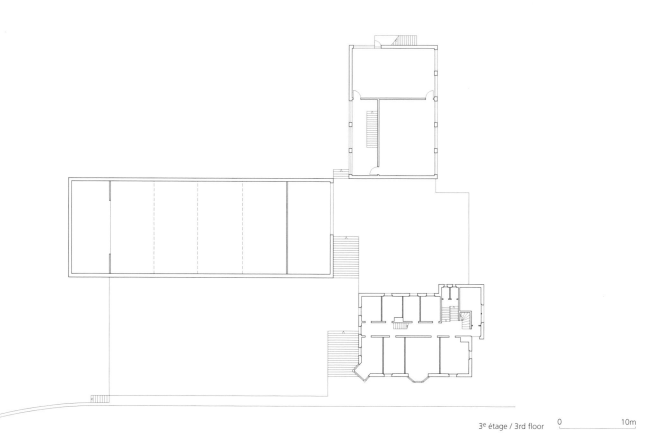

3e étage / 3rd floor   0   10m

Bâtiment scolaire et salle polyvalente complètent une école existante en formant un ensemble, les relations précises entre les éléments étant fonction des usages et des orientations par rapport au soleil et à la vallée. Les deux bâtiments, entièrement réalisés en bois de la région, présentent une unicité entre forme et matériau particulièrement exceptionnelle.

C'est pourquoi leur construction demande quelques explications. Les murs intérieurs porteurs sont faits d'un empilement de madriers d'épicéa de 11,5 x 20 centimètres. L'enveloppe extérieure étanche est, elle, composée d'une ossature et d'un lambrissage de mélèze de 4 à 6 centimètres d'épaisseur, sur lesquels sont fixées les chassis de grandes fenêtres. Pour éviter la transmission des efforts, murs intérieurs et enveloppe sont liés par des coulisses en bois façonnées en queue d'aronde, ce qui permet une variation dimensionnelle des murs de madriers qui peut atteindre 3% de la hauteur totale des bâtiments. La rationalité constructive n'est pas ici affaire de pastiche; elle enrichit au contraire intrinsèquement l'esthétique de la construction en bois.

This scheme is an addition to an existing school with which it forms one whole, though the buildings face different directions depending on their individual functions. Made entirely of local wood, the two new structures emanate an amazing sense of oneness in respect of their form and material.

This is largely generated by the construction components themselves which comprise a weatherproofed larch envelope made up of 4–6 cm thick panelling, accommodating large window frames, and structural inner walls composed of stacked spruce beams measuring 11.5 x 20 cm. To spread weight evenly, the interior walls and envelope are connected by wooden runners shaped in the form of a dovetail, which means that the timber walls vary in height (by up to 3% of the buildings' total height). The underlying construction logic is thus no repetition of a hackneyed motif; on the contrary, it intrinsically enriches the aesthetic aspects of timber construction.

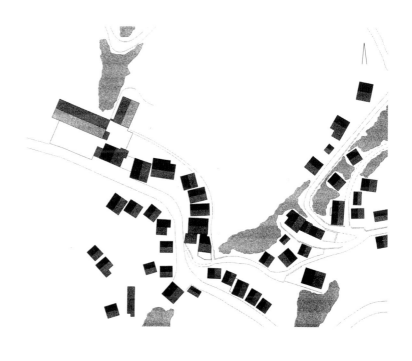

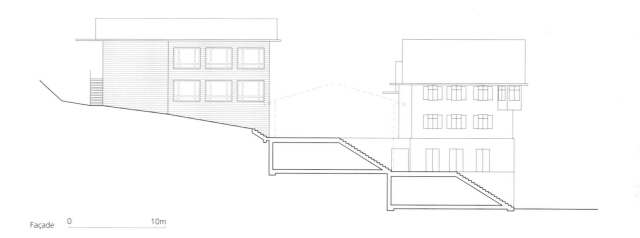

Façade   0 ————— 10m

PASSERELLE Suransuns

FOOTBRIDGE Suransuns

Jürg Conzett (Conzett, Bronzini, Gartmann) 1997–1999

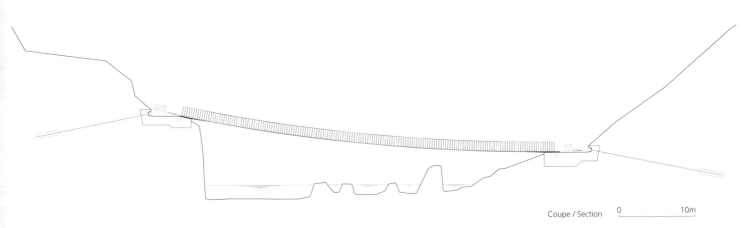

Coupe / Section   0   10m

Exceptionnellement, peut-on ici se permettre de parler de minimalisme à propos de la passerelle de Suransuns?

Sans doute, si l'on se borne à prendre en compte le nombre d'éléments qui la constitue: un tablier, un garde-corps, rien de plus; lignes pures d'une courbe liant comme un fil les deux côtés du ravin.

La passerelle a quarante mètres de portée; ses extrémités sont situées à des niveaux différents; son tablier est fait de dalles de granit et se comporte comme une plaque monolithique unique. Après la réalisation des culées en béton armé, le pont est une construction «à sec»: le chantier a consisté à fixer les rubans d'acier précontraints, poser les dalles de granit l'une après l'autre, visser les potelets du garde-corps, mettre sous tension et définitivement serrer.

Au-delà de la prouesse constructive de l'ingénieur, de son travail «à la limite», la passerelle est une extraordinaire leçon de pertinence dans la réponse à une fonction qui n'élimine pas les sensations. Evocation du danger que reste la traversée d'un ravin: la passerelle est souple; elle oscille verticalement et bouge latéralement, résistant bien sûr à toute torsion.

Suransuns footbridge could perhaps be referred to in minimalist terms if one were simply to list its basic visual components – a deck, a guard rail and that is all. Pure curving lines that sew the two sides of the ravine together like a thread.

The bridge spans forty metres, with both ends positioned at different levels, while its granite-slab deck is laid out like a monolithic block. Once the reinforced concrete abutments had been put in place, the bridge was "dry assembled", which consisted of attaching pre-tensioned bands of steel, laying the granite slabs one after the other, screwing down the guard rail posts, then tensioning and firmly tightening the whole structure.

As well as showcasing the construction prowess of engineers and the way they "push the limits", the footbridge is a fine lesson in how to provide a relevant response to a required function without jettisoning emotions. For crossing the ravine stirs a sense of danger – the bridge is pliable so it sways vertically and laterally, though obviously all the while remaining sturdily solid.

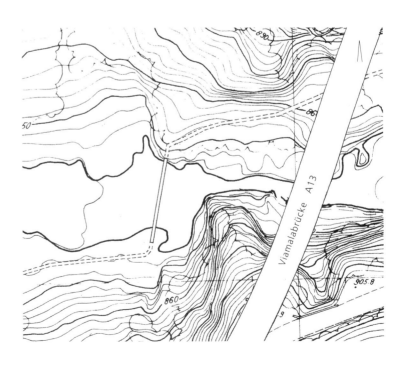

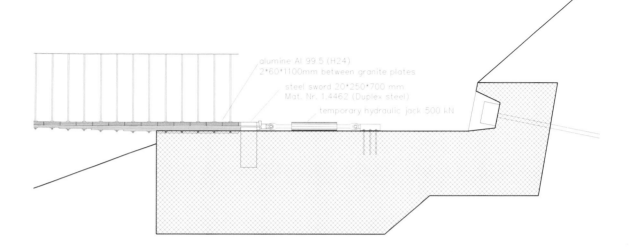

alumine Al 99.5 (H24)
2*60*1100mm between granite plates
steel sword 20*250*700 mm
Mat. Nr. 1.4462 (Duplex steel)
temporary hydraulic jack 500 kN

Détail de la butée ouest / Detail of western abutment   0 _____ 1m

BIBLIOTHEQUE Lausanne-Dorigny
LIBRARY Lausanne-Dorigny

Patrick Devanthéry, Inès Lamunière avec / with Gabriel de Freudenreich 1998–2000

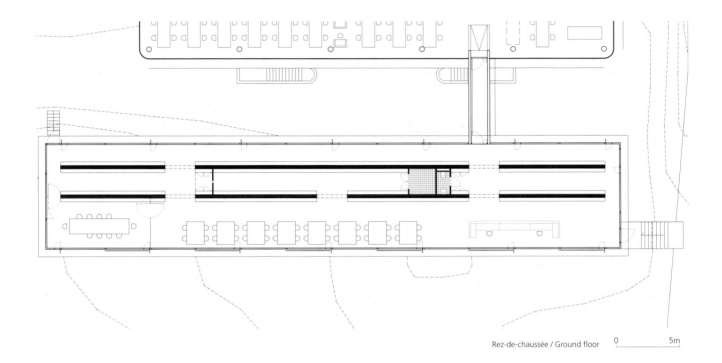

Rez-de-chaussée / Ground floor   0 ⎯⎯⎯ 5m

La bibliothèque accueille la collection de livres léguée par le juge Fleuret. Conçue comme un pavillon, elle se situe au-devant du bâtiment de la faculté de Droit, lui étant rattachée par un étroit passage. Deux murs longitudinaux parallèles reçoivent les rayonnages des livres. Ces murs forment poutres et permettent les porte-à-faux des dalles de plancher et de couverture. L'espace de la bibliothèque se trouve ainsi libéré, et le bâtiment apparaît en équilibre et en lévitation au-dessus du sol naturel, comme s'il avait cherché à ne pas s'ancrer dans un terrain qu'il vient tardivement occuper.

Profitant de l'inertie thermique des dalles épaisses, la bibliothèque ne fait appel à aucun moyen de ventilation mécanique ou de conditionnement d'air. La ventilation est garantie par des volets pivotants étroits; la protection solaire est assurée, d'une part grâce de fines nattes de fils de cuivre logées dans le double vitrage, d'autre part grâce à ces mêmes nattes tendues dans le cadre de volets coulissants extérieurs. La superposition des deux trames occasionne des effets de moiré et donne une tonalité dorée à la lumière intérieure.

This library is home to a collection of books bequeathed by Judge Fleuret. It is designed like a pavilion and sits in front of the law faculty to which it is connected via a narrow corridor.

The bookshelves are inserted into two parallel longitudinal walls that act as beams, enabling the floor and roof to jut out. The actual space inside the library is thus freed from weight, and the building seems to hover above the ground as if seeking to pull away from the site that it has come to occupy rather late in the day.

Thanks to the heat-retaining qualities of the thick slabs, the library has no need for mechanical ventilation or air conditioning. Narrow swivel shutters play the role of ventilators and the building is screened from sun by a twofold system: slender braids of copper wire lodged in the double glazing, then the same type of braids stretched across the frame of the outside sliding shutters. This produces a strange shimmering effect and casts a golden hue inside the library.

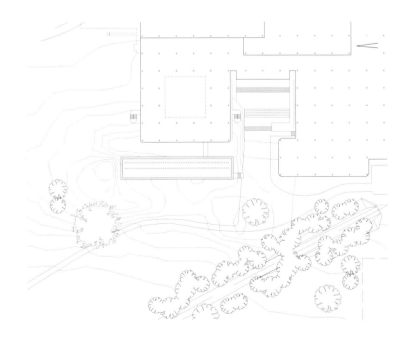

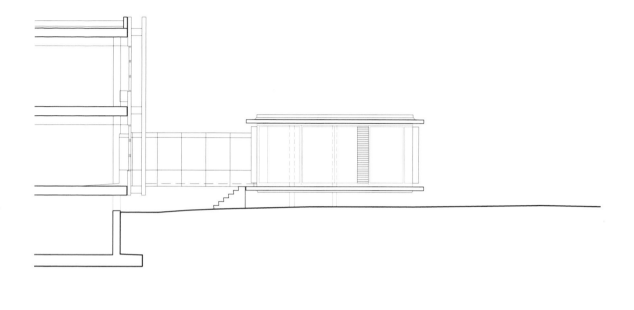

Façade nord / North elevation 0 —————————— 5m

MAGASIN MIGROS Lucerne
MIGROS SHOP Luzern

Diener & Diener 1995–2000

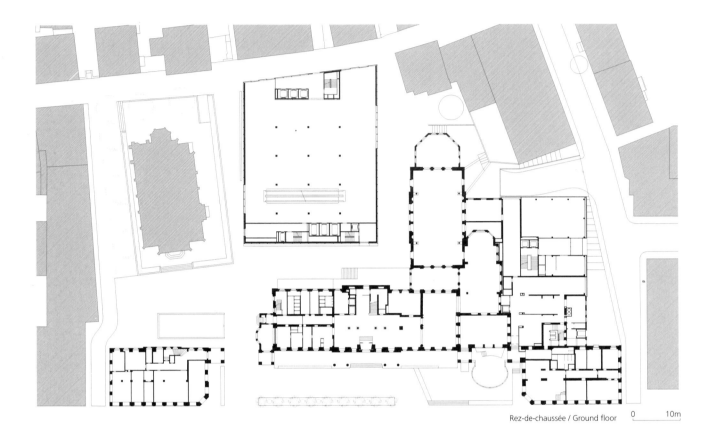

Rez-de-chaussée / Ground floor   0   10m

Le magasin Migros est partie prenante de la restructuration de l'îlot de l'hôtel Schweizerhof, un grand établissement de luxe de Lucerne. Le bâtiment est fait de quatre travées longitudinales, les deux travées centrales ajoutant deux étages aux trois niveaux inférieurs. Il en résulte une volumétrie simple et très affirmée, presque monumentale puisqu'elle rappelle celle d'une basilique, d'autant que le magasin Migros est quasiment parallèle à une église faite d'une nef et de deux bas-côtés.

Rez-de-chaussée et premier étage sont dévolus au magasin. Les étages supérieurs sont occupés par des bureaux et des locaux de l'école Migros de formation et de loisirs. Les niveaux sont soulignés par la superposition des plaques verticales de cuivre prépatiné vert formant une enveloppe homogène, plaques dont la largeur définit le module de base de toutes les mesures. L'homogénéité de l'enveloppe n'est pas altérée par des fenêtres disposées ou bien en bandes continues, ou bien irrégulièrement selon les nécessités de l'intérieur, mais dont le vitrage est toujours au même nu que les plaques de cuivre.

The Migros shop forms part of a restructuring program for the block that includes the Schweizerhof hotel. The building is made up of four longitudinal bays, with the two central ones providing an extra two floors to the lower three levels. The volumetric shape is monumental, like a basilica – an impression that is heightened by the fact that the building is parallel to a church containing a nave and two aisles.

The ground floor and first floor are given over to the shop, whereas the upper floors are dedicated to offices and to a Migros adult education centre. Sheets of pre-weathered green copper are wrapped evenly around the structure, with the width of these sheets being used as a basis for defining all the other measurements. The windows do not in any way detract from the uniform effect, for although they are laid out either unevenly or in continuous strips (depending on the function housed behind them) the planar surface of the glazing is always the same as that of the copper sheets.

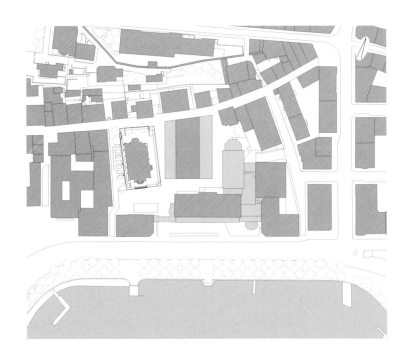

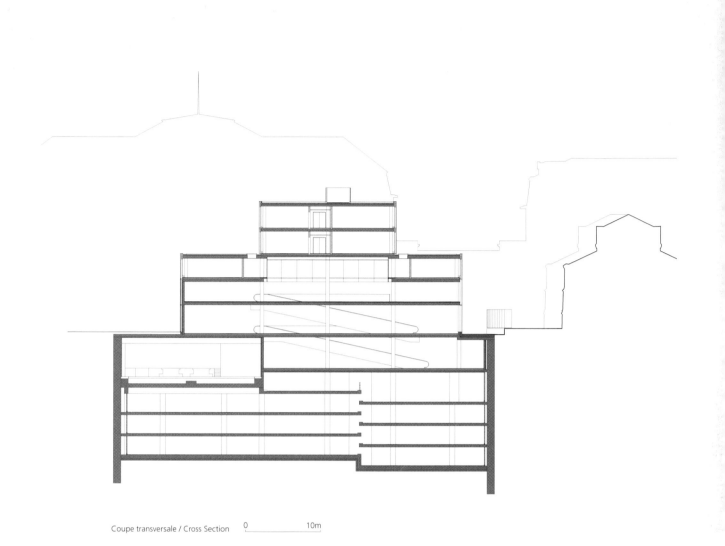

Coupe transversale / Cross Section   0 _____ 10m

MUSEE LINER Appenzell
LINER MUSEUM Appenzell

Annette Gigon, Mike Guyer 1996–1998

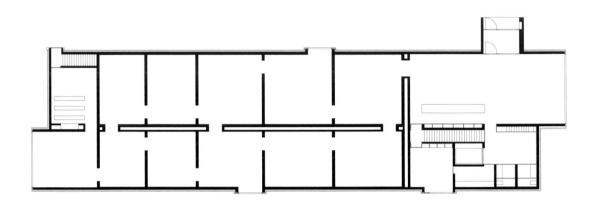

Rez-de-chaussée / Ground floor   0 _____ 10m

Le musée Liner est consacré à l'œuvre de deux peintres originaires d'Appenzell, Carl August Liner et son fils Carl Walter. Cependant, il accueille régulièrement des expositions temporaires, ce qui explique que ses salles soient d'une grande sobriété.

Situé aux abords de voies de chemin de fer, le musée est un bâtiment isolé, qui se caractérise à la fois par sa forme d'ensemble et par le matériau qui le revêt.

La forme d'ensemble est définie par une succession de sheds, qui peuvent évoquer un bâtiment industriel, mais qui surtout construisent une «forme forte», unitaire et singulière. L'unité et la singularité sont paradoxalement renforcées par des différences subtiles entre les sheds résultant de l'inégalité décroissante de la largeur des salles et de la recherche d'un équilibre autre que celui donné par une simple répétition.

Le musée est uniformément revêtu de plaques de tôle d'acier chromé dépoli, disposées en écailles. Au-delà d'une référence aux façades et toitures traditionnelles de bardeaux, les plaques couvrent de façon continue, telle une peau, une forme dont le caractère unitaire s'en trouve ainsi considérablement renforcé.

The Liner Museum is devoted to the work of two local artists – Carl August Liner and his son Carl Walter. However, the rooms had to be plain so as not to preclude temporary exhibitions.

Sited on the edge of the railway track, the museum cuts a solitary figure both in respect of its overall form and the material in which it is clad. Its shape is defined by a sawtooth roof that not only calls to mind industrial buildings but above all helps to fashion a "forceful form" that is both unitary and singular. This form is paradoxically emphasized by subtle differences between the sawtoothed sections due to the museum rooms becoming gradually narrower, which patently illustrates how the architects strove to achieve balance without resorting to repetition.

The building is uniformly covered in unpolished chromed steel sheeting laid like fish scales. The sheeting evokes traditional shingle walls and roofs, but more importantly it is wrapped as tight as a skin around the museum, sharply accentuating the sensation of unity.

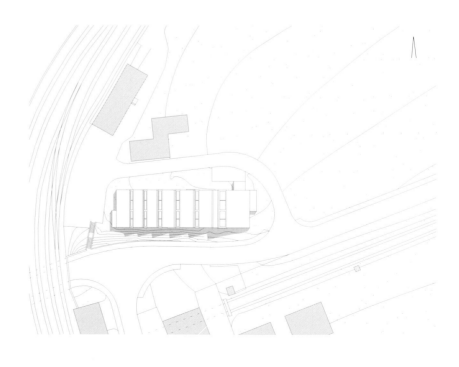

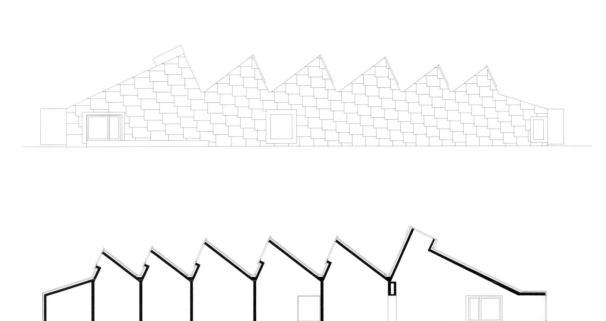

Façade nord, coupe / North elevation, section

0 _____ 10m

PHARMACIE DE L'HOPITAL Bâle

HOSPITAL PHARMACY Basel

Herzog & de Meuron 1995–1998

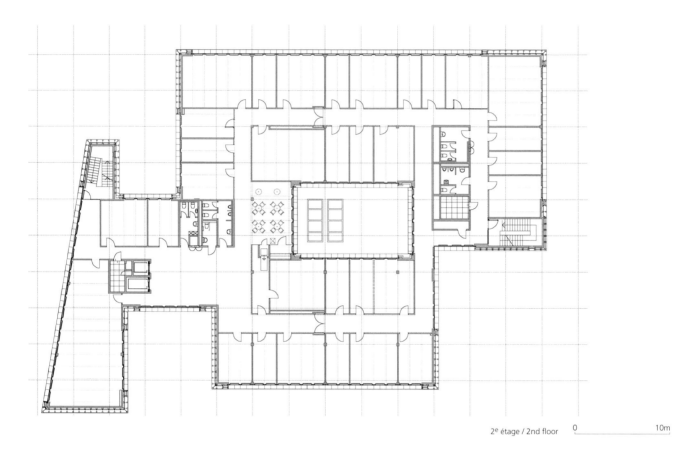

2e étage / 2nd floor   0   10m

De quoi la figure découpée du plan de la pharmacie de l'hôpital cantonal résulte-t-elle?

Données fonctionnelles et contextuelles semblent fusionner pour produire une configuration quasi fortuite, dénuée de tout formalisme, c'est-à-dire dénuée de toute insistance compositionnelle.

L'enveloppe est uniformément de couleur vive: un vert dont la luminosité est augmentée des reflets de la surface de verre. A distance, la couleur est unie; à mesure que nous approchons, la couleur est celle d'une trame de points sérigraphiés sur des plaques de verre fixées à distance de tôles d'acier perforées selon une trame identique à celle des points. La superposition produit des effets optiques de moiré qui donnent à la surface une profondeur indécise.

La pharmacie fait partie d'une suite de réalisations récentes de Herzog & de Meuron pour lesquelles un impact visuel et tactile immédiat porte le regard à devenir d'une acuité inaccoutumée. Il pourra même apercevoir, du côté de la rue, une résille métallique sur laquelle s'accroche un lierre: thème discret supplémentaire, textile et naturel.

One may well wonder how this jigsaw-shape pharmacy came into being, for functional and contextual givens seem to have been blended together in a layout that could readily be termed fortuitous, stripped as it is of all formalism, i.e. of all focus on composition.

The building's envelope is in a bright green colour that is rendered even more luminous by the reflections of the glass. From a distance, the colour seems to be plain, but as one approaches, it becomes clear that it is made up of pinpoints that have been screen-printed onto glazed sections; these sections are set away from steel sheets which are perforated in exactly the same way as the screen-printed points. By superimposing these two components, a shimmering effect is produced which makes the viewer unsure of the actual depth of the surface.

The pharmacy forms part of a string of recent works by Herzog & de Meuron in which one's gaze is rendered unusually sharp through instant visual and tactile impact. On the street side, observers may even make out wire netting with ivy climbing up, evoking the theme of natural textiles.

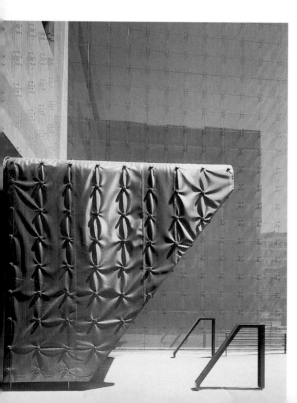

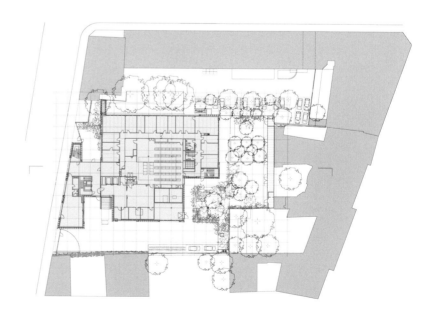

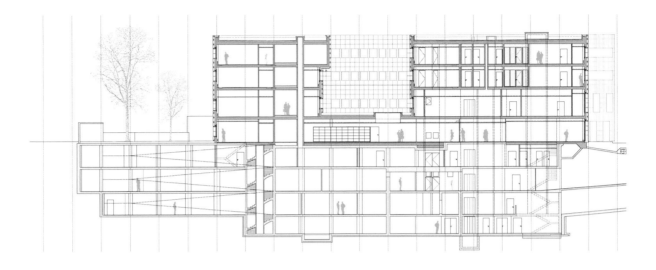

Coupe / Section

0 ————— 10m

MAISON HÜRZELER Erlenbach
HÜRZELER HOUSE Erlenbach

Peter Märkli 1997

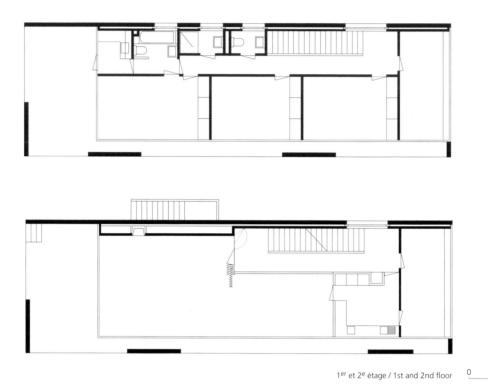

1er et 2e étage / 1st and 2nd floor   0 _____ 5m

La maison montre de manière évidente les parties «dures» et élémentaires qui la constituent: dalles des planchers, murs et pans de mur. Les décalages des pans de mur sur la façade longitudinale empêchent que la maison puisse être visuellement découpée en parties: elle apparaît ainsi paradoxalement comme une, manifestant un refus de toute fragmentation.

Tous les murs et pans de mur porteurs opaques étant périphériques, les pièces d'habitation des deux étages sont comme des boîtes vitrées glissées à l'intérieur de la boîte de la maison, les partitions et les limites des pièces pouvant être librement déterminées. Les parois vitrées des pièces sont notamment en retrait des pans de mur, de telle sorte que la maison montre sa capacité à fabriquer ses limites dans la stricte géométrie du parallélépipède.

Les pans de mur entre les dalles des planchers sont d'un béton teinté dans la masse. Ils semblent être des coulisses, mais fixes, qui jouent avec les pans vitrés et les cloisons transversales des pièces d'habitation, comme des écrans qui diversifient les vues et définissent la dépendance mutuelle entre intérieur et extérieur.

In this house, the basic, or "hard" construction components (the floor slabs and walls) are clearly exposed. The walled sections of the longitudinal façade prevent the building from being cut into visual parts, so paradoxically, all notion of fragmentation is rejected and the house comes across as one undivided whole.

Since all the opaque structural walls are peripheral, the living quarters on the two floors are like glass boxes slipped into the outer box of the house, and the partitioning can be arranged in any number of ways. The fact that the floor-to-ceiling glazing of the rooms is recessed in relation to the walled sections underscores how the house sets its own limits while remaining confined within a rigid parallelepiped. The walled façade sections are made of concrete that is coloured right through, resembling sliding, yet immobile, doors which play with the glazing and the horizontal partitioning of the living quarters. They are like screens that carve out diverse views while highlighting the interdependence between interior and exterior space.

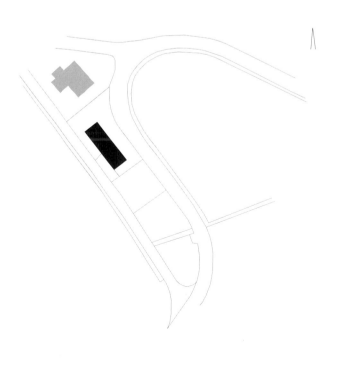

ECOLE SUISSE D'INGENIEURS DU BOIS Bienne
SWISS TIMBER ENGINEERING SCHOOL Biel

Marcel Meili, Markus Peter avec / with Zeno Vogel 1990–1999

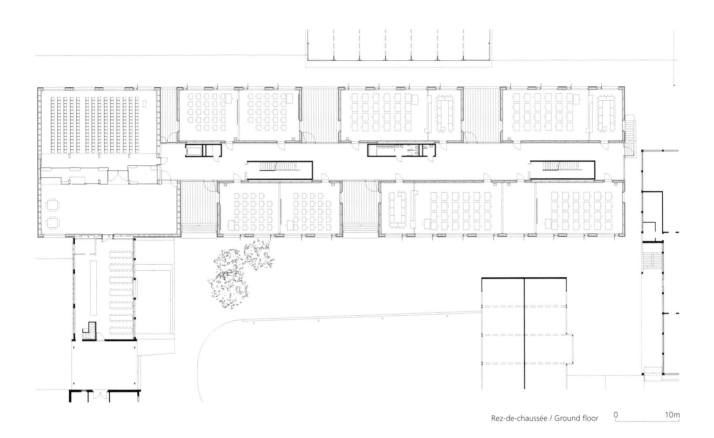

Rez-de-chaussée / Ground floor   0   10m

Le nouveau bâtiment de l'Ecole suisse d'ingénieurs du bois s'intercale entre des bâtiments existants, les dominant de son volume régulier, et donnant ainsi une nouvelle signification à l'ensemble. Les choix auxquels procèdent les concepteurs transforment la découverte du bâtiment en une analytique de la construction.

La partie centrale du bâtiment est, pour des raisons de stabilité et de sécurité contre l'incendie, en béton armé laissé apparent ou quelquefois peint. De part et d'autre de cette partie centrale alternent salles de classe et loges donnant vers l'extérieur. La salle de classe définit un module préfabriqué de bois, module auquel se plient toutes les mesures qui intègrent les exigences d'un processus de fabrication industrielle.

L'ordonnance générale des façades rend compte de la structuration d'ensemble en même temps que de choix spécifiques, notamment celui des grandes fenêtres horizontales des pièces d'enseignement. S'ajoute encore une réflexion proprement architectonique, c'est-à-dire une réflexion relative à l'image que veut donner la construction elle-même plus qu'à sa réalité.

This new addition to the Swiss Timber Engineering School sits among the existing buildings, its dominating even volume injecting new meaning into the overall ensemble and its freshly original design solution inciting onlookers to reassess the notion of wood architecture.

For reasons related to fire safety and structural stability, the central part of the edifice is of reinforced concrete which at times is left bare and at others is painted. Classrooms and loggias (all of which look out to the exterior) make up an alternate pattern on either side of this central section, with the prefabricated wood module of the classrooms reflecting the precision of industrial manufacturing.

The general facade arrangementt reflects the overall structure, as well as some of the specific design solutions, such as the wide classroom windows. In addition, the scheme contains a flavour which is, properly speaking, architectonic. In other words, it is not so much the image of the building that is being portrayed as its constructional reality.

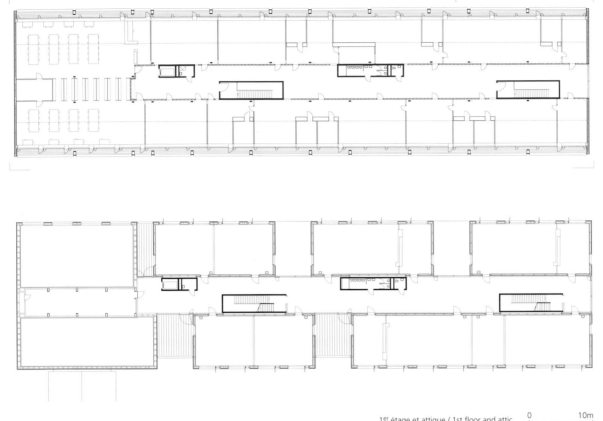

1er étage et attique / 1st floor and attic

0   10m

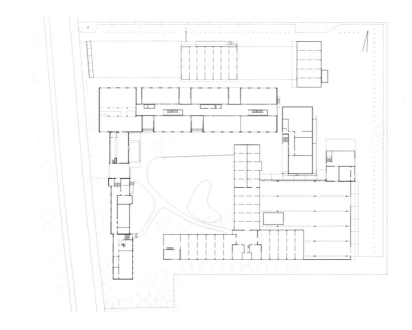

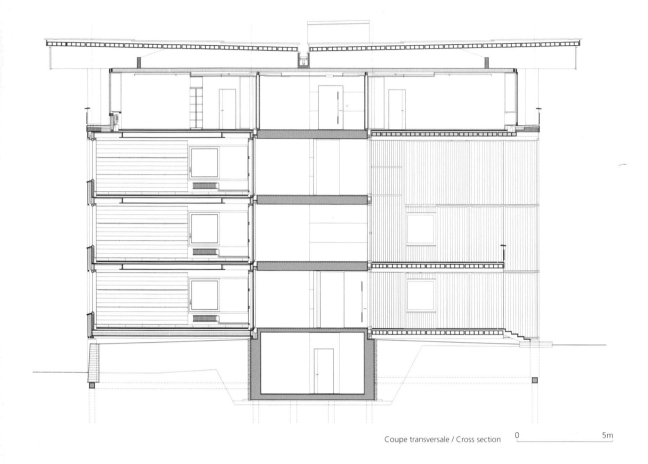

Coupe transversale / Cross section   0   5m

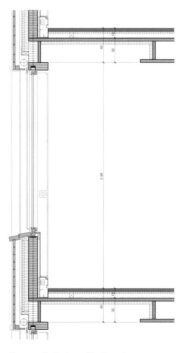

Coupe, salle de classe / Section, classroom

ECOLE Bâle
SCHOOL Basel

Quintus Miller, Paola Maranta 1996–2000

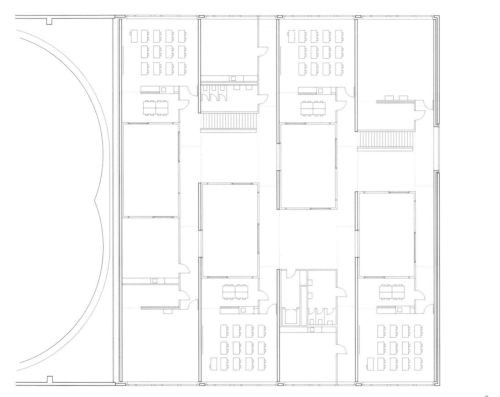

2e étage / 2nd floor   0   10m

L'école Volta est dans la suite mitoyenne de réservoirs de fuel de la centrale de chauffage urbain de la ville de Bâle. Ce qui explique sa grande épaisseur et qu'elle ne s'ouvre vers l'extérieur que sur deux de ses côtés opposés.

Pour apporter la lumière aux circulations intérieures et aux espaces des classes distribués en quatre travées d'égale largeur, quatre cours transpercent verticalement le corps massif du bâtiment, jusqu'au sol du premier étage qui est le plafond d'un gymnase aux deux tiers enterré.

L'un et le multiple: le bâtiment est un, mais dans l'un est ménagé le multiple. Les décalages entre les cours produisent un monde presque labyrinthique, complexité que ne pouvait laisser soupçonner l'approche extérieure d'un bâtiment qui, analogiquement, a une apparence presque industrielle.

Les murs de refend, qui définissent les quatre travées des classes et embrassent tous les étages, sont comme des poutres et forment avec les planchers une structure interactive. Ils sont percés selon les exigences du plan et évitent la réalisation d'une dalle de transfert des charges en plafond du gymnase.

Volta school abuts reservoirs containing fuel for Basel's urban heating system. This explains why the building is such a solid construction and why the building only opens out to its surroundings on two sides. Four courtyards are pierced vertically into the mass of the structure to light the interior corridors and classrooms, which are laid out in four bays of equal width. These courts are bored into each level, right down to the first floor where the deck of the courtyard forms the ceiling of a gymnasium sunken two-thirds into the ground.

The building forms one whole but within this whole there is multiplicity. For instance, the intervals between the courtyards generate a complex labyrinth-like world that cannot possibly be imagined when viewing the outside of the building, which appears almost industrial, analogously in keeping with its milieu. Cross walls, which mark out the four bays of classrooms, and brace all the floors, act as beams. They are pierced in line with the requirements of the plan and, together with the floor decks help create an interactive structure, thus enabling weight to be spread across the gymnasium ceiling without having a transition slab.

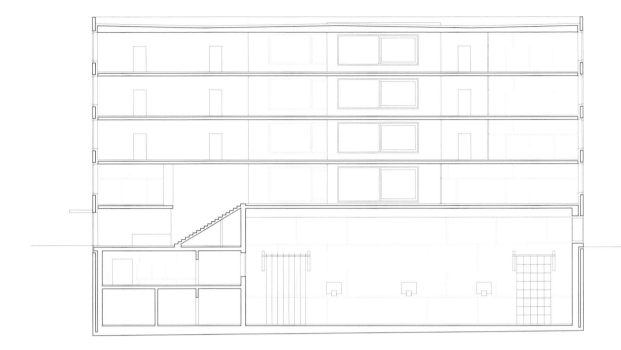

Coupe / Section   0 _____ 10m

MUSEE D'ART Vaduz
ART MUSEUM Vaduz

Meinrad Morger, Heinrich Degelo, Christian Kerez 1998–2000

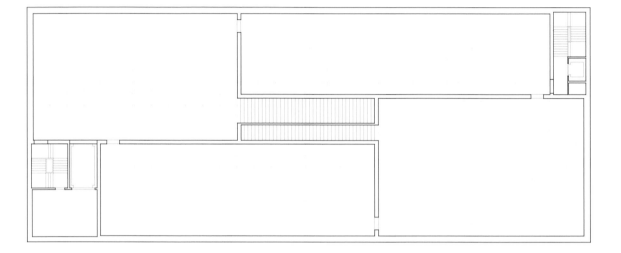

Etage supérieur / Upper floor   0 _____ 10m

Un parallélépipède, une boîte, un bloc: volume austère, sévère, qui résiste à un environnement urbain mesquin, et révèle peu de ce qu'il contient.

Les murs massifs sont de béton de basalt noir, dont la face extérieure est polie, brillante, sans joint apparent; la planéité en est «imparfaite» pour laisser jouer les reflets, miroiter et scintiller la lumière. Quelques rares ouvertures sont ménagées, mais largement et simplement découpées, sans qu'aucune épaisseur ne soit indiquée, la surface de verre étant au même nu que la surface polie.

La disposition est exemplaire d'un plan sans couloir: le rectangle est découpé en salles d'exposition qui, à l'étage, sont uniformément éclairées par un plafond fait de plaques blanches rectangulaires et translucides.

L'architecture du Musée d'art de Vaduz ne recherche donc pas les transitions et les articulations compliquées. Elle est faite d'amples rythmes, dont l'intensité est d'autant plus forte que le vocabulaire est raréfié: omniprésence du rectangle qui produit une homothétie générale, une mise en abîme des surfaces, volumes et espaces.

A parallelepiped, a box, a single block – an austere, severe volume that can withstand an unkind urban environment and which reveals very little. The solid walls are of seamless black basalt concrete that shines gleamingly. Its planar surfaces are "flawed" though, to create an interplay of sparkling reflections and glistening light. There are a few openings, but these are plain, wide cutouts that yield no sensation of depth since the glass blends with the shiny surface of the building. As for the layout, this is an exemplar of a corridor-less plan, with the rectangle being cut up into exhibition rooms that are evenly lit on the upper floors by a ceiling of uniformly shaped white translucent blocks.

The architecture of the Art Museum in Vaduz is thus not underpinned by complex transitions and joins. It dances to a sweeping tempo with a beat that is rendered even stronger through the sparse vocabulary of the rectangle, whose pervasive presence generates a homothetic effect linking surface, volume and space.

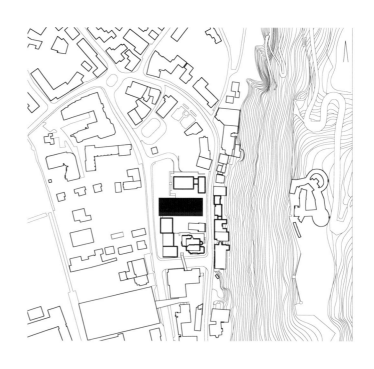

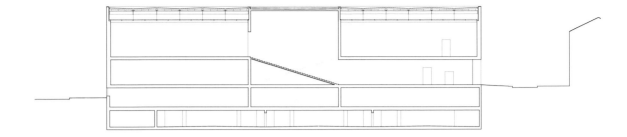

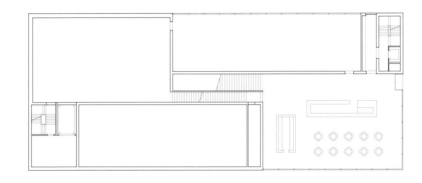

Coupe et rez-de-chaussée / Section and ground floor   0 ___ 10m

ECOLE Paspels

SCHOOL Paspels

Valerio Olgiati 1996–1998

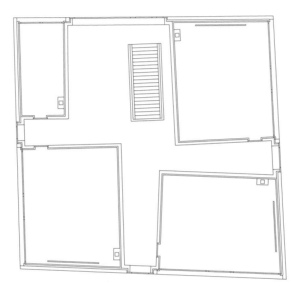

2e étage / 2nd floor   0 _____ 5m

L'école de Paspels est un monolithe de béton armé à la géométrie au premier abord simple, mais qui, à un regard attentif, révèle des distorsions légères qui produisent une suite d'effets en chaîne: aucun angle du volume n'étant droit, les distorsions accentuent l'étrangeté du bâtiment.

A l'intérieur, chacune des salles de classe des premier et deuxième étages possède par contre deux côtés qui sont à angle droit, côtés qui forment les parois des espaces de distribution en croix. L'école propose ainsi comme une expérience de phénoménologie de la perception. D'autant plus que murs, plafonds et sols des croix sont de couleur uniforme, le gris du béton laissé brut faisant jouer une lumière «froide» venue de fenêtres qui ouvrent sur des *vedute*.

Les classes, quant à elles, contrastent fortement avec les espaces de distribution: murs, plafond et sol sont revêtus de bois, créant une ambiance de lumière «chaude».

Le système des oppositions, entre classes et croix, entre béton et bois, entre fenêtres avec large encadrement pour les croix et fenêtres creusées pour les classes, fabrique ainsi un bâtiment d'une extrême cohésion.

Paspels school is a reinforced concrete monolith. The architect did not use right angles for the outside, so although at first glance the exterior geometry seems simple, closer study reveals a chain-like reaction of slight distortions that shroud the building in an air of strangeness.

Inside, however, each classroom on the first and second floors has two right-angled sides that make up the walls of cruciform access corridors. In sum, then, the school can be interpreted as an exercise in the phenomenology of perception. This is further corroborated by the walls, ceilings and floors of the cruciform corridors whose grey bare concrete coldly reflects the light that streams in through the windows overlooking the *vedute*.

The classrooms contrast sharply with the access corridors for they radiate warm tones, being lined with timber walls, ceilings and flooring. The ensuing opposition between classrooms and corridors, between concrete and wood, and between large framed windows for the corridors and recessed windows for the classrooms paradoxically spawns an extremely coherent design.

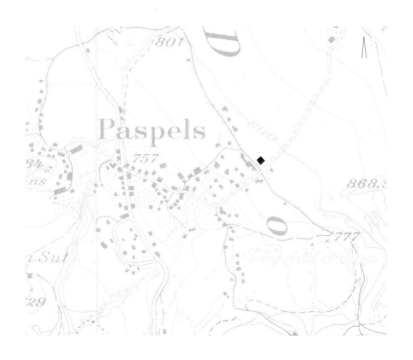

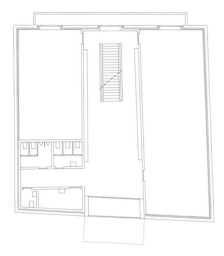
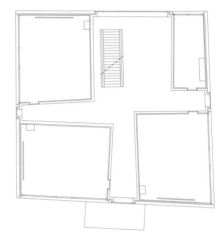

Rez-de-chaussée, 1er étage / Ground floor, 1st floor   0 —————————— 10m

GYMNASE Losone
GYMNASIUM Losone

Livio Vacchini 1990–1997

0   10m

Un rectangle de 56 mètres par 31, 144 piles périmétriques identiques hautes de 8 mètres et espacées de 70 centimètres, 4 piles d'angle, une toiture de 1,4 mètre d'épaisseur faite de poutres réticulées, le tout en béton armé: le gymnase de Losone est doté d'une forme unitaire. Elle n'enclot qu'un seul espace, les services étant relégués dans un sous-sol enterré. Le sol du gymnase étant surhaussé de 1,4 mètre par rapport au terrain naturel, l'édifice a la majesté d'un temple et en a les proportions.

Tout est donc ici au service de l'implacable nécessité du tout: une structure = une forme = un espace.

Dans l'oeuvre de Livio Vacchini, chaque projet représente une avancée vers plus d'abstraction. Cette recherche, aux affirmations toujours plus absolues, va de pair avec une réduction drastique du nombre des éléments en jeu dans la conception du bâtiment. Il en résulte un tout insécable; aucun élément ne peut être retranché. Pour qualifier le gymnase de Losone, Livio Vacchini en vient à le comparer à une forme des plus archaïques, un dolmen: «un mur plein qui porte une dalle pleine, pierre qui porte pierre.»

Losone gymnasium is unitary. It is a 56m x 31m rectangle featuring 144 identical perimeter pilasters that reach 8 metres high and are spaced at 70 cm intervals; it has 4 corner stacks, a 1.4 metre-thick roof composed of reticulated girders, and everything is made of reinforced concrete. It accommodates one undivided space, for all services are relegated to the basement. The gymnasium floor is raised 1.4 metres above ground level, which invests the edifice with all the majesty of a temple. It certainly has temple-like proportions, with the entire scheme yielding to the implacable formula of unity: one structure = one form = one space.

In Livio Vacchini's work, each project is another step towards greater abstraction – a quest for absolute assertions translated by a radical streamlining of design features. The result is an indivisible whole; no element can be subtracted.

Vacchini compares the gymnasium with a dolmen, that most archaic of shapes: *"It is a solid wall bearing a solid slab – a stone supporting a stone."*

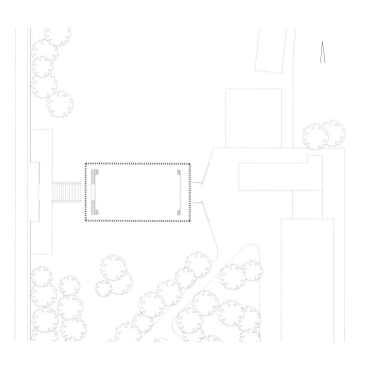

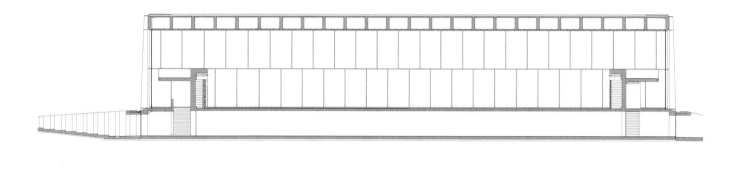

Coupe / Section   0 _____ 10m

CORPS SONORE SUISSE Hanovre
SWISS SOUND BOX Hanover

Peter Zumthor 1996–2000

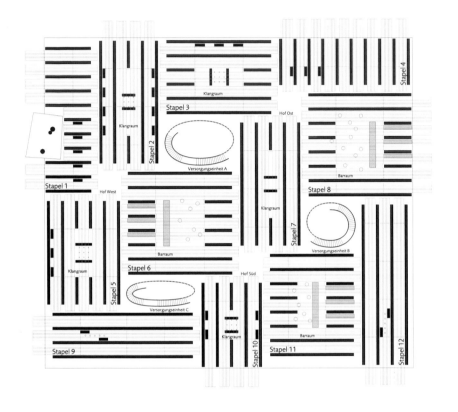

Plan 0   10m

La présentation d'un pavillon d'exposition éphémère se justifie ici de ce qu'il veut être représentatif et symbolique de la Suisse. A son sujet, peut-on d'ailleurs parler de bâtiment lorsque le vent, la pluie même peuvent en certains endroits pénétrer à l'intérieur, faisant du pavillon un résonateur de sensations données encore par la musique et par les odeurs, dont celle du bois, naturellement?

Les parois sont formées de madriers de mélèze ou de pin de même section, non façonnés et empilés comme ils le seraient pour le séchage, ces madriers devant être dispersés et réutilisés après l'exposition. Pour assurer la tenue des parois, les madriers sont comprimés par des tiges métalliques verticales pourvues de puissants ressorts.

La mise en parallèle des parois de diverses longueurs, mais d'une hauteur constante de sept mètres, crée une trame de passages étroits qui forment un véritable labyrinthe au milieu duquel des clairières sont dégagées pour des événements particuliers. La superposition des madriers et la répétition des passages produisent une profondeur fractale, c'est-à-dire une forme où la partie reproduit le tout.

This ephemeral exhibition pavilion is perfectly suited to its role as a representative symbol of Switzerland. However, whether one can actually call it a building is questionable, for in some places the pavilion is assailed by wind and even rain, turning it into a resonator of sensations. This is further amplified by music and aromas, including, needless to say, the smell of wood.

The inner walls comprise planks of spruce and fir, all of which are of the same cross-section and are roughly hewn and stacked as if laid out for drying, the idea being for them to be reused after the exhibition. In addition, they are compressed by vertical metal rods fitted with strong springs to ensure that the walls are held firmly in place. The walls are of diverse lengths but they all stretch seven metres high, thus weaving a grid of narrow passageways that form a genuine labyrinth with clearings in the middle for specific events. The stacked planks and web of passages generate fractal depth, i. e., a shape whereby each part is a reproduction of the whole.

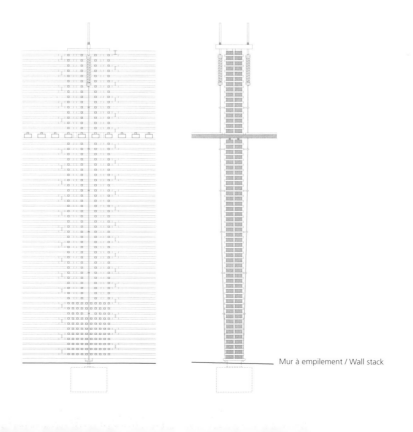

Mur à empilement / Wall stack

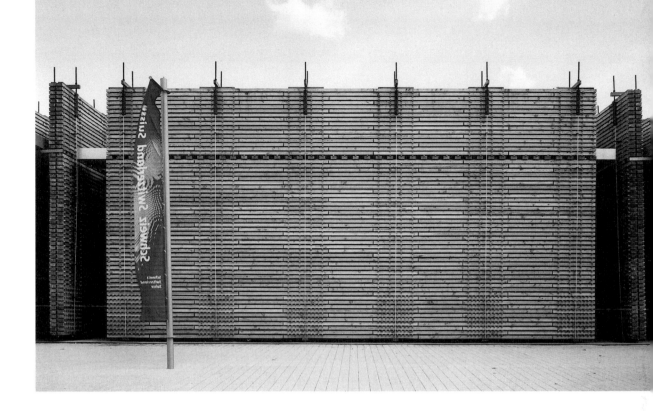

3

Une époque se reconnaît, dans ses traits spécifiques, par la teneur des questions qu'elle se pose, par les problématiques qu'elle est susceptible de construire et développer. Pour ce qui nous concerne, ces questions ou ces problématiques peuvent être individuellement posées par un architecte, mais elles sont le plus souvent partagées, une réponse entraînant de nouvelles réflexions et propositions.

Nous avons différencié cinq thèmes caractéristiques, pour lesquels plusieurs exemples de bâtiments sont à chaque fois convoqués. Si nous avons choisi ces thèmes, c'est qu'ils reviennent avec insistance: l'attention aux matériaux, notamment l'attrait de ceux regardés comme «ordinaires», pauvres ou banals; la persistance et les métamorphoses de l'utilisation du bois; la réitération de plusieurs types de plan; l'obsession de la «boîte» comme forme minimale capable d'une multiplicité d'expériences; etc. Ces thèmes suffisent-ils à qualifier l'architecture suisse? Nous n'oserions le prétendre. Ils nous offrent du moins quelques clefs de lecture supplémentaires.

Each period of time is characterized by specific traits and problematic givens or issues. While it is true that the latter may be addressed by one architect alone, more often than not they are shared among several individuals, leading to new lines of thought and proposals.

We have picked out five main themes, illustrating each one with several examples. These themes, which we have selected on account of their being so recurrent, include a number of key points: focus on building materials (notably "ordinary" or banal materials), timber architecture and its new uses, the reproduction of several plan types, obsession with the minimal "box" and so forth.

Our question is whether these themes aptly qualify Swiss architecture. We would say they do not. However, they do at least offer us insight into interpreting the underlying concepts and features of Swiss architectural design.

LOGIQUE DE PLANS
THE LOGIC OF PLANS

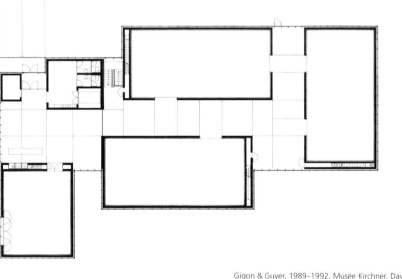

Gigon & Guyer, 1989–1992, Musée Kirchner, Davos, plan
Kirchner Museum, Davos, plan

0 ——————— 10m

La question du plan est par excellence architecturale, même si le plan n'est pas séparable d'autres dimensions spatiales. Sans cesse, elle est remise sur le métier, et des logiques sont développées selon des exigences spécifiques.
Nous distinguons ici quatre logiques.

Constellations Comment rassembler plusieurs espaces, plusieurs pièces ou plusieurs bâtiments pour constituer un ensemble? Comment les rassembler sans qu'une hiérarchie s'instaure?
Le plan raisonné comme une constellation apporte une réponse: contrastes et oppositions, analogies et homothéties, équilibres et tensions définissent maintenant une multiplicité de relations, sans qu'aucune des parties perde son intégrité ni son autonomie relative.
Cette problématique de plan prouve notamment sa pertinence lorsqu'il s'agit de compléter des ensembles fragiles – comme un village des Grisons aux maisons rassemblées mais indépendantes – ou d'intervenir dans des univers hétérogènes – comme le démontrent les projets urbains de Diener & Diener (→ p. 34–39).

A plan is primarily an architectural given, even if it cannot be separated from other spatial elements. Its underlying essence is continually being revisited and the logic in which it is seated changes in line with specific needs. Here we focus on four types of logic.

Constellations How can we bring together several spaces, rooms and even buildings to make up one whole and how can these be brought together without establishing hierarchical order? The answer: draw on a logical plan that serves as a constellation of contrasts and oppositions, of analogies and homothetic relationships, of balance and tension, thus engendering multiple associations without any of the individual parts losing their integrity or relative autonomy.
The above is especially relevant when additions are being made to ensembles that require a sensitive approach, such as a village in the Graubünden with houses that are grouped yet independent. Likewise, this approach is pertinent to building in a mixed environment, as evidenced by Diener & Diener's urban schemes (→ pp. 34–39).

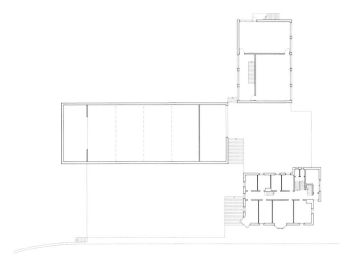

Conradin Clavuot, 1994–1998, Ecole, St. Peter, 3ème étage
School, St. Peter, 3rd floor (→ pp. 70–73)

0   10m

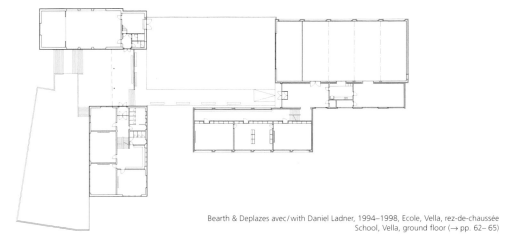

Bearth & Deplazes avec/with Daniel Ladner, 1994–1998, Ecole, Vella, rez-de-chaussée
School, Vella, ground floor (→ pp. 62– 65)

0   10m

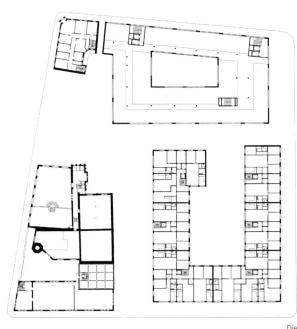

Diener & Diener, 1993–1996, Warteckhof, Bâle, étage type
Warteckhof, Basel, typical floor plan (→ pp. 38–39)

0   20m

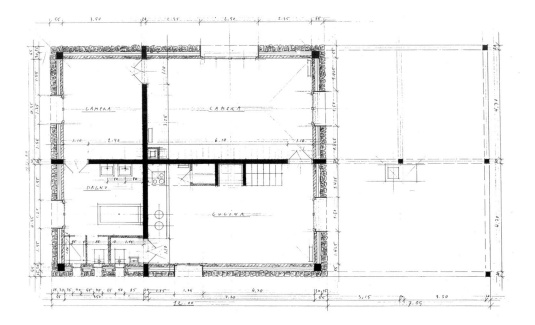

Herzog & de Meuron, 1982–1988, Maison, Tavole (Italie), rez-de-chaussée
House, Tavole (Italy), ground floor

Plans sans couloir Comment procéder à une répartition d'espaces ou de pièces dans l'étendue simple d'un plan carré ou rectangulaire? Comment concevoir un plan sans néanmoins introduire une opposition entre d'un côté les espaces ou pièces, et d'un autre côté les circulations et dégagements, d'aucuns diraient un antagonisme entre espaces «servis» et espaces «servants»?

La problématique du plan sans couloir établit une égalité figurative entre toutes les surfaces du plan, qu'elles soient utiles ou de circulation et dégagement. Cette problématique dépasse ainsi, aussi bien une conception «Beaux-Arts» qui accorde souvent une prépondérance aux espaces de distribution, y voyant «l'âme même de la composition», qu'une conception «moderne» où distribuer est fréquemment synonyme d'une promenade architecturale, qui propose une succession de séquences ou de tableaux.

A l'instar du plan raisonné comme une constellation, le plan sans couloir est encore une façon de déjouer les hiérarchies habituelles et implicites.

Corridor-less Plans How can space and rooms be laid out within a simple square or rectangular plan? How can a plan be drawn up without introducing a tense pull between space/rooms and circulation zones/corridors? (Some might qualify this as opposition between "served" and "serving" space).

A corridor-less plan establishes figurative equality between all areas within the plan, whether these be useful or dedicated to circulation.

It is a concept that transcends not only Beaux-Arts thinking (whereby distribution space is often a hinge-point of the plan, in keeping with the view that it is "the very soul of the composition") but also modernist precepts, in which distribution is frequently equated with a promenade architecturale, complete with a series of tableau-like vistas and cinematic sequences.

Just as a logical plan acts as a constellation, so a corridor-less plan serves to thwart implicit and customary hierarchies.

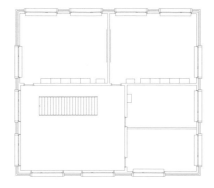

Pablo Horváth, 1996–1998, Ecole, Fläsch, 2ème étage
School, Fläsch, 2nd floor (→ pp. 50–51)

0   10m

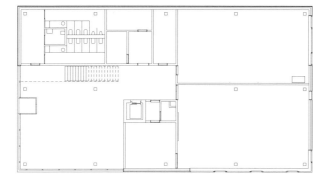

Giuliani & Hönger, 1994–1997, Ecole supérieure de tourisme, Samedan, rez-de-chaussée
College of Tourism, Samedan, ground floor

0   10m

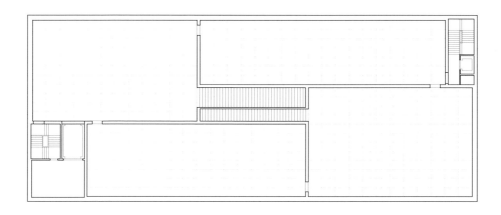

Morger, Degelo, Kerez, 1998–2000, Musée d'art, Vaduz, étage supérieur
Art Museum, Vaduz, upper floor (→ pp. 108–111)

0   10m

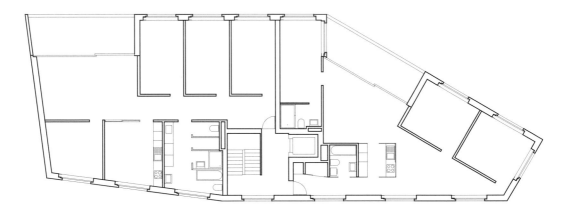

Peter Märkli avec/with Stefan Bellwalder, 1992–1995, Immeuble d'habitation, Brigue, étage type
Apartment building, Brig, typical floor plan   0 _____ 5m

Contours pliés Est-il toujours judicieux de rechercher la forme la plus régulière comme réponse architecturale la plus forte? N'est-il pas quelquefois plus juste de se plier aux raisons d'un environnement qui n'appelle pas nécessairement un volume qui ressemblerait à un «prisme pur»?

Ces dernières années, plusieurs projets ont recherché des configurations de plans qui semblent presque fortuites, dont les règles ne sont pas immédiatement intelligibles: les contours se plient ou plus rarement se courbent pour permettre, sans violence, l'installation du bâtiment. La forme, irrégulière, est alors difficilement descriptible à l'aide de figures géométriques élémentaires.

Paradoxalement, le bâtiment acquiert ainsi un supplément d'intégrité – sa configuration n'appartient qu'à lui –, tout en se révélant capable d'intégrer dans sa logique des exigences contextuelles: respect d'un environnement arboré, établissement de relations qui ne recherchent pas la domination, préservation de dégagements visuels, multiplication d'orientations, etc.

Folded Contours Is it always judicious to opt for the strictest forms when seeking the most effective architectural solution? Would it not sometimes be wiser to take into account the surroundings, which are not necessarily suited to buildings that look like "pure prisms"? Over the past few years, there have been several architectural designs whose layouts seem almost fortuitous, making them difficult to read at first; their contours are folded, or on rarer occasions curved, to allow the scheme to slide smoothly into place. It would be difficult to say that these skewed schemes are made up of geometric shapes.

Paradoxically, such structures have greater integrity, for not only does their shape belong to them and them alone, but they also bow to contextual requirements, such as the greenery of a site. Non-dominant relations are thereby begotten that allow for open views, multiple exposures and a host of other possibilities.

Herzog & de Meuron, 1997–1998, Bâtiment de marketing Ricola, Laufen, étage supérieur
Ricola marketing building, Laufen, upper floor (→ pp. 32–33)

0   10m

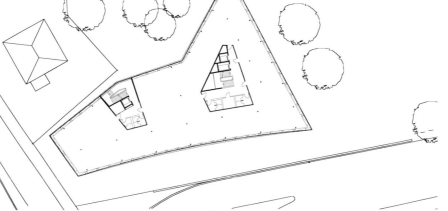

Herzog & de Meuron, 1998–2000, Immeuble de bureaux et logements, Soleure, rez-de-chaussée
Office and apartment building, Solothurn, ground floor

0   10m

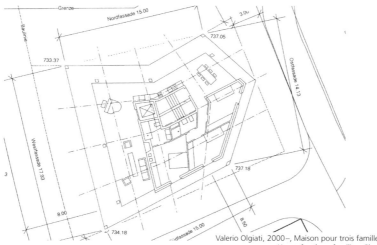

Valerio Olgiati, 2000–, Maison pour trois familles, Coire, plan type
House for three families, Chur, typical floor plan

0   10m

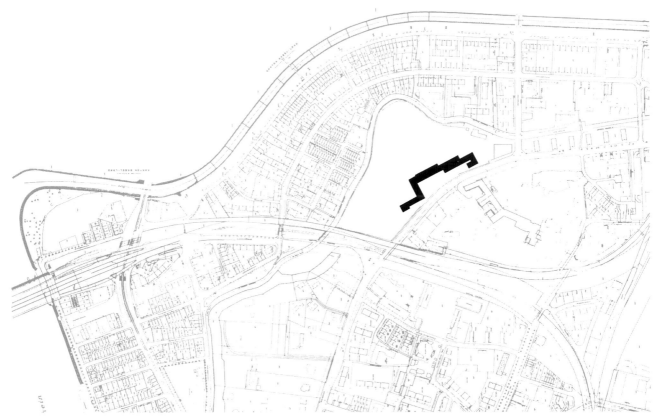

Herzog & de Meuron, 1988, Immeuble de logements Schwarz Park, concours, Bâle
Apartment building Schwarz Park, competition, Basel

Figures Comment faire pour donner une identité à un bâtiment ou à un ensemble, tout en ne voulant pas qu'il soit fragmenté en parties distinctes, que ces parties soient ou non rangées dans un ordre hiérarchique, ou qu'elles soient simplement additionnées?

Il faut proposer une figure reconnaissable, presque mémorisable, capable de concilier les demandes spécifiques d'un programme et les données multiples d'un site ou d'un contexte urbain, et qui résiste enfin à toute dissolution éventuelle: il faut donc définir une *Gestalt*.

La figure tend, par son articulation intrinsèque, à se refermer, mais sans jamais complètement se clore. Elle capture ainsi des espaces extérieurs qui lui deviennent propres et lui appartiennent. Ainsi, elle intériorise en quelque sorte l'extérieur, produisant les modalités d'une imbrication complexe entre le dehors et le dedans. En dernière instance, la figure est une, mais l'unité qu'elle propose contient les tensions inhérentes aux exigences contradictoires qu'elles doit assumer.

Characteristic Shapes How can we bestow an identity on a building or complex without fragmenting it into separate parts (whether or not these be arranged in hierarchical order) or without simply adding the different parts together?

The solution is to create something that is recognizable, something that can be memorized almost, something that can cater for both the specific programmatic needs and the numerous givens of a site or urban context. It is all about defining a *Gestalt* – a shape that tends to close in on itself but never completely. This shape enmeshes external space that it appropriates, interiorizing the exterior, with the outside being intricately interwoven with the inside.

In the final analysis, it is a shape that forms one whole but at the same time contains tensions arising from a host of contradictory needs.

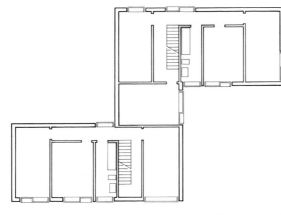

Jüngling & Hagmann, 1994–1996, Maison pour deux familles, Felsberg, 1er étage
House for two families, Felsberg, 1st floor

0   5m

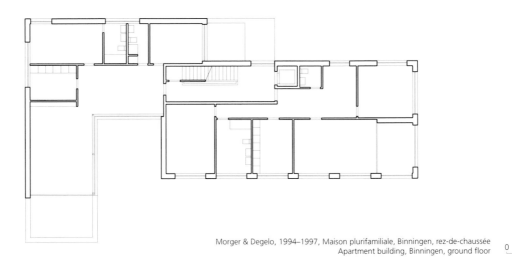

Morger & Degelo, 1994–1997, Maison plurifamiliale, Binningen, rez-de-chaussée
Apartment building, Binningen, ground floor

0   5m

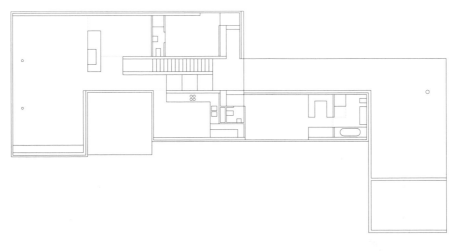

Andrea Bassi, 1999–2000, Villa Tournier, Collonge-Bellerive, rez-de-chaussée
Tournier Villa, Collonge-Bellerive, ground floor (→ pp. 58–61)

0   5m

MATIERES
MATERIALS

Herzog & de Meuron, 1981–1982, Atelier Frei, Weil, (Allemagne)
Frei Atelier, Weil (Germany)

S'il est, internationalement, une préoccupation que semblent partager beaucoup d'architectes, c'est celle d'exalter de nouveau les matériaux, de les présenter comme tels, plutôt que de les considérer comme devant être pliés à des raisons formelles qui leur restent extérieures.

Matériaux «ordinaires» S'accoutumer à l'usage d'un matériau ordinaire ou banal, qui a souvent trouvé son utilisation initiale dans un bâtiment industriel ou que l'univers suburbain nous donne quotidiennement à voir, a toujours été un défi stimulant. S'approprier un matériau ordinaire ou banal peut signifier renouveler et enrichir l'expression architecturale en offrant de nouvelles expériences sensitives, maintenant ancrées dans un monde familier sur lequel nous porterons un autre regard.

«[Il s'agit de] *découvrir, par exemple, d'autres manières d'utiliser les matériaux, le bois, la pierre, la brique... et en faire ressortir de nouveaux effets. Mais il ne s'agit pas de faire du nouveau pour faire du nouveau: il s'agit de trouver la face ca-*

If there be one single preoccupation that many architects seem to share, it is the twofold question of how to once again celebrate the glory of building materials and how to present these materials for what they actually are. That is, how to avoid making them comply with a design logic that is alien to their basic nature.

"Ordinary" Materials Familiarizing oneself with ordinary or banal materials that are most often used in industrial buildings or suburbia is a stimulating challenge to say the least. Drawing on such materials can enrich and rejuvenate architectural expression by offering new sensuous experiences that are familiar, but incite us to perceive the materials from another perspective, since these are transferred to a different context.

"[It is all about] *discovering new ways of using materials – wood, stone, brick and so forth – and producing new effects from them. But it is not about finding something new just for the sake of it. No, it is about finding the*

Daniele Marques & Bruno Zurkirchen, 1990–1996, Centre commercial Kirchpark, Lustenau (Autriche)
Kirchpark shopping mall, Lustenau (Austria)

Gigon & Guyer, 1993–1995, Kunstmuseum, Winterthur
Extension to the Kunstmuseum, Winterthur

chée des choses familières, cela dans l'intention de désauto-matiser – le terme est des formalistes russes – une connais-sance qui, par la familiarité des choses, a cessé d'être connaissance.»[1]

«Voici exactement ce qui nous intéresse: se servir de formes et de matériaux connus, mais d'une façon nouvelle qui les fasse redevenir vivants. Nous voudrions faire un bâtiment qui fasse dire aux gens: ‹Bien! ceci ressemble à une vieille maison tradi-tionnelle, mais en même temps possède quelque chose de complètement nouveau›.
Personne n'a encore véritablement réalisé cela dans l'architec-ture contemporaine. Une architecture qui semble familière, que vous n'êtes pas obligés de regarder, qui est quasiment normale – mais qui, en même temps, a une autre dimension, une dimension de nouveauté, de quelque chose d'inattendu, d'intrigant et même de perturbant.»[2]

hidden side of familiar things, in the aim of de-automa-ting – to borrow a term from Russian formalists – a skilled technique which has ceased to be a skilled tech-nique precisely because it is familiar."[1]

"That is exactly what we are interested in: using well known forms and materials in a new way so that they be-come alive again. We would love to do a building that would cause people to say, 'Well, this looks like an old traditional house, but at the same time there is some-thing totally new in it.'
No one has yet truly accomplished that in contemporary architecture. An architecture which looks familiar, which does not urge you to look at it, which is quite normal – but at the same time, it has also another dimension, a di-mension of the new, of something unexpected, some-thing questioning, even disturbing."[2]

1 Martin Steinmann, «Découvrir le monde des choses», Faces, n° 38, printemps 1996, «Architectures récentes dans les Grisons (II)».
2 Jeffrey Kipnis, «A conversation with Jacques Herzog (H&deM)», El Croquis, n° 84, «H & de M 1993–1997», 1997.

1 Martin Steinmann, "Découvrir le monde des choses", Faces, no. 38, Spring 1996, "Architectures récentes dans les Grisons (II)".
2 Jeffrey Kipnis, "A conversation with Jacques Herzog (H&deM)", El Croquis, no. 84, "H & de M 1993–1997", 1997.

Diener & Diener, 1994–1995, Immeuble Kohlenberg, Bâle
Kohlenberg building, Basel

Herzog & de Meuron, 1993–1996, Bibliothèque, Eberswalde (Allemagne)
Library, Eberswalde (Germany)

Le béton, toujours Le béton a été certainement le matériau du XXᵉ siècle; l'architecture moderne, dans ses manifestations les plus extensives, s'est en effet construite avec lui. En a-t-elle épuisé toutes les capacités constructives et toutes les possibilités expressives?

L'attention ne se porte pas tant aujourd'hui sur le fait que le béton soit susceptible d'être coulé ou moulé selon des géométries complexes, que sur des caractéristiques résultant du mélange des constituants eux-mêmes, donc sur la valorisation de qualités matérielles immédiates. La tonalité – grise ou colorée dans la masse –, la texture et le traitement de surface dont il peut être l'objet, les agrégats et les constituants inhabituels qui peuvent rentrer dans sa composition: autant de paramètres qui transforment l'image d'un matériau devenu traditionnel, et qui lui donnent des apparences singulières, chacune relative à l'expression que l'on entend donner au bâtiment.

«*Un tel mur* [de béton teinté dans la masse] *a quelque chose qu'un mur crépi – que je n'apprécie pas moins – n'a pas: il est transparent d'une certaine manière. S'il était coupé dans un autre plan, il ne serait pas différent.*»⁴

Everlastingly Concrete Without doubt concrete was the material of the twentieth century, forming the very bedrock of modern architecture. The question remains, however, whether its constructional and expressive capacity has been fully exploited.

What concerns us today is not so much casting concrete into complex geometrical forms as addressing its underpinning properties, namely via various mixes of the constituents themselves. In other words, unusual aggregates and constituents might be used that will affect the colour of concrete (grey or coloured right through), along with its texture and aspect. What is thus happening is that the image of concrete – nowadays a so-called traditional material – is being transformed by many parameters that breed singular experiences reflecting the specific nature of each building.

"*This type of wall* [concrete, coloured right through] *has something about it that a roughcast wall – which appeals just as much to me – does not: it's kind of transparent. If it had been cut to another plan it would have been exactly the same.*"⁴

Meili & Peter, 1995–2000, Centre de séminaires Swiss Re, Rüschlikon
Swiss Re Seminar Centre, Rüschlikon

Gigon & Guyer, 1996–1999, Poste d'aiguillage CFF, Zurich
CFF signal box, Zurich (→ p. 144)

«Nous souhaitons mettre en œuvre la décoration de manière très précise. Nous l'utilisons sous forme d'impression ou de gravure sur le verre, le béton ou la pierre, et renouvelons ainsi, en quelque sorte, la caractère traditionnel de ces matériaux: nous en faisons de nouveaux matériaux, qui se ressemblent à cause de notre traitement de «collage»; ils deviennent, par amalgame, un matériau unique.

Paradoxalement, cela révèle aussi plus fortement leur différence sur le plan de la matière qui les constitue. Le travail décoratif des matériaux leur confère parfois une sorte de caractère textile, très sensuel, qui nous sert à ne faire qu'un des espaces extérieur et intérieur [...].»[5]

"We have a very precise way of putting decorative features to use. We print or engrave them onto glass, concrete or stone, thus reviving the traditional nature of these materials; in fact, we make new materials out of them, and these all resemble one another owing to our collage technique. By amalgamating them, they become one single material.

Paradoxically, this serves to highlight their different types of matter. Applying decorative features to materials can sometimes bestow a sort of textile nature on them, rendering them highly sensuous and this helps us fuse interior and exterior spaces [...]."[5]

4 Roger Diener, entretien avec Martin Steinmann, 14 mars 1997, cité dans Martin Steinmann, «Diesseits der Zeichen» in Philippe Carrard et al., *Stadtansichten*, Zurich, gta, 1998.
5 Entretien avec Herzog & de Meuron, in Marianne Brausch & Marc Emery, *L'Architecture en questions. 15 entretiens avec des architectes*, Paris, Le Moniteur, 1996 (première édition en allemand, Bâle, Birkhäuser, 1995).

4 Roger Diener, interview with Martin Steinmann, 14 March 1997, in Martin Steinmann, "Diesseits der Zeichen" in Philippe Carrard et al., *Stadtansichten*, Zurich, gta, 1998.
5 Interview with Herzog & de Meuron, in Marianne Brausch & Marc Emery, *L'Architecture en questions. 15 entretiens avec des architectes*, Paris, Le Moniteur, 1996 (first edition published in German by Birkhäuser, Basel, 1995).

Peter Zumthor, 1996–1997, Musée d'art de Bregenz (Autriche)
Kunsthaus, Bregenz (Austria)

Herzog & de Meuron, 1995–1998, Pharmacie de l'hôpital, Bâle
Hospital pharmacy, Basel (→ pp. 90–93)

Transparences et translucidités Le verre est, par excellence, un matériau inaltérable. Il est insensible au temps, excepté en pouvant n'être qu'une simple surface de réflexion, un miroir: l'architecture moderne en offre des multiples exemples. S'il a pendant longtemps été considéré comme matériau de la transparence, créatrice d'un maximum de luminosité, le verre ne répond plus aujourd'hui à ces seuls objectifs «littéraux».

Le verre est requis pour de multiples usages, quelquefois antithétiques: il peut sèchement montrer ce qu'il délimite ou recouvre; il peut être un voile qui masque et dissimule; il peut être une surface changeante dotée de profondeur, transparente, translucide ou opaque, selon l'intensité de la lumière, l'incidence du soleil ou de furtives variations atmosphériques. Ce qui est alors en jeu, au-delà des «performances» objectives d'un matériau, ce sont les effets qu'il peut produire. Ces effets seront démultipliés si le verre lui-même est imprimé ou sérigraphié, des images mettant alors en circulation d'autres «messages» ou d'autres évocations; ils le seront encore si le verre est associé à d'autres matériaux avec lesquels il entrera

Transparency and Translucence Glass is, par excellence, an unalterable material. It does not weather or change over time, but has nonetheless tended to be used merely for its mirror qualities, as is corroborated by numerous examples of modern architecture. Today, however, it has gone beyond its purely literal, age-old function of providing transparency and maximum light. Instead, it is being put to a host of other uses that may sometimes be antithetical. For instance, it can be a veil that masks or else it can crisply reveal the very things it is concealing; similarly, it can be a changing surface that is deep, transparent, translucent or opaque, depending on the weather, the angle of the sun's rays and how intense the light is.

What is thus being addressed here is not just the objective "performance" of a material, but the effects it can convey. These effects can be fragmented if the glass itself is screen-printed or marked in other ways, which results in the images transmitting other "messages" and meanings. This is even more the case when the

Herzog & de Meuron, 1992–1993, Centre de stockage et production Ricola, Mulhouse (France)
Production and storage building, Mulhouse (France), (→ p. 31)

dans des rapports inattendus et surprenants, faisant le regard se troubler ou vaciller, faisant l'accommodation devenir incertaine.

En fin de compte, le verre en appelle à une plus grande acuité visuelle; il provoque le regard à plus d'exploration, à devenir radioscopique.

«[...] de nouvelles technologies, de plus grandes possibilités en matière d'isolation et des capacités de support de charges ont changé la perception du verre [...]. A la fin, on peut parler de l'effet qu'il produit et non plus du verre en lui-même. C'est une question de degré de transparence, de projection d'ombre ou de réflexion. C'est peut-être le moment décisif, le mouvement qui va des matériaux aux effets qu'ils produisent. Par effet, j'entends l'effet immédiat, non emprisonné dans les significations.»[3]

glass is combined with other materials, giving rise to unexpected relations that can trouble one's gaze, making it waver confusedly.

In the final analysis, it can be postulated that glass sharpens our vision, for in exploring its depths and matter our eyes become radioscopic.

"[...] new technologies, better insulation values and load-bearing potential have changed the perception of glass [...]. In the end, one can only speak about effect and no longer about glass itself. It is a matter of the degree of transparency, of cast shadow, or of reflection. This is perhaps the decisive moment, the impulse away from materials to those materials' effects. By effect, I mean unmediated effect, uncorseted by semantics."[3]

3 Christian Sumi, «Positive indifference», *Daidalos*, août 1995, «Magie der Werkstoffe II».

3 Christian Sumi, "Positive indifference", *Daidalos*, August 1995, "Magie der Werkstoffe II".

Valerio Olgiati, 1995–1999, Das gelbe Haus (musée / museum), Flims

Das gelbe Haus Ce bâtiment est le résultat de la transformation d'une ancienne maison du village de Flims, la «maison jaune», en un musée et centre culturel. Seuls les murs ont été conservés, bien que surélevés et dotés maintenant de fenêtres profondes, toutes de mêmes dimensions, en lieu et place des anciennes ouvertures, le cube du bâtiment étant couronné par un toit pyramidal dont la couverture est de dalles de pierre. A l'intérieur, trois niveaux principaux se superposent, dont les planchers sont tenus périphériquement par les murs, et par un pilier de bois décentré, qui se plie au dernier niveau pour rejoindre le sommet de la toiture: l'effet tectonique se double ici d'un effet sculptural surprenant.

Cette transformation n'est donc pas qu'un simple changement de fonction; elle est une complète métamorphose, conférant au bâtiment une présence provocante, d'autant que murs et toitures sont peints d'un blanc de chaux homogène. Cette blancheur est paradoxale: en voilant totalement la maison, elle renforce l'abstraction de la forme cubique, mais elle dévoile en même temps les infinies variations de la texture matérielle des murs.

Das gelbe Haus This building is the result of having converted an old house in the village of Flims – the "yellow house" – into a museum and cultural centre. Only the walls of the former building have been kept, though they have been raised and pierced with deep windows (all the same size) that replace the old openings. The building is cube shape and is now crowned with a pyramid-like roof clad in stone flags. Inside there are three main levels, whose floors are supported by the peripheral walls and by a timber pillar set off-axis that is folded on the top floor to meet the peak of the roof. Consequently, the building takes on a surprisingly sculptural air.

The conversion thus represents much more than merely a change in the building's function; it is a complete metamorphosis, whereby the structure becomes inherently provocative, especially as the walls and roof are whitewashed all over. This whiteness is paradoxical – by veiling the entire house in white, the cube shape becomes even more abstract, but at the same time the pure tones pick out the infinite variations in the texture of the walls.

140

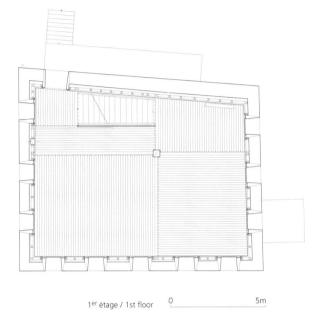

1er étage / 1st floor   0 ⊢———————⊣ 5m

NOUVELLE SIMPLICITE
NEW SIMPLICITY

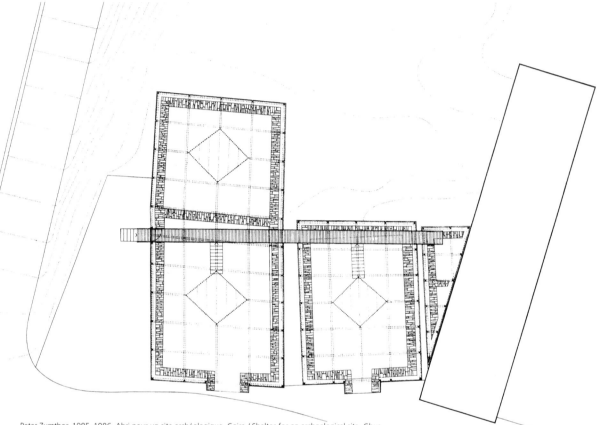

Peter Zumthor, 1985–1986, Abri pour un site archéologique, Coire / Shelter for an archaelogical site, Chur

Pour caractériser une direction de l'architecture suisse contemporaine, certains ont parlé de «nouvelle simplicité», stigmatisant quelquefois les nombreux parallélépipèdes, qui en ont reçu le sobriquet de «swissbox». Cependant, que recouvre la notion de simplicité?

Un processus Echapper aux procédures de composition qui, même «modernes», sont devenues académiques, se défier du post-modernisme, tels sont parmi les objectifs de ce que l'on peut nommer un retour au simple. Qui renouvelle aussi l'approche de la forme architecturale.

«En Suisse, la ‹Nouvelle Simplicité› n'est guère une fin en soi, mais l'aboutissement logique d'autres intentions conceptuelles. Elle n'est pas un objectif prioritaire, mais le résultat d'un processus qui, de réduction en réduction, fait vibrer les matériaux et les formes. Dans ce sens, moins signifie plus. La réduction n'est pas un renoncement imposé par l'indigence, mais un gain de sensualité.»[1]

1 Christoph Allenspach, *L'Architecture en Suisse. Bâtir aux XIXe et XXe siècles*, Zurich, Pro Helvetia, 1999.

Some have spoken of "new simplicity" to characterize the course that Swiss contemporary architecture is taking, sometimes condemning the countless "swissboxes" that have been built. But what does the notion of simplicity actually imply?

A Process Returning to simple forms entails objectives such as distrusting post-modernism and steering clear of design precepts that have become academic (including "modern" precepts). This thereby suggests adopting a different approach to architectural form.

"In Switzerland, 'New Simplicity' is far from being an objective in itself. Rather, it is the logical outcome of other conceptual aims. Nor is it a priority, but rather the result of a reduction process that makes the materials and forms shimmer and resonate. Less really is more here – the reduction process is not synonymous with abnegation induced by paucity; it embodies a striving for sensuousness."[1]

1 Christoph Allenspach, *L'Architecture en Suisse. Bâtir aux XIXe et XXe siècles*, Zurich, Pro Helvetia, 1999.

Gigon & Guyer, 1996–1999, Poste d'aiguillage CFF, Zurich / CFF signal box, Zurich

Une tactique La recherche de simplicité renoue avec des questions primordiales concernant la présence d'un bâtiment, son impact visuel et physique. En réduisant le recours à des moyens plastiques, rien d'étonnant que des tentatives presque sculpturales apparaissent, rejoignant des problèmes relatifs à la «forme forte» évoqués par ailleurs (→ pp. 14–18). Trois réalisations des chemins de fer suisses – dont il faut saluer les exigences architecturales – permettent ici de comprendre vers quoi peuvent nous orienter les sujétions de la simplicité.

«La simplicité est loin d'être simple: il ne faut pas la confondre avec une forme simplement conforme à sa fonction. La simplicité est en fait une tactique qui a pour but de donner à la nécessité l'apparence d'une esthétique inéluctable, et devrait offrir une échappatoire hors du réduit de la discipline architecturale.»[2]

2 Hans Frei, «Simplicité – de nouveau», in Stanislaus von Moos, Karin Gimmi, Hans Frei, *Minimal Tradition*, Baden, Verlag Lars Müller, 1996.

A Tactic The quest for simplicity is tied to primal issues concerning the visual and physical impact of a building. It is hardly surprising that cutting down on resources engenders near-sculptural tendencies, which are intimately connected with issues relating to "forceful form" (→ pp. 15–19). We may be guided in such a quest by three particularly praiseworthy buildings designed for the Swiss National Railway, as illustrated above and on the following pages.

"Simplicity is far from simple: it must not be confused with a form that simply responds to a function. Simplicity is a tactic designed to endow programmatic needs with the appearance of an ineluctable design aesthetic, and should offer an escape route from the confined discipline of architecture."[2]

2 Hans Frei, "Simplicité – de nouveau", in Stanislaus von Moos, Karin Gimmi, Hans Frei, *Minimal Tradition*, Baden, Verlag Lars Müller, 1996.

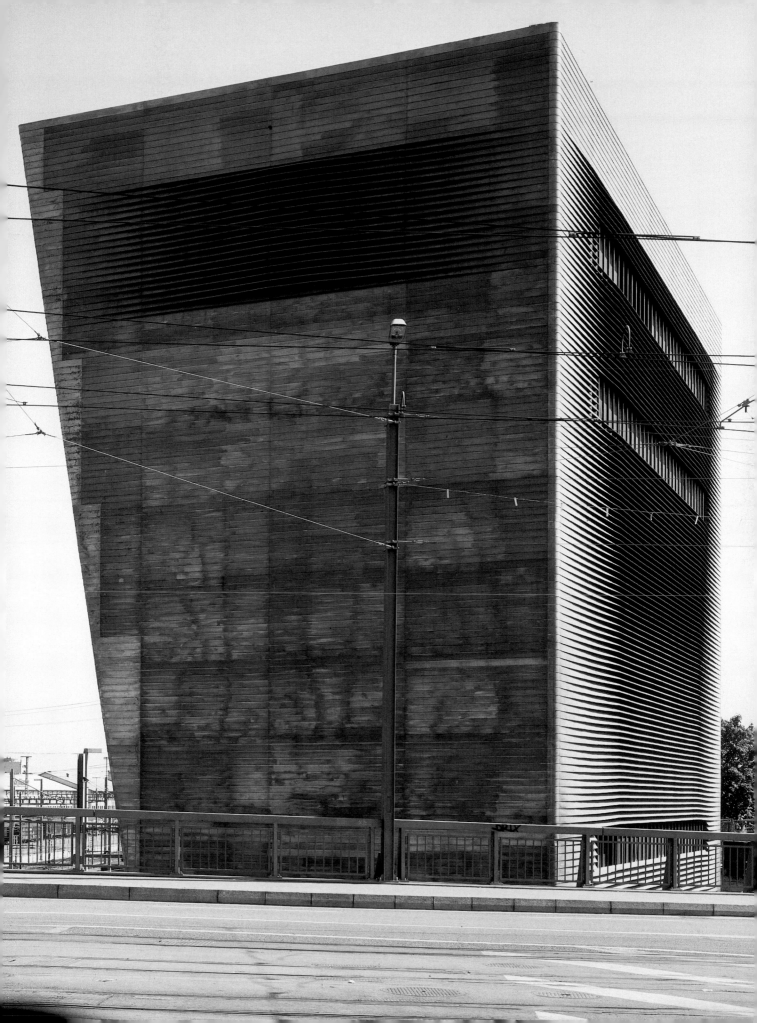

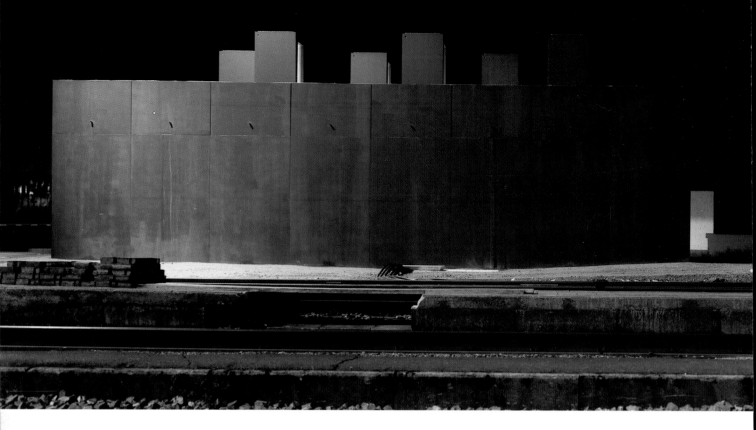

Morger & Degelo, 1996–2001, Poste de transformation CFF / CFF electric transformer

Postes de transformation Le poste de transformation électrique est une boîte aveugle, d'une construction très simple, mais devant répondre à des conditions de sécurité draconiennes, en matière de résistance au feu et d'échanges thermiques avec l'extérieur, ceux-ci ne devant notamment pas connaître de trop grandes variations entre été et hiver. Il s'agissait donc de concevoir un principe de construction d'une très grande stabilité, qui puisse donner lieu à la réalisation de postes de tailles différentes selon les nécessités de leurs lieux d'implantation.

Les murs sont constitués d'éléments préfabriqués de soixante centimètres d'épaisseur, mais creux, laissés vides ou remplis de terre ou de sable, selon les conditions requises par les espaces qu'ils entourent.

La toiture est formée d'éléments eux aussi préfabriqués de 1,20 mètre de hauteur, complétés de lanterneaux d'éclairage, et qui reçoivent une épaisseur de terre suffisante pour assurer une isolation thermique en même temps que pour permettre une végétation laissée libre de se développer.

Electric Transformer Station It is a simple blank box but has to comply with draconian safety standards: not only does it have to be fire-resistant, but it also has to withstand temperature loss between summer and winter. This thus entailed devising an unshakeably stable construction principle that could be used for stations of different sizes depending on where they were to be sited.

Subsequently, the walls are made of hollow prefabricated components that are 60cm deep. They are either left empty or are filled with earth or sand, depending on the requirements dictated by the space they encompass.

The roof is also formed of prefabricated components, reaching 1.2 m high. Skylights offer a finishing touch, with earth packed down on the roof to provide for heat insulation and plant life.

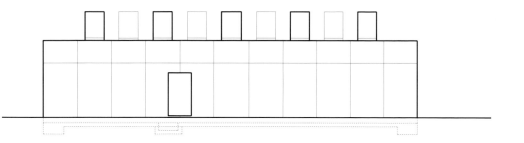

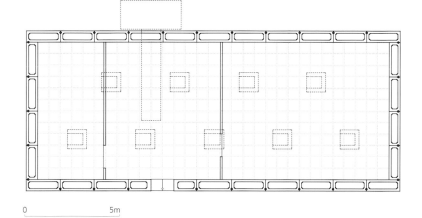

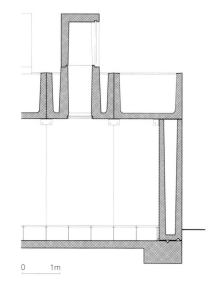

0   5m

0   1m

LE BOIS MALGRE TOUT
WOOD STILL WORKS

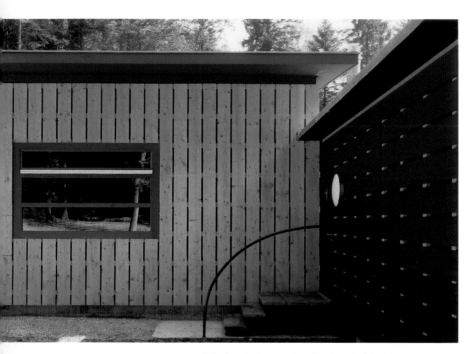

Burkhalter & Sumi, 1991–1993, Dépôt forestier, Turbenthal / Timber Depot, Turbenthal

Comment, en Suisse, ne pas prêter une attention particulière à la construction en bois, lorsque tant de bâtiments ont utilisé et continuent d'utiliser ce matériau? Sans se complaire dans des souvenirs, il faut reconnaître que le bois peut répondre à une grande diversité de besoins et de désirs.

Pédagogie Utiliser le bois comme matériau de construction a toujours nécessité de concevoir et réaliser des assemblages précis, même s'ils étaient voulus élémentaires, et même si les pièces mises en œuvre répondaient aux plus grands soucis d'économie. C'est ainsi parvenir à maîtriser une gamme de savoir-faire, grâce à laquelle a souvent su s'établir une continuité entre artisanat et industrie. Pour beaucoup de protagonistes de l'architecture suisse contemporaine, contruire en bois a permis de retrouver des gestes traditionnels pour les porter à de nouvelles actualités: il en est résulté des bâtiments presque «pédagogiques», qui associent simplicité et intelligibilité de la construction d'une forme architecturale.

It is difficult not be acutely aware of timber architecture in Switzerland when so many buildings are made, and are still being made, of wood. Without wallowing in the past, it has to be admitted that timber provides a fitting response to a vast range of wants and needs.

Pedagogy Building with wood has always presupposed making structures that may appear basic but are in fact painstakingly assembled.
In sum, it implies mastering a spectrum of skills, with a balance being struck between craftsmanship and industrial techniques.
For many protagonists of contemporary Swiss architecture, using timber initially enabled them to work with traditional methods but in a new "pedagogical" way, whereby architectural forms could be constructed in a simple and comprehensible fashion.

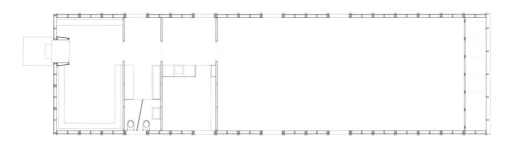

Morger & Degelo, avec/with Gérard Prêtre, 1987–1988, Crèche, Bâle / Day nursery, Basel

0   5m

Peter Zumthor, 1990–1994, Maison Gugalun, Versam / Gugalun House, V

Ambiances Utiliser le bois n'est pas seulement affaire de facilité constructive lorsque le matériau est localement disponible, ou de facilité contextuelle lorsqu'il faut respecter un environnement caractérisé – celui d'un village de montagne, par exemple. Construire en bois, c'est encore attendre de son utilisation la création d'une ambiance, d'un climat réunissant chaleur et tactilité d'un matériau qui, de plus, peut être d'une senteur forte et agréable. Cette ambiance sera recherchée aussi bien dans une maison d'habitation – on se rappellera la *Stube* –, que dans certaines pièces de bâtiments publics, des pièces dans lesquelles les occupants sont amenés à longuement séjourner, comme dans la classe d'une école – on se rappellera la *Schulstube*.

Ce qui est alors en jeu n'est pas une énième interprétation nostalgique, sentimentale et plagiaire du chalet, mais la possibilité de réinvestir des typologies architecturales: celles-ci sont en effet toujours disponibles pour de nouvelles évocations, le travail analogique devenant nécessairement opérant.

Ambience Building with wood is not just a question of opting for the most locally available building material, nor of simply respecting a specific environment (such as a mountain village).

No, building with wood is all about creating an ambience – an ambience generated by the warmth and tactile nature of wood, as well as by its strong and pleasant aroma. This ambience has been sought after just as much in dwellings – the *Stube* is a perfect example – as in some rooms of public buildings where people spend long periods of time, such as in a classroom (*Schulstube*).

So what is being proposed here is not an umpteenth interpretation of the chalet model, but rather an exploration into how architectural types can be reworked. It is all about lending these types new meaning and suggestive power by drawing on analogy.

Pablo Horváth, 1996–1998, Ecole, Fläsch / School, Fläsch (→ pp.50–51)

Valerio Olgiati, 1996–1998, Ecole, Paspels / School, Paspels (→ pp. 112–115)

Conradin Clavuot, 1994–1998, Ecole, St. Peter / St. Peter School (→ pp. 70–71)

Unicité, massivité Dans l'architecture contemporaine existe une tension vers un usage que l'on nommera «unitaire» des matériaux. L'idéal serait qu'un même matériau soit capable d'assurer la stabilité constructive du bâtiment, en même temps qu'il réalise sa clôture et son enveloppe en assumant les performances acoustiques et thermiques aujourd'hui généralement requises. Répondre à de telles contraintes et exigences différentes ne va pas de soi: souvent, une construction y parviendra par sa massivité.

En ce qui concerne les constructions en bois, certaines propositions iraient au bout d'une telle démarche en utilisant des pièces de section inusitées jusqu'ici, du moins de façon aussi extensive.

La conséquence est un sentiment de densité et de solidité, au-delà du plaisir que l'on peut éprouver en appréciant des logiques traditionnelles d'assemblage. Une question demeure cependant en suspens: cette démarche va-t-elle au bout des possibilités d'usage d'un matériau, ou bien représente-t-elle une sophistication excessive, est-elle une dérive maniériste supplémentaire?

Uniform Mass In contemporary architecture, there is a leaning towards what is known as "unitary" use of materials. The aim is for there to be one single material that not only renders the building structurally sound, but also serves as the envelope, all the while guaranteeing high-quality acoustics and heat retention. Responding to such varying constraints and demands is no easy task, but it can often be achieved simply by designing the building as a hefty structure.

As regards timber buildings, there are some schemes in which the above is taken to the extreme, namely by using components that are either no longer in common use or have been employed very little in architecture up until now. These give an effect of density and sturdiness, transcending even the pleasure one might feel when seeing traditional methods put into practice. However, one question still begs to be answered: does this approach represent ways of sounding out all possible uses of a material, or is it merely a vehicle for excessive sophistication? In other words, is it just another example of mannerism?

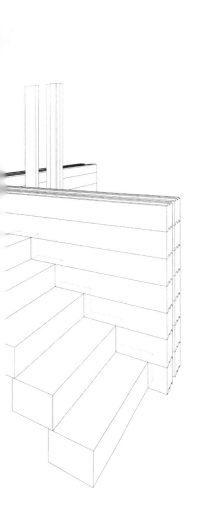

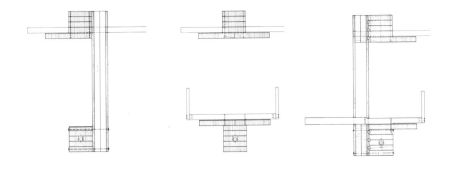

Marcel Meili, Markus Peter, 1995, Passerelle, Murau (Autriche) / Footbridge, Murau (Austria)

Gion A. Caminada, 1998–1999, Bâtiments agricoles, Vrin / Stables, Vrin

Interventions à Vrin Dernier village d'une magnifique vallée des Grisons, Vrin conserve une activité agricole et pastorale essentielle à sa survie et pour échapper à une exploitation touristique à laquelle il aurait pu être inéluctablement condamné. Faciliter et améliorer les difficiles conditions de vie des habitants – qui sont moins de trois-cents – tel est donc l'objectif primordial des diverses opérations d'aménagement et de construction auxquelles s'est consacré Gion Antoni Caminada depuis plusieurs années: extension de bâtiments existants, nouvelles étables et nouveaux bâtiments agricoles, abattoir, salle polyvalente qui complète l'ancienne école du village, maisons particulières, et même cabine téléphonique, etc. Toutes ces constructions sont principalement en bois, pour de compréhensibles raisons économiques et environnementales. Toutes ces constructions s'apparentent ainsi les unes aux autres et aux maisons anciennes du village, mais elles spécifient l'usage du matériau en fonction de chacun des programmes à satisfaire: elles renouvellent par là-même l'expression des architectures de montagne.

Interventions in Vrin Vrin is the last village in a beautiful valley in the Graubünden and has been saved the fate from becoming yet another tourist hub owing to the fact that its land is still farmed. For several years now, Gion Antoni Caminada has devoted his energies to improving the harsh living conditions in Vrin (home to less than three hundred inhabitants), by putting in place diverse development initiatives. These include extensions to existing buildings, new stables and farm buildings, a slaughterhouse, a community hall adjoining the old village school, private housing, telephone booths and so on.
All these buildings are made mainly of wood, for logical reasons pertaining to cost and environmental factors. Every building – both old and new – is thus wedded to one another, although the timber is used in various ways depending on the program. Overall then, Caminada's scheme graphically illustrates how mountain architecture can be injected with new meaning.

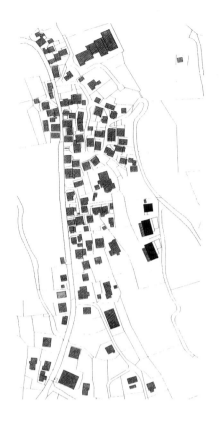

ARCHITECTURE / NATURE
ARCHITECTURE / NATURE

Herzog & de Meuron, 1997–1998, Centre de stockage et de production Ricola, Mulhouse (France)
Ricola production and storage building, Mulhouse (France), (→ p. 31)

Que des éléments végétaux ou atmosphériques interviennent de façon délibérée dans la définition même de l'architecture d'un bâtiment, qu'une dimension formelle imprévisible puisse encore entrer en jeu, c'est ce que nous montrent des projets contemporains.

Un nouveau référent Faire intervenir des «matériaux» autres que ceux, inertes, habituels à la construction, faire intervenir les conditions atmosphériques ou la végétation, par exemple, c'est ouvrir à des phénomènes qui peuvent être emprunts d'aléatoire et d'incontrôlé: la nature est ainsi sollicitée, comme nouveau référent.
Une autre sollicitation est plus spéculative. Elle réside dans l'établissement d'une analogie entre la constitution matérielle du bâtiment et la structure de la matière elle-même. Parmi les architectes suisses d'aujourd'hui, Herzog & de Meuron sont certainement ceux qui ont poussé le plus loin ces investigations, en évoquant la «géométrie cachée de la nature».

«Notre intérêt pour le monde invisible est de lui trouver une forme dans le monde visible. [...] Le monde invisible n'est pas

Contemporary schemes reveal how greenery and atmosperic conditions can be worked into a building's design, as well as how unexpected forms can be brought into play.

A New Frame of Reference Nature has been adopted as a new reference point, by employing living "materials" such as the weather and greenery, in contrast to the lifeless components habitually used in architecture. In so doing, uncertain and uncontrollable phenomena have been introduced into the architectural equation.
Another new frame of reference (though a more speculative one) has also been called on, namely an analogy between material and matter. Herzog & de Meuron should be cited among contemporary Swiss architects as having most explored this area, notably in their research into the "hidden geometry of nature".

"Our interest in the invisible world is in finding a form for it in the visible world. [...] The invisible world is not a

Morger & Degelo, 1996–2001, Poste de transformation CFF
CFF electric transformer (→ pp. 146–147)

Herzog & de Meuron, 1995–1998, Pharmacie de l'hôpital, Bâle
Hospital pharmacy, Basel (→ pp. 90–93)

un monde mystique, mais il n'est pas non plus un monde des sciences naturelles, des structures cristallines et atomiques invisibles. Par là, nous voulons parler de la complexité d'un système de relations qui existe dans la nature, [...] dont l'analogie avec le domaine de l'art et de la société nous intéresse. Notre intérêt se tourne donc vers la géométrie cachée de la nature, vers un principe spirituel et non pas vers l'apparence extérieure de la nature.»[1]

«Nous avons beaucoup appris en étudiant les processus chimiques ou les descriptions critallographiques qui comparent des microstructures, c'est-à-dire des structures ‹invisibles› comme des compositions atomiques de matériaux, avec les aspects et qualités ‹visibles› que ces mêmes matériaux ou substances nous présentent dans la vie quotidienne.»[2]

mystic one, but it is also not a world of natural sciences, of invisible atomic crystalline structures.
With this, we mean the complexity of a system of relationships which exists in nature [...], and whose analogy in the realm of art and society interests us. Our interest is thus the hidden geometry of nature, a spiritual principle and not primarily the outer appearance of nature."[1]

"We have learned much from reading about chemical processes and crystallographic descriptions that compare microstructures, i.e. 'invisible' structures such as atomic grids of materials, to the 'visible' aspects and qualities these materials or substances reveal to us in everyday life."[2]

1 Jacques Herzog, «The Hidden Geometry of Nature», 1988, in Wilfried Wang, *Herzog & de Meuron*, Zurich, Artemis, Studiopaperback, 1992.
2 «Continuities», entretien d'Alejandro Zaera avec Herzog & de Meuron, *El Croquis*, n° 60, «H & de M 1983–1993», 1993.

1 Jacques Herzog, "The Hidden Geometry of Nature", 1988, in Wilfried Wang, *Herzog & de Meuron*, Zurich, Artemis, Studiopaperback, 1992.
2 "Continuities", Herzog & de Meuron interviewed by Alejandro Zaera, *El Croquis*, no. 60, "H & de M 1983–1993", 1993.

Annette Gigon, Mike Guyer, 1999, Centre de formation Roche, Buonas, concours / Roche training centre, Buonas, competition

Centre de formation Situé sur les bords du lac de Zoug, sur la presqu'île Buonas, les bâtiments du centre de formation Roche sont comme des pierres disséminées dans le paysage d'un terrain vallonné. La disposition de l'ensemble ne cherche pas à imposer un nouvel ordre; elle cherche plutôt à préserver et intensifier les qualités d'un environnement où des prés ont leurs contours librement dessinés par des bois. L'approche des trois bâtiments principaux – le centre de formation lui-même complété par deux bâtiments d'hébergement – emprunte des parcours qui sont comme des chemins de campagne ou des allées d'un parc. La forme irrégulière de chacun des bâtiments et des «éclats» que sont les lanterneaux d'éclairage des parkings, accentue leur présence «minérale». Les murs, exempts de toute modénature, seulement percés de grandes ouvertures rectangulaires et horizontales, sont verticalement constitués par des couches sédimentaires de béton, chaque strate ayant sa couleur donnée par les agrégats de sable et de gravillons. L'effet recherché est finalement celui d'une présence quasiment tellurique de l'architecture.

Training Centre The buildings that make up the Roche training centre sit on the shores of Lake Zug on the Buonas Peninsula, scattered like stones around a hilly landscape. Their layout is not designed to instil a new sense of order but rather to preserve or even heighten the environmental attributes of the surrounding forest-edged meadows. One approaches the three main buildings (the training centre plus two residential buildings) as if following a country track or park footpath.

The skewed form of each building underscores the mineral effect, as do the splinter-like entrances to the underground car parks. The walls are spared all forms of profiling, being pierced merely with large rectangular and horizontal openings. They are composed of sedimentary layers of concrete, with each stratum coloured by various mixes of sand and gravel. The result is hence an architectural work that has a telluric-like quality.

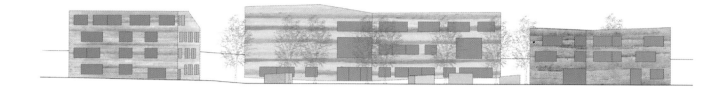

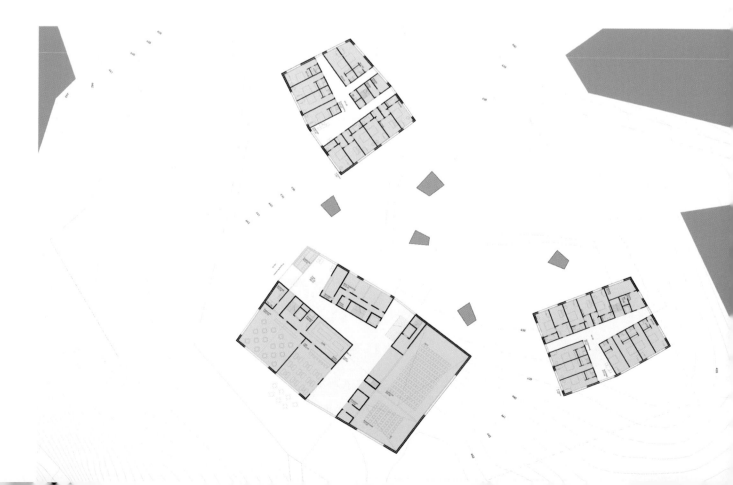

4

Les trois essais proposés décrivent un arc qui joint les préoccupations tessinoises concernant le langage d'une nouvelle monumentalité, à la question du paysage comme nouveau référent possible pour le projet, puis à la recherche plus spécifiquement suisse alémanique d'une expression architecturale dénuée d'une rhétorique trop visiblement affichée, ce qui peut être aussi la recherche d'une «autre» rhétorique.

Ces essais proposent des perspectives historiques et théoriques à propos de problématiques spécifiques, et ils empruntent des voies différentes de celles tracées dans la conversation entre Jacques Lucan et Martin Steinmann publiée au début de ce livre. Ils n'épuisent cependant pas la compréhension des développements récents de l'architecture en Suisse. Parce que ces développements appartiennent à l'actualité immédiate et, de ce fait, ne peuvent donc être l'objet d'une évaluation incontestable.

The following three essays form an arch linking the search by Ticino architects for a new form of monumentality with two other preoccupations. First, the notion of landscape as a new frame of reference for design schemes, and second, a quest more or less specific to German Swiss architects for "another rhetoric", that is, architecture stripped of overt expression.

The issues addressed in these essays are set against a historical and theoretic backdrop, with the routes mapped out in them diverging somewhat from those in the conversation between Jacques Lucan and Martin Steinmann featured at the beginning of this book. Yet, the goal is not to provide an exhaustive examination of recent developments in Swiss architecture. For these developments are taking place as we write, and thus cannot form the object of a hard and fast analysis.

CASTELLO PROPOSITIVO

Identité, mémoire et monumentalité au Tessin, 1970–2000

CASTELLO PROPOSITIVO

Identity, Memory and Monumentality in the Ticino, 1970–2000

Stanislaus von Moos

La question du patrimoine ou plutôt celle de l'attitude vis-à-vis du patrimoine est révélatrice de la conception que des architectes se font de leur intervention. L'exemple tessinois du Castelgrande de Bellinzona permet à Stanislaus von Moos de comprendre quels peuvent être les enjeux de la transformation d'un ensemble qui en devient proprement monumental, ensemble qui fut regardé et conçu selon plusieurs points de vue, à des moments successifs, et qui en acquiert ainsi des significations différentes.

The question of heritage, or rather the attitude adopted towards heritage, is patently expressed in the conceptual work of architects. Drawing on the Ticino example of the Castelgrande in Bellinzona, Stanislaus von Moos sets forth the challenges underpinning the conversion of an ensemble which can, properly speaking, be termed monumental – an ensemble that was studied and designed from several viewpoints and at successive stages, resulting in a range of different meanings.

Bellinzona, Castelgrande, c. 1830

Les jeux sont faits: les «*tre castelli*» de Bellinzona, capitale du Tessin, ont été admis par l'Unesco sur sa liste du «patrimoine mondial». La nouvelle peut étonner, car la construction en tant que telle, peu connue sur le plan international, ni spécialement cotée au niveau de l'histoire de l'art national, ne semble pas offrir en elle-même les raisons suffisantes pour expliquer cette distinction. D'où l'idée que d'autres facteurs ont du jouer un rôle. Serait-ce le paysage spectaculaire? – Parlant du plus important des trois châteaux, le Castelgrande, la *NZZ*, le plus important quotidien du pays, laisse entendre que «*le mélange d'ancien et de nouveau au Castelgrande a pendant un certain temps mis en danger la candidature de Bellinzona*»[1].

A première vue, la décision du comité peut donc être comprise comme un «oui» à la manière «tessinoise» de traiter et

The die is cast: the "Castelgrande" in Bellinzona, capital of the Ticino, will be added to the UNESCO list of world heritage sites as part of the extensive "tre castelli" complex. A perplexing development, for the structure itself, little known internationally and categorized as average even by national art historians, does not explain this surprising step. There must be other factors at play. Perhaps the spectacular setting? – The press release muses: *"The blend of Old and New in the Castelgrande seems to have called Bellinzona's candidacy for the UNESCO list into question for some time."*[1]

As things stand, the committee's decision represents at least a resounding "Yes" with regard to the treatment of this particular historic monument. A look behind the scenes reveals the almost farcical coincidence that the president of Bellinzona's tourist information association also happens to be the chair of the Swiss UNESCO committee. The aforementioned press release continues dryly: *"Now Bellinzona can begin to cash in on its place on the list and use it as an advertising slogan to attract tourists."* Small wonder that the issue was, and still is, controversial even in Ticino.

It's an age-old dilemma. John Ruskin and Alois Riegl, to mention only these two founders of a modern theory on monuments, suggested that technically obsolete monuments should have the right to die. As things stand, it is frequently as unrealistic as it is unreasonable to insist upon such a right today. In an age and a region where castles are the prime cultural tourist attraction, a completely different question arises: is it appropriate to demand that changes to such monuments be limited to ensuring

de transformer le monument historique. Le fait – on pourrait croire à une farce – que la présidente de l'Office du Tourisme de Bellinzona préside aussi la délégation suisse à l'Unesco, mérite toutefois d'être signalé. L'article en question constate d'ailleurs sans ambage que *«Bellinzona peut désormais tirer profit de sa nouvelle distinction et utiliser l'argument de l'Unesco pour attirer les touristes»*. On comprend qu'au Tessin même, l'événement fut – et est encore – passablement critiqué.

On se trouve en face d'un dilemme «classique». John Ruskin, de même qu'Aloïs Riegl, pour ne citer que deux parmi les fondateurs de la théorie moderne de la conservation, étaient d'avis qu'un monument historique devenu techniquement obsolète devait aussi avoir le droit de disparaître. Ceci dit, à l'heure actuelle, il apparaît souvent aussi irréaliste qu'irraisonnable de vouloir faire appel à un tel droit. Etant donné que châteaux et citadelles se trouvent à la pointe parmi les destinations culturelles fréquentées par les touristes, la question qui vient à se poser est tout autre. Peut-on exiger que les interventions portant sur de tels monuments se limitent à stabiliser ce que l'archéologie propose comme l'inventaire historique du lieu donné? Dans quelle mesure et suivant quelles prémices peuvent-ils aussi faire l'objet d'un processus «d'adaptation créatrice»? – La question se pose d'autant plus, si l'on se trouve en présence d'un espace particulièrement évocateur, tant à l'échelle du paysage qu'à celle de l'architecture, comme c'est manifestement le cas à Bellinzona.

Il n'y a pas de doute: le Castelgrande a été modernisé, et notamment lors de la restauration effectuée par Aurelio Galfetti de 1982 à 1992[2]. Le rocher sur lequel se dresse le château a été déboisé, mis à nu. Ce qui restait de la vieille forteresse du moyen-âge a été «purifié», par endroits même reconstitué dans un état originel supposé. Par contre, des parties datant du XIXe et du début XXe siècles ont été éliminées, remplacées ou non par des constructions modernes. Quant à l'installation des ascenseurs, grâce auxquels le château est devenu accessible aux masses de touristes, elle n'hésite pas à affirmer son caractère «moderne» («Prix Béton» oblige) en face des vestiges du moyen-âge. Au niveau de la vieille ville, le visiteur est aspiré par un couloir qui rappelle la tombe d'Atrée à Mycènes pour être quelques secondes plus tard éjecté au niveau du château à travers une guérite en béton fichée dans le roc, perforée d'un treillis de fines ouvertures carrées, qui combine le

the stability of the original archaeological structure? To what extent and under which conditions should they be subjected to a process of "creative appropriation" for modern times? – The question is especially relevant when extraordinarily evocative qualities in landscape or architectural space are added to the mix, as is obviously the case in Bellinzona.

The Castelgrande has been modernized. There's no doubt about that. We refer here to the restoration undertaken from 1982 to 1992 (design: Aurelio Galfetti).[2] The cliff atop which the castle rises was stripped bare and deforested; the mediaeval core of the ancient fortress was "sanitized" and in some instances expanded to its presumed original form; additions from the nineteenth and early twentieth century were demolished

A. Galfetti, Castelgrande, Entrée des ascenseurs / Elevators' entrance

Château de Pierrefonds / Castle of Pierrefonds

souvenir du cimetière de Modène d'Aldo Rossi avec celui de l'Unité d'habitation de Le Corbusier.

Rien, certes, n'était plus loin des intentions de l'architecte que de faire du Castelgrande un Pierrefonds, un Carcassonne ou encore un Neuschwanstein de la fin du XXᵉ siècle. Quel rejet du «kitsch» traditionnel! Quel refus du romantisme des châteaux d'opérettes! Quel *veto* catégorique à l'encontre de toute stratégie disneyienne d'embellissement et d'enjolivement dans la (soit-disant) tradition de Viollet-le-Duc ou de Bodo Ebhart! – Et pourtant, à Bellinzona, tout autant qu'à Carcassonne (et pour de bonnes raisons), l'enjeu a été tout autre que celui d'une simple conservation. Et c'est à ce point qu'apparaît dans les deux cas – divergences d'apparence mises à part – l'analogie de principe quant à l'enjeu et quant au résultat. Car ici et là il s'agissait de faire entrer les vestiges historiques dans le discours architectural de l'époque, et de les rendre opérationnels dans le cadre d'une économie du tourisme en pleine globalisation.

Construite au XIIIᵉ siècle par les Visconti, seigneurs milanais, pour faire barrage aux attaques venant du nord, l'imposant système de verrouillage de la vallée, composé de trois forteresses – Castelgrande, Montebello et Sasso Corbaro, reliées entre elles par de longs remparts –, fut massivement renforcé au XVᵉ siècle, après la main-mise des Confédérés, puis resta pratiquement inutilisé militairement dans les siècles qui suivi-

and/or replaced with modern structures. As to the installations that make the fortress readily accessible to hordes of tourists: their award-winning concrete grandeur stands in confident competition with the medieval remains. Upon entering the complex at city level the visitor is drawn into an abyss reminiscent of Atreus's tomb at Mycenae. And when he reaches the Castello at the top, he is disgorged from a concrete block set into the rock and perforated with fine, square openings, a perfect blend of Rossi's cemetery in Modena and Le Corbusier's Unité d'habitation.

Nothing was further from the architects' mind than transforming the Castelgrande into a kind of Pierrefonds or Carcassonne; never mind a twentieth-century Ticino interpretation of Neuschwanstein. Indeed: there could be no stronger denial of the "kitsch" associated with traditional castle romanticism! What a powerful veto against the strategies of disneyesque beautification or trivialization of history in the tradition (one would assume) of Viollet-le-Duc or Bodo Ebhardt! – On the other hand, it is also clear that in both instances, in Bellinzona and in Carcassonne, other intentions came into play (or had to?) than merely those of preservation. At this stage, at the very latest, the basic analogy between each point of departure and each corresponding result is clearly evident, superficial differences notwithstanding. Each case attempts to create a dialogue between an historic substance and the corresponding contemporary architecture, making the old functional for a tourist economy that is increasingly global.

Erected by Milan's Visconti rulers in the thirteenth century for protection against attacks from the North, the massive complex dominated the valley. It consisted of three fortresses: Castelgrande, Montebello and Sasso Corbaro, which were linked by long fortifying walls. After the victory of the Swiss Confederates, the fortification was considerably expanded in the fifteenth century, although it was rarely used for military purposes in subsequent centuries (with the exception of the addition of an armory on the plateau of the Castelgrande in the mid-nineteenth century). In 1903 the canton of Ticino assumed jurisdiction over the complex and initiated a first

B. Reichlin, F. Reinhart, Projet pour Castelgrande / Project for the Castelgrande, 1974

rent (à l'exception de l'adjonction d'un arsenal sur le plateau de Castelgrande au milieu du XIXᵉ siècle). L'ensemble des forteresses revint au Canton en 1903, qui réalisa alors un premier *restauro*. Mais ce ne fut que dans les années soixante que mûrit l'idée d'une restauration intégrale et d'une affectation nouvelle: à cette époque l'architecte Tita Carloni, conseillé par Virgilio Gilardoni, mit sur pied un projet de restauration intégrale (1964–1969), qui ne fut réalisé toutefois que partiellement[3]. Une curieuse constellation de compétences et d'intérêts devait dans les années suivantes permettre le *restauro* de Castelgrande tel qu'il se présente aujourd'hui. Jusqu'au milieu du XXᵉ siècle, l'imposante ruine, dont l'importance historique pour la région ne fait pas de doute, était jugée comme plutôt médiocre sur le plan architectural. Etant donné cet état de fait, les architectes Mario Campi, Franco Pessina et Niki Piazzoli firent une première tentative d'exploiter le champ libre à disposition en aménageant un musée – terminé en 1974 – dans le Castello Montebello. Ainsi, par la confrontation de l'ancien et du nouveau, par l'antithèse de la pierre et de l'acier, ils firent la conquête de la vieille forteresse au nom de la jeune architecture tessinoise. Le donjon en fut réduit à sa quintessence, vidé dans son intérieur des constructions datant des années 1900, pour devenir accessible dans le parcours du musée au moyen d'un échaffaudage d'acier suspendu au plafond[4]. Cette intervention – radicale pour l'époque – était à peine achevée que Bruno Reichlin et Fabio Reinhart présentaient un projet doté d'une solide base théorique pour la restauration du château voisin – Castelgrande – bien plus important que Montebello (1974)[5]. A la base de ce projet, il y avait une double stratégie: 1) la mise à nu des parties considérées comme constituantes de la substance historique du monument, 2) la combinaison de la substance historique avec une architecture actuelle refusant tout compromis. Cette dernière constituerait la plate-forme à partir de laquelle l'histoire du passé pourrait être revisitée comme quelque chose d'indépendant. Il semble évident que les fouilles que Werner Meyer venait de terminer dans la zone extérieure à la *corte centrale* ont dû servir dans ce contexte de modèle de réflexion[6]. De même que pour mettre en évidence les vestiges archéologiques il fallait déblayer la terre, de même on ne pouvait dégager la «vérité historique» d'un monument qu'en le libérant de sa patine – *de facto*: en éliminant les apports éclectiques et historicistes du XIXᵉ siècle. Cela signifiait, par exemple, pour le Castello, la dé-

"restoration". But the idea of a fully integrated restoration and redefinition of use would arise only in the 1960s, when Tita Carloni, with Virgilio Gilardoni as a consultant, developed a comprehensive restoration plan (1964–1969) that was, however, only partially realized.[3] The restoration of the Castelgrande to its present form was made possible by an odd combination of authorities and interests over the following years. Despite its historic significance for the region, the massive ruin had been regarded as more or less mediocre in stature up until the mid-twentieth century. Mario Campi, Franco Pessina and Niki Piazzoli were the first to take advantage of this indifference. Their integration of a museum into the existing structure of the Castello Montebello in 1974 made the most of the freedom these conditions offered by "conquering" the Castello for the up-and-coming Ticino

molition d'une partie de la façade sur cour de l'aile sud et son remplacement par un haut portique de piliers en béton, qui permettrait la vue vers l'intérieur de ce portique, c'est-à-dire vers la partie interne de la façade surplombant la vallée. En outre, une passerelle d'acier peinte en rouge, en partie visible de l'extérieur, devait longer l'intérieur de la paroi sud et grimper vers l'ouest jusqu'au sommet du rempart pour déboucher sur une plate-forme extérieure d'où le visiteur pourrait jouir d'une vue panoramique sur le paysage et observer le site des fouilles archéologiques.

Cette sorte de grue rabattue à l'horizontale avait pour effet de définir l'architecture comme une préparation archéologique, ou plus précisément comme la mise en scène construite d'une inspection archéologique. Mais la stratégie de la «mise à nu» ne consistait pas simplement à apprêter et à conserver un donné archéologique. Pour rétablir la «nature authentique» d'un bâtiment, on avait également le droit de recourir au moyen de la reconstruction. La chose est pour le moins paradoxale: comment peut-on d'une part condamner à la démolition les parties de la façade du Castello datant du XIXe siècle, et d'autre part préconiser la reconstruction, immédiatement à côté, de la façade (alors disparue) de l'arsenal datant du milieu du XIXe siècle – y compris le fronton néoclassique depuis longtemps perdu?

Pour bien comprendre la charge subversive de cette proposition, il faut se rappeler quelle était à l'époque la doctrine «officielle» en la matière. En fait, dans les années qui suivirent la Deuxième Guerre mondiale, la conservation des monuments historiques avait trouvé une sorte de consensus quant à certains principes admis comme corrects dans de tels cas. En faisaient partie: 1) la conviction que les ajouts et aménagements des monuments historiques, même ceux advenus au XIXe siècle, appartenaient intégralement à la substance architecturale à préserver, et 2) la conviction qu'une «reconstruction» d'un «état originel» supposé était non seulement à éviter, mais n'entrait même pas en considération pour la pratique sérieuse de la conservation[7]. Il suffit d'un coup d'œil au projet de Reichlin et Reinhart pour se rendre compte à quel point plusieurs parmi les principes de la conservation des monuments alors en vigueur sont ici balayés. D'une part, la rhétorique de la «lisibilité» est proposée en tant qu'alternative à la culture de l'éclecticisme architectural, qui aurait – selon nos architectes – gêné considéra-

school of architecture through an antithetical juxtaposition of Old and New, of stone and steel. The tower was stripped down to its structural core, the interior modifications (circa 1900) were removed and the structure was then reconfigured into a museum *parcours* by means of a steel frame suspended from the ceiling.[4]

No sooner was this radical intervention completed, than Bruno Reichlin and Fabio Reinhart presented a solid theoretical plan for restoring the much larger Castelgrande nearby in the same year, 1974.[5] The proposal suggested two principal strategies. These were: 1) to reveal the core of the structure deemed essential for the preservation of the monument; and 2) to combine this historic core with an uncompromisingly contemporary architecture. The latter was to provide the platform, so to speak, from which history could be observed as a finite entity. Werner Meyer's excavations around the *corte centrale*, completed at about the same time, had obviously served as a conceptual model.[6] Just as layers of earth must be shifted in the process of an archaeological dig, so, the argument went, the "historic truth" of the monument

B. Reichlin, F. Reinhart, Projet pour Castelgrande / Project for the Castelgrande, 1974

blement la lecture de l'authentique substance du Castello[8]. D'autre part, on ne voit pas d'inconvénient de faire appel, au besoin, aux artifices de l'éclecticisme. Ainsi, la désinvolture dans leur manière de dialoguer avec le passé n'était guère moins frivole que celle de leurs prédécesseurs du XIXe siècle. En fin de compte, à la lumière de leur appel au «signe» et au «type» – discours sur lequel s'appuie largement leur projet –, le sol de l'empirisme archéologique ne pouvait que se dérober sous leurs pieds. Par exemple lorsqu'ils ils déclarent, comme s'il s'agissait d'une vérité allant de soi: «*La ‹vérité historique› du Castello est entre autres une question de typologie, elle tient plus aux signes que dans la chose elle-même.*»[9]

Pour des architectes à l'œuvre entre Milan et Zurich, parler de «typologie» signifiait alors faire appel, implicitement, à Aldo Rossi[10]. Plus d'un aspect du projet révèle le fait que leurs auteurs étaient à l'époque en étroite collaboration avec Rossi. Reichlin et Reinhart avaient même réussi à impliquer leur maître et ami dans le projet. Rossi s'intéressait en particulier à l'aspect urbanistique de la tâche, dans la mesure où il s'agissait de mettre la restauration du Castello en rapport direct avec la topographie urbaine de Bellinzona dans son ensemble. Dans cette optique, il suggéra de reconstruire toute une portion de rempart – en partie démolie au XIXe siècle – qui reliait le Castelgrande avec le Ponte della Torretta. Ceci comme «*premier pas vers une reconstitution de la forme originale du Castello*». Dans son commentaire, Rossi parle de «*restauro propositivo*»[11].

La proposition de reconstruire les murs de la ville trahit la volonté de mettre en œuvre le moyen de la planification urbaine pour dégager et souligner les grandes composantes morphologiques qui assurent le caractère de «permanence» de la ville[12]. D'autres architectes, à cette époque, ont également essayé de définir dans leurs projets les éléments d'une telle «permanence». Dans son commentaire, Rossi souligne le fait que la reconstruction du rempart devrait aussi servir à créer un lien urbain avec la toute nouvelle piscine de Galfetti, Ruchat et Trümpy. Les dits architectes semblent d'ailleurs avoir pour leur projet moins pensé à Rossi qu'à Le Corbusier (Plan Obus pour Alger, 1931). Peut-être nous trouvons-nous là en présence d'un rare point où se rencontrent les propositions d'un Rossi et d'un Le Corbusier?

Au XIXe siècle, lors de l'élargissement de la route du Gothard longeant la vieille ville de Bellinzona, le *portone* du moyen âge

Castelgrande, aile sud, état ancien / south wing, before reconstruction

could only be uncovered by scratching into its patina. In other words: by removing the historicizing and eclectic nineteenth-century additions. The plan therefore envisioned the partial demolition of the south-wing façade overlooking the courtyard. It would be replaced by a tall portico of concrete columns, which would provide a view into the interior of this tall section of the building, or rather, a view of the Castello's rear façade. Moreover, a footbridge of red-painted steel, partially visible from the outside, would run along the inside of the south wall and project westward, beyond the fortress walls, to create an observation deck from which visitors would have a panoramic view of the landscape and the excavation site. This "building crane" tipped, as it were, into a horizontal position identifies the building as an archaeological specimen; or, more precisely: as the built *mise en scène* for an archaeological investigation. The strategy of "exposure" is by no means restricted to the preparation and subsequent preservation of a specific archaeological condition. To restore the "authentic nature" of a building seems to grant permission for resorting to reconstruction. The paradox is obvious. How does one justify demolishing one section of the Castello's courtyard façade completed in the nineteenth century (see above) while at the same time authorizing the reconstruction of the ar-

avait été démoli. Rossi proposa en lieu et place de dresser une porte, constituée de deux grandes tours reliées entre elles par un pont en acier. Une construction «*réduite à la forme essentielle du génie civil des routes et des ponts*», et donc, comme ses assistants et collaborateurs d'alors le soulignèrent, analogue «*à l'architecture des cols de montagne*» – et en particulier des cols du Gothard et du San Bernardino, pour lesquels Bellinzona constitue la porte d'accès[13]. Ou bien faut-il voir dans cette image une sorte de synthèse de la «permanence» et de la *città analoga*, deux concepts clés de la théorie de Rossi? – Au lieu de la porte monumentale ce fut une modeste passerelle qui fut réalisée en 1991.

Toute connivence avec Rossi mise à part, des architectes tessinois s'apprêtant à restaurer une forteresse se devaient de diriger leurs regards vers Vérone. C'est là que Carlo Scarpa, dans les années cinquante déjà, s'était attelé à une tâche comparable pour proposer une solution qui devait très vite faire figure de référence. Il s'agit de la restauration du Castelvecchio[14]. Quoique vivement critiquée en son temps, la démarche de Scarpa, visant à thématiser la substance historique au moyen d'interventions antithétiques aussi précises que précieuses, avait dans les années soixante et soixante-dix acquis auprès des critiques d'architecture, des gens de musée et même des conservateurs de monuments la valeur d'un modèle. L'intelli-

A. Rossi, Bellinzona, *Portone*, 1974

mory façade next door (another nineteenth-century addition but no longer extant at the time of planning) as well as the long lost gable?

To grasp the "explosiveness" of the proposal, we must remember the "official" doctrine of the time. Since the Second World War, a consensus had been reached in the domain of monument conservation in terms of certain principles for the appropriate approach to such cases. These were above all 1) the conviction that additions and extensions to historic monuments – even if they dated from the nineteenth century – were to be treated as integral components of the historic building substance to be preserved; and 2) the conviction that attempts at "reconstructing" a presumed *Urform* should be avoided in any legitimate practice of conservation, or rather, that such attempts should never be considered in the first place.[7] A single glance at Reichlin and Reinhart's project is sufficient to realize that it swept several of these principles clean off the table. On the one hand, the staged rhetoric of "readability" is presented as an alternative to a building culture based on eclecticism, the very culture, according to our architects, which has so obfuscated the reading of the Castello's authentic substance.[8] On the other hand, the architects take the liberty of dipping into the same eclectic "bag of tricks" themselves, whenever they feel so inclined. Were they aware that their own arbitrary treatment of the historic past might have been even more careless than that of their opponents? Were they aware of the irony that their insistence on "type" and "symbol" considerably undermined the archaeological empiricism (which the project largely supports)? – As if no explanation were needed, they boldly declare: *"The 'historic truth' of the Castello is above all a question of typology, it lies more in the symbols than in the objects as such."*[9]

The term "typology" was a familiar one in the architectural debate of the 1970s and most architects practising under the influence of Zurich or Milan undoubtedly felt that it originated with Aldo Rossi.[10] It seems reasonable to assume that many of the peculiarities of the project were connected to the fact that both authors were then

gence artistique de la réalisation, le luxe des détails et des matériaux, l'inspiration de l'aménagement intérieur – en bref tout ce qui ne manque pas, aujourd'hui encore, de séduire le visiteur – fit oublier à plus d'un que sa démarche était à l'encontre de toutes les règles sacrosaintes d'une conservation «conservatrice» des monuments et de toute logique historisante envers l'art du passé[15]. Si bien qu'aujourd'hui les *restauri* de Scarpa – tout autant que les interventions d'Albini ou de BBPR, elles aussi très critiquées autrefois – se trouvent soumis à l'examen critique de leurs prémices théoriques au moment-même où ils deviennent eux-mêmes objets de conservation[16]. Mais, en 1970, la situation était bien différente. Lorsque Vittorio Gregotti, dans sa présentation du projet dans *Casabella*, rappelait que l'Italie dans les années cinquante était devenue un des laboratoires européens d'une nouvelle prise de conscience en matière de conservation des monuments, Scarpa occupait le premier plan, à côté du bureau BBPR de Milan, et à côté de Franco Albini et Giancarlo De Carlo[17]. Il va sans dire que le projet de Reichlin, Reinhart et Rossi aurait été absolument impensable en dehors de ce contexte.

Puis, le projet tomba lentement dans l'oubli. Le canton du Tessin, qui l'avait commandité, semble s'être attiré des difficultés considérables de la part de la Commission fédérale pour la conservation des monuments, de laquelle dépendait, en principe, la contribution financière de la Confération à la réalisation du *restauro* proposé. Reichlin et Reinhart réussirent toutefois à convaincre le canton du Tessin de faire appel à Carlo Scarpa pour une expertise. La manœuvre eut l'effet opposé à celui escompté. Le vieux maître fit de sérieuses réserves vis-à-vis du projet, et les choses en restèrent là[18]. Ce n'est que lorsqu'un mécène privé offrit de donner cinq millions de francs pour la restauration du château, en 1980, que les choses se remirent à bouger. Comme l'offre mettait comme condition qu'un projet opératoire fût présenté d'ici la fin 1981, il fallait mettre les bouchées doubles. Ce fut la grande chance d'Aurelio Galfetti.

Jusqu'à l'inauguration officielle le 27 mars 1992, il devait s'écouler une bonne dizaine d'années. Pendant ce temps, il semble que les rapports avec la Commision fédérale restèrent troubles, ce qui n'est pas étonnant étant donné l'aspect pour le moins massif de l'intervention proposée[19]. Entre temps, l'accent s'était déplacé de l'architecture de Castelgrande à la col-

working in close collaboration with Aldo Rossi. Reichlin and Reinhart even succeeded in winning the consent of their friend and mentor to participate in the project. Rossi was particularly interested in the urban aspect of the task, which aimed at anchoring, so to speak, the restoration of the Castello in the overall urban topography of Bellinzona. He suggested that the old city wall, which had linked the Castelgrande to the Ponte della Torretta and which was partially destroyed in the nineteenth century, should be reconstructed. This was to be a *"first step towards recreating the original form of the Castello."* In his commentary, Rossi speaks of *"restauro propositivo."*[11]

The proposal to reconstruct the city wall demonstrates the will to use urban design as a means of emphasizing and consolidating those major morphological elements that express "permanence" within the city.[12] Other architects also sought to define elements of this type of "permanence" in their projects at that time. Thus, Rossi emphasizes that the reconstruction of the wall should serve, among other things, to create a link to the newly completed public pool designed by Galfetti, Ruchat and Trümpy, whose project was probably conceived with Le Corbusier in mind (*Plan Obus* for Algiers, 1931) rather than Rossi. Might this be one of the few intersections, where Rossi's and Le Corbusier's ideas converge?

The mediaeval *portone* was demolished when the old St. Gothard pass road, which runs past Bellinzona's downtown, was expanded in the nineteenth century. Rossi suggested that a gate be erected on this site, consisting of two powerful towers linked by an iron bridge. He proposed a structure reminiscent in form of *"the spare shape of automobile and railway bridges [...] in analogy"* – as Rossi's assistants and team members never failed to point out – *"to the architecture of the mountain pass,"* especially the St. Gotthard and the San Bernardino pass to which Bellinzona was, after all, the gateway.[13] Conversely, one should perhaps describe the structure as a kind of synthesis of "permanence" and *"città analoga"*, two key ideas in Rossi's theory. In 1991, a modest footbridge was realized instead of the gate.

line fortifiée dans sa totalité. Celle-ci devait, selon le projet, être transformée – architecture comprise – en une grande zone de récréation. Ainsi se créait un déplacement d'intérêt qui était loin d'être insignifiant. Au fond, ce n'était plus l'histoire helvétique qui était au cœur de l'opération. L'optique était devenue planétaire. Alors que la colline fortifiée se présentait jadis au visiteur comme une simple place forte du moyen-âge, elle fut maintenant redéfinie en tant qu'énorme roc de gneiss nu, tel que le glacier l'avait laissé en se retirant à l'ère néolitique. Rochers, plis herbeux, quelques arbres isolés et un bassin au pied du Castelgrande devaient, dans leur nouvelle définition, composer avec les murs de fortification et la cour du château souverainement réaménagée un vaste paysage de récréation. Une action radicale de déboisement fit que les lieux retrouvèrent leur innocence géologique.

Et l'architecture? Que devenait-elle dans ce scénario? – Les prédécesseurs de Galfetti s'étaient placés avec leurs projets, réalisés ou seulement projetés, à l'ombre des opérations subtiles et précieuses du maître Scarpa. Quant à la stratégie d'abstraction lyrique mise en œuvre par Galfetti, elle est à mettre plutôt en rapport avec Aldo Rossi. Le donné architectural n'est plus morcelé mais présenté comme volumes et surfaces lisses. Il organise le chemin ascensionnel parcouru par les foules en le ponctuant selon un rythme proposé par les points fixes de l'ensemble. Les détails de langage formel se mettent discrètement en arrière-plan. Au lieu de démembrer analytiquement

Bellinzona, Castelgrande, 1999

Yet Rossi was not the only link to Italy for Ticino architects embarking on a castle restoration. They were compelled to look to Verona, where Carlo Scarpa had tackled a similar task as early as the 1950s. In his Castelvecchio restoration he developed a solution that was soon regarded as setting the standard.[14] Although highly controversial at the time, Scarpa's approach of expounding the challenges posed by the historic structure by means of meticulous and detailed antithetical interventions had taken on an exemplary status in the eyes of architecture critics, museum experts and even conservationists in the late 1960s and 1970s. The artistic intelligence in the presentation, the luxurious quality of the fine building materials, the inspired installation in the museum's interior – in short, all those aspects which continue to captivate visitors to this day – may have caused many to forget that his approach contradicted nearly all precepts that are sacrosanct to the principles of monument conservation and the historically appropriate preservation of cultural heritage.[15] It comes as no surprise that the theoretical premise of Scarpa's restoration projects is today under debate, all the more so since his *restauri* are now the subject of conservation themselves, much like the projects by Albini or BBPR, which were even more controversial in their day.[16] In 1970, however, the situation was quite different. In his feature on the project in *Casabella*, Vittorio Gregotti reminded his readers that during the 1950s Italy had become the European cradle of a new attitude towards monuments, with Scarpa as one of the main protagonists, in addition to BBPR in Milan, Franco Albini and Giancarlo De Carlo.[17] Without Scarpa's model, Reichlin, Reinhart and Rossi's project would surely have been inconceivable.

The fate of this project is quite uncertain. As the official client, the canton of Ticino seems to have run into strong opposition from the Federal Commission for Monument Preservation, on whose approval the contributions for the realization of the project were heavily dependent. At any rate, Reichlin and Reinhart managed to persuade the canton to approach Carlo Scarpa for an expert report. The move backfired, however, when Scarpa expressed serious reservations about the project, and it was once again shelved for the time being.[18] The project was finally re-

la substance historique, Galfetti choisit de la traduire en images qui en constituent une paraphrase abstraite, capable de faire surgir de ces pierres une poésie pour ainsi dire métaphysique.

Aujourd'hui, pour bon nombre de visiteurs la «monumentalité» des lieux tient bien moins aux éléments moyenâgeux encore conservés du site qu'aux interventions architecturales marquantes par lesquelles l'architecte a établi le lien avec le rocher comme un tout: le long couloir d'accès «mycénien» reliant la ville aux ascenseurs au cœur de la montagne, et la démarcation géométrique des arrivées des ascenseurs aux abords du château. Sans parler du déboisement radical de la cime de la montagne, une sorte de *sventramento* symbolique de l'environnement immédiat, dans le but de nettoyer et d'isoler le monument dans son autonomie architecturale. Tout ceci contribue à faire vibrer d'une manière singulière ces lieux et ce paysage spectaculaire, qui incarne l'esprit de toute une vallée.

On peut se poser la question: à qui revient de fait le mérite de la distinction de l'Unesco? – A la Conservation des Monuments? Ou à l'architecture tessinoise des années 80 en tant que conservatoire suisse des obsessions typologiques? Dans le cadre des différentes variantes décidément antimonumentales de l'identité architecturale actuelle, l'architecture tessinoise s'est rendue coupable, là même où elle se voulait moderne, d'une haine pour le culte du monument – spécialement du point de vue suisse allemand.

La chronique pourrait se terminer ici, n'eussent été encore quelques séquelles à signaler. En premier lieu, celle due aux architectes Reichlin et Reinhart. Leur grand projet de restauration de Castelgrande définitivement mis hors jeu grâce à leur admiration pour Scarpa, ils trouvèrent un partenaire dans la firme Mövenpick. Le géant de la gastronomie suisse les chargea de projeter, dans le cadre de la station d'autoroute «Bellinzona Sud», un petit hôtel avec restaurant. Il en résulta un *capriccio* architectonique délicat, aux détails précis, sur le thème de la toute proche forteresse de Bellinzona. Les architectes semblent peut-être louvoyer au bord de la route de manière quelque peu forcée entre raffinement esthétique et ironie linguistique, entre Viollet-le-Duc, Wittgenstein et McDonald. On reconnaît pourtant dans l'élégante façade classiciste donnant vers l'est comme un écho in situ de l'*arsenale* jamais construit.

B. Reichlin, F. Reinhart, Bellinzona, Hôtel Castello / Castello Hotel, 1988

vived when a private patron declared that he would donate five million (Swiss) francs for the restoration (1980). Since the offer was contingent upon a project plan ready for development by the end of 1981, efforts now had to proceed at breakneck speed. For Aurelio Galfetti, this was the opportunity of a lifetime.

Another decade would pass before the official opening on March 27, 1992. During this period the conflict with the Federal Commission seems to have continued to fester, hardly surprising in view of the massive intervention which the project represented (see above).[19] In the meantime, the focus had shifted from the architecture of the Castelgrande to the hilltop castle complex in its entirety, which was to be redesigned as a large leisure area that would include the architectural structure. This represented a major shift: the emphasis was no longer on Swiss heritage, but on geological history. The hilltop was no longer defined as a mediaeval defence fortification, but as a giant, polished gneiss cone left behind by the glacier in the Neolithic Age. Rocks, turf, solitary trees and a pond at the foot of the Castelgrande, as well as the walls and the boldly levelled castle courtyard were redefined as components of a spacious recreation ground. A ruthless process of defoliation restored the site to its virginal geological state.

L'architecte Galfetti lui non plus ne put résister, pour la construction de deux immeubles locatifs non loin de Castelgrande, à faire usage de ses connaissances acquises dans la construction de châteaux-forts. Toutefois, pour lui, pas question de citations formelles éclectiques. Avec son sens de l'élégance des formes laconiques, il se limita à reprendre les formes cubiques lapidaires de la forteresse et, par la couleur (l'une blanche, l'autre noire), de les mettre en rapport d'analogie avec la *Torre bianca* et la *Torre nera* du Castelgrande.

Enfin Botta, notre «architecte national»[20]. Grâce à lui, Castelgrande, en janvier 1991, trouva sa consécration comme monument national. Le rocher devint en quelque sorte le Rütli de la Suisse sudalpine – du moins pour un certain temps. L'occasion en était la Fête des sept cents ans de la Confédération. Avec sa tente festive, Botta donnait au site sa couronne. Les éléments porteurs radialement déployés se dressent en une silhouette semi-circulaire. Les montants (au nombre de 13 – comme il se doit pour y accrocher les 26 drapeaux des cantons et demi-cantons) forment une coupole dans l'espace. Par-dessus s'élève une lanterne colossale formées par les hampes des drapeaux. Le tambour et la coupole sont évoqués comme des signes éphémères. La tente elle-même, fixée à sa base aux piliers, est en forme de cône polygonal brisé – comme n'importe quelle tente de cirque[21]. D'un jour à l'autre la «tente de Botta» – joyau chatoyant au sommet de l'austère forteresse – est

M. Botta, Castelgrande, Tente pour le 700e anniversaire de la Confédération / Tent for the 700th anniversary of the Confederation, 1991

And what about the architecture? – In all other projects, whether planned or executed, Galfetti's predecessors had operated in the shadow of master Scarpa. Galfetti's strategy of lyrical abstraction is more closely related to Rossi. The architecture isn't merely scratched on the surface, but presented in intact volumes and surfaces. It determines the path the hordes of visitors follow, providing structure and rhythm along the way. Formal details are discretely delegated to the background. Instead of dissecting and analytically deconstructing the existing building substance, Galfetti prefers to translate it into pictorial paraphrases of almost metaphysical poetry.

Today, the "monumentality" of this site lies less in the surviving mediaeval sections of the complex than in the impressive structures created to provide access to the hill. These are the long "Mycenaean" tunnel from the town centre to the lift hidden inside the mountain and the geometric markers of the lift towers at the edge of the castle complex. Not to mention the radical deforestation on the crest of the hill, a kind of symbolic demolition (*sventramento*) of the surroundings for the purpose of revealing and purifying the architectural autonomy of the monument. All this contributes to the singular effect of this spectacular setting, which embodies the character of an entire valley.

Who should, all things considered, receive credit for the UNESCO honour: the Commission for Monument Preservation? Or the 1980s Ticino school of architecture in the role of a Swiss conservatory of typological obsession? In the context of the clearly anti-monumental tone in contemporary "identity" architecture, Ticino architecture may be seen as practising a kind of "cult of the monument", especially from a German Swiss perspective, even in instances where it likes to present itself as modern.

This might have been the end of the story, had there not been a few "afterbirths". The first sprang from the lap of architects Reichlin and Reinhart. Once it had become evident that their elaborate restoration project for the Castelgrande, marked by their admiration for Scarpa, would remain on paper only, they entered into collaboration with Mövenpick. The giant Swiss restaurateur had approached both architects to design a small hotel with

G. B. Piranesi, Veduta del Tempio di Cibele

entrée dans la circulation des images «CH 91». La fière forteresse d'antan, érigée comme protection contre les Confédérés, retrouve une nouvelle vie comme trophée historique de l'imagerie de la Condédération moderne. L'aura des vieux murs se reflète dans la forme éphémère de la tente, et celle-ci évoque de manière visible à tous l'image d'une coupole monumentale. Botta a groupé la forêt de mâts surplombant la tente en la forme d'un périptère. En élevant ce périptère au-dessus de la calotte semi-sphérique, il joint pour les initiés l'évocation du Panthéon à celle du temple de Vesta. Tout ceci à une échelle miniature, une sorte d'édition de poche d'un mémorial national. – Et si une version plus sérieuse de ce symbole, par exemple sous forme d'un nouveau Palais fédéral (que Botta aurait volontiers aussi construit), n'a pas été prise en considération à ce jour, il faut mettre ce fait au compte des constantes du pragmatisme suisse[22].

En revanche, il se dessinait à l'horizon les contours d'une nouvelle Exposition nationale. Encouragés par l'expérience de «CH 91», Botta, Galfetti et quelques autres architectes et intellectuels de la Suisse italienne et de la Suisse française (parmi lesquels l'historien Jean-François Bergier) présentèrent en 1993 une proposition – trop hâtivement écartée – pour l'«Expo 98» alors en discussion, et qui fut par la suite plusieurs fois renvoyée à plus tard. Cela aurait dû être *«la plus grande opération de relations publiques et de promotion touristique jamais mise sur pied»*[23]. Voilà pour ce qui en est du thème architecture nationale et économie politique.

restaurant for the highway service station at "Bellinzona Sud". The result is a delicately proportioned, finely detailed architectural caprice on the theme of the nearby fortifications at Bellinzona. It may be true that, on the highway front, the architects are performing a precarious balancing act between aesthetic refinement and ironic wordplay, between Viollet-le-Duc, Wittgenstein and McDonald's. But on the liberated, classicist east façade, the echo of the unrealized *arsenale* is clearly felt. Galfetti, too, took the opportunity of applying his experience with the mediaeval fortress to the design of two family homes built not far from the Castelgrande, although he never considered including eclectic references to details. With his unique sense for the elegance of laconic form, he restrained himself to simply hinting at a contextual link between the two houses and the nearby fortification by means of succinct cubic shapes and a colour scheme in black and white (in analogy to the "*Torre bianca*" and the "*Torre negra*" of the Castelgrande).

And finally, there is Botta, "our national architect".[20] It is thanks to him that the Castelgrande was consecrated as a national monument in January 1991. It became, so to speak, the "Rütli" of southern Switzerland – at least for a while. The occasion was the seven-hundred-year anniversary of Confederation. Botta's tent for the festivities crowned the complex. The radiating trussed girders form a half circle in silhouette. The girders (thirteen in number, for how else would the required twenty-six flags for each canton and half-canton have been attached?) describe the shape of a dome in the air. A kind of colossal lantern composed of flagpoles tops the structure. The composition evokes cupola and tambour as ephemeral symbols; the roof of the tent itself is attached, like any circus tent, to the underside of the girders in the shape of a conical broach roof.[21]

Overnight "Botta's tent" – a glistening jewel in the austere setting of the fortress – became a visual emblem of "CH 91". The proud fortification, once upon a time erected as protection against the federation, survives as a historic trophy in the image archives of the modern federation. The aura of the ancient walls is reflected in the ephemeral form of the tent, which, in turn, evokes

Castelgrande, Torre Nera – Torre Bianca

Dans au moins deux projets récents de Botta on peut voir la continuation du langage des images de Castelgrande. Tous deux sont liés de près – encore plus que les autres – au double thème dont traite le présent article: l'identité tessinoise et la logique toute puissante du tourisme. Est-ce un hasard si la petite chapelle votive du Mont Tamaro, érigée en 1990–94 à 1600 m d'altitude au sommet d'une ligne téléférique et, en hiver, entourée de pistes de ski, reprend de manière si manifeste les motifs de la construction fortifiée du moyen-âge? Et que cette construction, située à un endroit hautement stratégique, à la frontière psychologique entre *Sopra* et *Sottoceneri*, prend la forme noble d'une grande porte, qui semble relier les deux parties du canton? – Et puis, quoique indirectement parente de Castelgrande, il y a encore dans le même contexte la gigantesque construction en acier peinte en rouge créée par Botta pour la station sud de l'autoroute du Gothard, à Piotta. Comme un grand signe qui prend possession du paysage, elle est pour les automobilistes avant tout une porte symbolique vers le sud. Rossi avait développé une idée semblable lorsqu'il proposait en 1974 de refermer la brèche dans le mur de Bellinzona en y insérant un morceau symbolique de pont de chemin de fer par-dessous lequel se serait déversé le trafic du Gothard.

the image of a monumental cupola for all to see. Botta grouped the forest of flagpoles above the tent in the image of a peripteral. Rising above what is basically a hemispherical cap it creates a bridge, at least in the minds of the initiated, between the memory of the Pantheon and that of the Vestal temple. All this on a miniature scale: a republican low-cost version of a national memorial. That the real thing, a new Federal Parliament, for example (which Botta would also have loved to build), was out of reach at the time, is one of the inevitable peculiarities of Swiss pragmatism.[22]

Still, at least the possibility of a new national exhibition began to rise on the horizon. Encouraged by their experience with "CH 91", Botta, Galfetti and several other architects and intellectuals from the Italian and French sectors of Switzerland (among them the historian Jean-François Bergier) submitted a proposal in 1993 for "Expo 98", a project then under consideration and since repeatedly postponed. Unfortunately the proposal was shelved all too soon. The plan envisioned *"la plus grande opération de relations publiques et de promotion touristique jamais mise sur pied"*[23] – so much for the topic of national architecture and national economics.

The pictorial language of the Castelgrande seems to live on in at least two recent Botta projects. More than any other, they articulate the two principal themes of this essay: the identity of the Ticino region and the determinate logic of tourism. Is it coincidence that the small votive chapel on Monte Tamaro – 1600 m above sea level, built in 1990–94 with cable car access and surrounded by ski slopes in winter – incorporates motifs from mediaeval castle styles with such emphasis? Or that the design translates these motifs into the dignified form of a large gateway, which seems to mediate between the two sections of the canton at this strategically important location, the psychological border between *Sopra-* and *Sottoceneri*? – Although only indirectly related to the Castelgrande, the giant, red framework above Botta's highway restaurant at the southern base of the St. Gotthard pass near Piotta fits into the same context. Dominating the landscape, it functions as a symbolic gate to the South for motorists. Rossi developed a similar idea in 1974 with his proposal to bridge the gap in Bellinzona's

L. Vacchini, Piazza del Sole, 1981–1998

Toutefois, c'est à la ville même de Bellinzona qu'il appartint de faire l'apport final – et révélateur de toute l'opération – à la *faccenda Castelgrande* et ceci sous la forme d'un garage souterrain de trois étages creusé juste au pied de la forteresse. Il appartient au *genius loci* de cette ville d'avoir réussi à faire de cette installation souterraine – donc par définition invisible – une «cinquième façade» inscrite dans le paysage, et d'un panache architectural considérable. Une place constituée de plaques de béton clair, parsemée d'un motif de confetti de carrés de marbre noir, et bordée aux quatre coins de pavillons d'accès au garage, conçue par Livio Vacchini. De par son échelle, elle n'est manifestement pas destinée à s'orienter vers la vieille ville toute proche. La stéréométrie de cette place avec ses quatre «blocs» – vestiges du glacier qui laissa en se retirant il y a 200 000 ans la montagne pelée dans sa forme actuelle? – semble avant tout présenter le front à la puissante forteresse qui la domine. Nous apprenons de l'architecte lui-même que la forme des pavillons définit idéalement la forme d'un coin dont la pointe est située au niveau inférieur du garage.

Quelques mètres à peine séparent la sortie piétonnière sud-ouest du garage de l'entrée vers les ascenseurs, qui vont permettre au visiteur d'atteindre en quelques secondes le *cortile* de la forteresse. Ainsi le touriste pressé pourra en quelques minutes faire la conquête du château, avant de reprendre sa route vers le sud, et de s'acheminer vers les «vrais» châteaux italiens.

city wall with a symbolic section of an iron bridge, with the stream of traffic over the St. Gotthard thundering past beneath it.

However, the most important postscript, and simultaneously the key to the *"faccenda Castelgrande"* (in nearly every regard), has been realized by the town of Bellinzona itself, namely in the shape of a three-storey car park at the foot of the cliff. It is part of the city's *genius loci* that this subterranean, and in principle invisible, urban structure should present a "fifth façade" of considerable architectural panache to the city and to the surrounding landscape. It consists of a staggered, white concrete slab with a confetti pattern of square marble panels, and massive entrance and exit pavilions at all four corners (architect: Livio Vacchini). It is evident that the scale of the installation has little to do with the nearby town centre. The imbalance in the stereometry of the four enormous "boulders" (leftovers of the same glacier, which, some 200,000 years ago, created the gneiss cone we see today?) seems to challenge the powerful cliff on which the fortress is perched. The architect informs us that the shape of the pavilions could be expanded in the mind's eye into wedges whose tips mark the lowest level in the car park.

Only a few metres separate the south-western pedestrian exit and the gate to the elevator, which transports visitors to the castle's *cortile* in a matter of seconds. Thanks to this feature, today's tourists, always in a rush, can "conquer" the ancient fortification in a few minutes, on their way to the south, to the "true" castelli in Italy.

1 «Tre castelli als Weltkulturerbe», *Neue Zürcher Zeitung*, 1ᵉʳ décembre 2000. Voir aussi C. Leutwyler, «Erkannt, dass Monumente leben müssen», *Tages-Anzeiger*, Zurich, 27 avril 2000; ainsi que «Chancen für Burgen von Bellinzona. Positive Empfehlung für Unesco-Liste», *Neue Zürcher Zeitung*, 3 juillet 2000.

2 Aurelio Galfetti, «Die Restaurierung des ‹Castelgrande› in Bellinzona», *Der Architekt* 11 novembre 1989, pp. 560 ss; Paolo Fumagalli, «Felsenfest», *Deutsche Bauzeitung*, 4 avril 1990, pp. 50–55; Claudio Negrini, «Il restauro di Castelgrande», *Rivista Tecnica*, n° 12, 1991, pp. 11–50; Frank R. Werner, «Das Castelgrande in Bellinzona. Aurelio Galfettis Umbau einer Tessiner Burganlage», *Bauwelt*, n° 40, 25 oct.1991, pp. 2151–2159; «Castello Grande», *Décors. Architecture et art de vivre*, n° 972, sept.1991, pp. 134–137; «Invertista ad Aurelio Galfetti», *Rivista Tecnica* (numéro spécial «Il Restauro di Castelgrande»), n° 12, 1991, pp. 17–19; Pier Angelo Donati, *Bellinzona – Castel Grande. Die Geschichtlichkeit des Denkmals im Restaurierungsprozess*, Berne, Nike/BAK, 1993, pp. 14–19, de même que Cesare De Seta, «Un interno lieve e sensibile. A Light Responsive Interior» in *Ottagono*, n°115, juin - août 1995, pp. 88–93.

3 A propos des bâtiments du Castelgrande de Bellinzona, voir Virgilio Gilardoni, *Inventario delle cose d'arte e dell'antichità. Distretto di Bellinzona*, Bellinzona, Edizioni dello Stato 1955, et Werner Meyer, *Il Castel Grande di Bellinzona. Rapporto sugli scavi e sull'indagine muraria del 1967*, Olten, Walter Verlag, 1976; ib., *I castelli di Bellinzona*, Zurich, Edizioni Svizzere per la gioventù, 1996. Au sujet des restaurations, voir avant tout Pier Angelo Donati, «Bellinzona – Castel Grande», in *Die Geschichtlichkeit des Denkmals im Restaurierungsprozess*, Bern, Nike/BAK, 1993, pp. 14–19; en outre, la déclaration de Georg Germann in auteurs variés, «‹Hosianna› – oder Barbarei? Bruchstücke eines Gesprächs über drei exponierte Schweizer Bauveränderungen», *werk archithese*, n° 26/27, 1979, pp. 37–47.

4 Voir Bruno Reichlin et Fabio Reinhart, «Castello di Montebello, Bellinzona; zur Architektur der Restaurierung», *Werk* n° 5, 1975, pp. 481–486. Donati date le projet dans les années 1974–1978 («Bellinzona – Castel Grande», op.cit.).

5 Bruno Reichlin et Fabio Reinhart, «Progetto di restauro di Castel Grande», *Casabella*, n° 430, 1977, pp. 51–55.

6 Celles-ci avaient notamment apporté la preuve qu'à l'époque néolithique, le *castello* n'avait pas été une simple place de défense mais un centre habité, avec maisons et église; voir Werner Meyer, *Il Castel Grande di Bellinzona...*, op.cit.

7 La plupart des arguments pour ou contre la restauration et la reconstruction ont été, autour de 1900, discutés par des auteurs tels qu'Aloïs Riegl et Georg Dehio. Voir Françoise Choay, *L'Allégorie du patrimoine*, Paris, Editions du Seuil, 1992. En ce qui concerne l'état de la discussion dans l'Europe germanophone et en Suisse, voir par exemple Norbert Huse, *Denkmalpflege, Deutsche Texte aus drei Jahrhunderten*, Munich, 1984 et Albert Knoepfli, «Schweizerische Denkmalpflege. Geschichte und Doktrinen», in *Beiträge zur Geschichte der Kunstwissenschaft in der Schweiz*, vol. 1, Jahrbuch des Schweizerischen Instituts für Kunstwissenschaft, 1970–1971, Zurich, 1972; entre autres le chapitre 2, «Rekonstruktion, Nachschöpfung, Verflechtung und freie Schöpfung», pp. 79–124. Quant à l'actualité des controverses menées par Riegl et Dehio, voir Françoise Choay, *L'allégorie du patrimoine*, op. cit., pp. 157 ss.; Georg Mörsch, «...und heute? Georg Dehio und Alois Riegl, 1987 gelesen», in ib. (éditeur) *Restaurieren. Streitschriften zur Denkmalpflege um 1900*, Braunschweig-Wiesbaden, Vieweg, pp. 120–125, de même que Marion Wohlleben, *Konservieren oder Restaurieren?*, Zurich, vdf, 1989.

8 La stratégie de la «lisibilité» a ses prémices chez les modernes classiques. En fait Le Corbusier n'avait pas agi autrement (voir Plan Voisin, 1925) avec le Louvre et la porte Saint-Denis, ni Hilberseimer avec le Théâtre de Schinkel, le Dôme allemand et le Dôme français (Projet Friedrichstadt, Berlin, 1928). Dans tous ces cas, le «monument» est défini comme une entité abstraite, en opposition avec un «présent» non moins prétendument absolu. Au sujet de cette problématique, voir S. Von Moos, «Le Corbusier, the Monument and the ‹Metropolis›.», *"D" Columbia Documents of Architecture and Theory*, n° 2, 1993, pp. 115–136.

9 Bruno Reichlin et Fabio Reinhart, «Progetto di restauro di Castel Grande», op.cit., p. 52.

10 Aldo Rossi, *L'Architettura della città*, Padoue, Marsilio, 1966. Aldo Rossi (1931–1997) fut de 1972 à 1974 professeur invité à l'ETH de Zurich; Bruno Reichlin et Fabio Reinhart faisaient partie de ses assistants.

11 Pour ne pas omettre de préciser que dans le contexte d'une telle reconstruction il était à éviter de manière stricte toute «falsification intégrale»; la tâche de la restauration consistait bien davantage à mettre en évidence de manière clairement lisible les différentes étapes des interventions. Voir Aldo Rossi, «Progetto di collegamento delle mura al Portone. Progetto architettonico: Aldo Rossi, Bruno Reichlin, Fabio Reinhart», *Casabella*, n° 430, 1977, p.56.

1 "Tre castelli als Weltkulturerbe", *Neue Zürcher Zeitung*, December 1, 2000; see also C. Leutwiler, "Erkannt, dass Monumente leben müssen", *Tages Anzeiger*, Zurich, April 27, 2000; and "Chancen für Burgen von Bellinzona. Positive Empfehlung für Unesco-Liste", *Neue Zürcher Zeitung*, July 3, 2000.

2 Aurelio Galfetti, "Die Restaurierung des 'Castelgrande' in Bellinzona", *Der Architekt*, November 11, 1989, pp. 560f.; Paolo Fumagalli, "Felsenfest", *Deutsche Bauzeitung*, April 4, 1990, pp. 50–55; Claudio Negrini "Il restauro di Castelgrande", *Rivista Tecnica,* no. 12, 1991, pp.11–50; Frank R. Werner, "Das Castelgrande in Bellinzona. Aurelio Galfettis Umbau einer Tessiner Burganlage", *Bauwelt,* no. 40, October 25, 1991, pp. 2152–2159; "Castello Grande", *Décors. Architecture et Art de Vivre,* no. 972, September 1991, pp. 134–137; "Intervista ad Aurelio Galfetti", *Rivista Tecnica,* special issue "Il Restauro di Castelgrande", no. 12, 1991, pp. 17–19; Pier Angelo Donati, *Bellinzona – Castel Grande. Die Geschichtlichkeit des Denkmals im Restaurierungsprozess*, Berne, Nike/BAK, 1993, pp. 14–19 and Cesare de Seta, "Un interno lieve e sensibile / A Light Responsive Interior", *Ottagono,* no. 115, July – August 1995, pp. 88–93.

3 The most important studies on the history and buildings of the Castelgrande in Bellinzona are by Virgilio Gilardoni, *Inventario delle cose d'arte e dell'antichità. Distretto di Bellinzona,* Bellinzona, Edizioni dello Stato, 1955, and Werner Meyer, *Il Castel Grande di Bellinzona. Rapporto sugli scavi e sull'indagine muraria del 1967*, Olten, Walter Verlag, 1976; ibid. *I castelli di Bellinzona,* Zurich, Edizioni Svizzere per la gioventù, 1996. – On the various restorations, the principal and best source is by Pier Angelo Donati, "Bellinzona – Castel Grande", in *Die Geschichtlichkeit des Denkmals im Restaurierungsprozess*, Berne, Nike/BAK, 1993, pp. 14–19; furthermore, the collected dialogues by Georg Germann in Various Authors: "'Hosianna' – oder Barbarei? Bruchstücke eines Gesprächs über drei exponierte Schweizer Bauveränderungen", *werk.archithese,* no. 26/27, 1979, pp. 37–47.

4 See Bruno Reichlin and Fabio Reinhart, "Castello di Montebello, Bellinzona: zur Architektur der Restaurierung", *Werk,* no. 5, 1975, pp. 481–486. – Donati establishes the project as dating from 1974 to 1978 ("Bellinzona – Castel Grande", op. cit.)

5 Bruno Reichlin and Fabio Reinhart, "Progetto di restauro di Castel Grande", in *Casabella* no. 430, 1977, pp. 51–55.

6 They had delivered proof, among other issues, that the Castello had been erected in the neolithic period not only as a fortification, but as a fully integrated urban settlement complete with church and residential buildings; see Werner Meyer, *Il Castel Grande di Bellinzona*, op. cit.

7 Most arguments for and against restoration and reconstruction still valid today were developed around 1900 by authors such as Alois Riegl and Georg Dehio. The best overview is found in Françoise Choay, *L'allégorie du patrimoine*, Paris, Editions du Seuil; for a background on the discussion in German-speaking Europe and in Switzerland, see, for example, Norbert Huse, *Denkmalpflege. Deutsche Texte aus drei Jahrhunderten*, Munich, 1984, and Albert Knoepfli, "Schweizerische Denkmalpflege. Geschichte und Doktrinen", in *Essays on Swiss Art History,* Vol. 1; Yearbook of the Swiss Institute for Art History, 1970/71) Zurich, 1972; especially chapter 2, "Rekonstruktion, Nachschöpfung, Verflechtung und freie Schöpfung", pp. 79–124. – With regard to the contemporary relevance of Riegl's and Dehio's debates and controversies see Françoise Choay, *L'allégorie du patrimoine*, op. cit., pp. 157ff, Georg Mörsch, "...und heute? Georg Dehio und Alois Riegl, 1987 gelesen", in ibid. (Ed.), *Georg Dehio, Alois Riegl. Konservieren, nicht restaurieren. Streitschriften zur Denkmalpflege um 1900*, Braunschweig /Wiesbaden, Vieweg, pp. 120–125 as well as Marion Wohlleben, *Konservieren oder Restaurieren?*, Zurich, vdf, 1989.

8 The premise for the strategy of "readability" is found in classic modernism. Le Corbusier (see: Plan Voisin, 1925) treated the Louvre and the Porte Saint-Denis in much the same manner – as did Hilberseimer with Schinkel's Schauspielhaus, the German and the French Dome (Friedrichstadt Project, Berlin, 1928). In each of these cases, the historic "monument" is defined as an abstract that is juxtaposed with a presumably no less absolute "present". On the same topic, see also S. von Moos, "Le Corbusier, the Monument and the Metropolis" *"D"*, *Columbia Documents of Architecture and Theory*, no. 2, 1993, pp.115–136.

9 Bruno Reichlin and Fabio Reinhart, "Progetto di restauro di Castel Grande", op. cit., p. 52.

10 Aldo Rossi, *L'Architettura della città*, Padua, Marsilio, 1966; *The Architecture of the City,* New York, Opposition Books, 1982. Rossi (1931–1997) was a guest lecturer at the ETH in Zurich from 1972 to 1974, where Bruno Reichlin , Fabio Reinhart , and others were his assistants.

11 Not without specifying that "integral falsification" must be avoided at all cost in the context of such reconstruction; instead, restoration should always maintain a clear separation between each phase of intervention to ensure that each remain clearly legible. See Aldo Rossi, "Progetto di collegamento delle mura al Portone. Progetto architettonico: Aldo Rossi, Bruno Reichlin, Fabio Reinhart", *Casabella*, no. 430, 1977, p. 56.

12 Sur le concept de «permanence» voir encore Aldo Rossi, *L'Architettura della città*. Dans son commentaire au projet pour Bellinzona, Rossi s'appuie explicitement sur Paul Hofer, son collègue à l'ETH de Zurich, occupant la chaire d'histoire de l'urbanisme. En rapport avec ses recherches sur le développement urbanistique de Berne et d'Aarberg, Hofer avait montré que les tracés de route et les murs de la ville constituent une donnée continue dans le dévelopement d'une ville, survivant aux styles et aux époques, «*come la permanenza topografica sia il più solido concetto della permanenza storica nell'evoluzione della forma*», (Aldo Rossi, «Progetto di collegamento delle mura al Portone...», op.cit.).
13 Ibid.
14 Naturellement ceci valait déjà pour la construction du musée dans le château de Montebello par Campi, Pessina et Piazzoli (voir plus haut).
15 Un exemple caratéristique de l'influence du Castelvecchio – du moins au nord des Alpes – en est l'exposition montée par Friedrich Kurrent en 1978, «Neues Bauen in alter Umgebung», dont le catalogue montre sur sa couverture un détail du Castelvecchio. Voir *Neues Bauen in alter Umgebung*, Munich, Bayerische Architektenkammer und Neue Sammlung, 1978.
16 Alberto Grimoldi, «I restauri di Carlo Scarpa. Una nuova valutazione», *Werk, Bauen+Wohnen*, n° 5, 2000, pp. 18–23.
17 Vittorio Gregotti, «Bellinzona: architettura per la città antica», *Casabella*, n° 430, 1977, p. 50. Selon Gregotti, la «conservation des monuments» consiste principalement à confronter le matériel existant avec un langage formel cohérent et moderne, car ce n'est que par cette confrontation que le monument peut constituer sa signification comme porteur de signification collective. Par conséquent, aujourd'hui, «*même la simple possibilité d'une copie de style*» doit être catégoriquement écartée. En prenant l'exemple de Castelgrande, Gregotti fait la critique globale du concept d'«analogie» de Rossi: il est impossible, «*dans le contexte des positions théoriques actuelles de penser pouvoir retrouver et encore moins recréer la sensibilité d'un langage architectural du passé, qui serait comme une somme ou comme la traduction des langages architecturaux d'un certain nombre de monuments...*»
18 Le fait que ce furent surtout les remarques critiques de la réaction de Scarpa qui transparurent publiquement doit être mis en relation avec l'intention de la part du commanditaire d'abandonner le projet, du moins sous la forme proposée. D'autres détails de l'opinion de Scarpa ne sont pas connus.
19 A Angelo Donati, le conservateur cantonal, il est reproché d'avoir de concert avec Alfred A. Schmid, le président de la Commission fédérale pour la conservation des monuments, organisé les visites de chantier de telle manière qu'il n'y avait plus de temps pour visiter Castelgrande. Aurelio Galfetti ne cache pas ses difficultés avec la Commission: «*Sono* [...] *convinto che cambiando la destinazione di un qualsiasi monumento, automaticamente occorre modificarne conseguemente lo spazio. Ciò è particolarmente difficile, per non dire impossibile, nei restauri controllati dalla Commissione federale*» (voir Claudio Negrini. «Il restauro di Castelgrande», *Rivista Tecnica*, n° 12, 1991, pp. 11–50). Dans les actes d'un colloque sur la conservation des monuments en Suisse, tenu à Castelgrande peu de temps après (1992), de tels conflits ne sont plus mentionnés (*Die Geschichtlichkeit des Denkmals im Restaurierungsprozess. La dimension historique du monument dans le processus de restauration*, Berne, NIKE, 1993).
20 Voir «Mario Botta – unser Nationalarchitekt?», *Tages-Anzeiger*, Zurich, 7 septembre 1991, ou «Botta national», *Hochparterre*, n° 10, Zurich, 1991, pp. 82–83.
21 Pour une documentation circonstanciée voir Tita Carloni, Jacques Pilat et Harald Szeemann, *Mario Botta: La Tenda/Das Zelt/la Tente*, Bellinzona – Zurich, Edizioni Casagrande – Verlag für Architektur, 1991; voir également S.von Moos, «Urbanistica virtuale. Due quasi monumenti di Mario Botta», in G. Cappellato (ed.), *Borromini sul lago. Mario Botta: La rappresentazione lignea del San Carlo alle Quattro Fontane a Lugano*, Genève – Milan – Mendrisio, Skira – Accademia di architettura, 1999, pp. 33–37.
22 Au sujet de la proposition de Botta pour l'aggrandissement du Palais fédéral, voir Bernhard Furrer, «Mit oder gegen die Stadt? ‹Machbarkeitsstudien› zur Bundeshauserweiterung in Bern», *Werk, Bauen+Wohnen*, n° 1/2, 1992, Zurich, pp. 10–23
23 Voir Canton Ticino (ed.), *SUISSE. Les nouvelles frontières*, Bellinzona, 1993, p. 3. Sur l'histoire et l'analyse de ce projet d'exposition je possède un travail de séminaire de Giovanni Carmine, Université de Zurich, 2000; il n'existe pas de littérature sur ce thème.

12 On "permanence", see Rossi's seminal *L'Architettura della città*, Eng: *The Architecture of the City*, op. cit, pp. 57–61 (in the English edition), "Monuments and the Theory of Permanences". In his commentary on the Bellinzona project, Rossi supports his arguments by referring expressly to Paul Hofer, his colleague at the ETH in Zurich and chair of History of Urban Planning. Hofer, Rossi contends, was able to show in his studies on urban planning in Berne and Aarberg that road systems and city walls constitute a permanence in the fabric of a city that survives changes in style, thus demonstrating "come la permanenza topografica sia il più solido concetto della permanenza storica nell'evoluzione della forma". ["*...how topographical permanence is perhaps the most lasting concept of historical continuity in the evolution of form.*"] Aldo Rossi, "Progetto di collegamento delle mura al Portone ...", op. cit.
13 Ibid.
14 Naturally, this applies equally to the museum project at the Castello Montebello by Campi, Pessina and Piazzoli (see above).
15 The exhibition "Neues Bauen in alter Umgebung" curated by Friedrich Kurrent circa 1978, provides a typical example of the cultural impact of the Castelvecchio. The catalogue cover features a detail view of the Castelvecchio. See *Neues Bauen in alter Umgebung*, Munich, Bayerische Architektenkammer und Neue Sammlung, 1978.
16 Alberto Grimoldi, "I restauri di Carlo Scarpa. Una nuova valutazione" *Werk, Bauen+Wohnen*, 2000, no. 5, pp. 18–23.
17 Vittorio Gregotti, "Bellinzona: architettura per la città antica", *Casabella,* no. 430, 1977, p. 50. "Monument conservation", Gregotti argued, consists basically in confronting the extant with a coherent modern formal language, because the monument can only reveal itself as a carrier of collective significance through the confrontation with this formal language. Hence, one must today veto "*even the mere potential of stylistic copying.*" Gregotti then uses the "case" of the Castelgrande as a pretext for a sweeping criticism of Rossi's concept of "analogy". It is impossible, he argues, "*in the context of contemporary theories to even consider any form of architectural recreation of the artistic intent of a specific era or, more particularly, of imagining that one could invent an architectural vocabulary that would represent a kind of sum or translation of the unique characteristics shared by a given number of monuments...*"
18 The fact that especially those passages of Scarpa's report which dealt critically with Reichlin & Reinhart's project have been leaked to the public is probably a result of the client's intent of shelving the project in its proposed form. Details of Scarpa's stated opinion are not known.
19 Angelo Donati, the Cantonal Commissioner of Monument Conservation, is rumoured to have deliberately organised tours of building sites in the Ticino undertaken with the president of the EKD (Federal Commission of Monument Preservation) on a schedule that left no time for a visit to the Castelgrande. Galfetti makes no secret of the difficulties with the Federal Commission for Monument Preservation: "*Sono* [...] *convinto che cambiando la destinazione di un qualsiasi monumento, automaticamente occorre modificarne conseguentemente lo spazio. Ciò è particolarmente difficile, per non dire impossibile, nei restauri controllati dalla Commissione Federale*" [trans.: "*I am convinced* [...] *that when the vocation of a monument is changed, then automatically the space needs to be changed as well. This is particularly difficult, if not to say impossible, in the case of restoration projects controlled by the Federal Commission.*"] See Claudio Negrini, "Il restauro di Castelgrande", *Rivista Tecnica*, no. 12, 1991, pp. 11–50. – The minutes of a seminar held soon after, in 1992, by Swiss monument conservationists at the Castelgrande, no longer make any mention of such conflicts (*Die Geschichtlichkeit des Denkmals im Restaurierungsprozess. La dimension historique du monument dans le processus de restauration*, Berne, NIKE, 1993).
20 See "Mario Botta – unser Nationalarchitekt?", *Tages-Anzeiger*, Zurich, September 7, 1991 or "Botta national", *Hochparterre*, no. 10, 1991, Zurich, pp. 82–83.
21 For extensive documentation of this topic, see Tita Carloni, Jacques Pilat and Harald Szeemann, *Mario Botta: La Tenda / Das Zelt / La Tente*, Bellinzona/Zurich, Edizioni Casagrande/Verlag für Architektur, 1991; see also S. von Moos, "Urbanistica virtuale. Due quasi monumenti di Mario Botta", in G. Cappellato (ed.), *Borromini sul lago. Mario Botta: La rappresentazione lignea del San Carlo alle Quattro Fontane a Lugano*, Geneva – Milan – Mendrisio, Skira/Accademia di architettura, 1999, pp. 33–37.
22 On Botta's proposal for an expansion of the parliament building, see Bernhard Furrer, "Mit oder gegen die Stadt? 'Machbarkeitsstudien' zur Bundeshauserweiterung in Bern", *Werk, Bauen+Wohnen*, no. 1/2, 1992, Zurich, pp. 10–23.
23 Transl: "*a public relations campaign and tourist promotion on an unprecedented scale...*" See Canton Ticino (ed.), *SUISSE. Les nouvelles frontières*, Bellinzona, 1993, p. 3. For a history and analysis of this Expo project, I refer to a paper by Giovanni Carmine, Zurich University, 2000; there are no sources on this topic.

PERSPECTIVE ET PAYSAGE

La construction d'un espace problématique

PERSPECTIVE AND LANDSCAPE

Constructing A Problematic Space

Joseph Abram

Selon quels axes problématiques s'orientent les réflexions architecturales ? Cette question est posée de façon permanente par quiconque considère l'architecture comme discipline spécifique. Joseph Abram aborde la question du paysage, comme nouveau référent qui oblige à reconsidérer les stratégies propres de l'architecture. A travers l'exemple de Diener & Diener et celui de Livio Vacchini, deux attitudes se découvrent, qui ne dissolvent pas l'architecture dans le paysage, mais confèrent aux bâtiments une exceptionnelle présence.

In this essay, Joseph Abram tackles the issue of landscape, examining it from a new angle and encouraging us to reassess architectural strategies. Citing works by Diener & Diener and Livio Vacchini, he turns the lens on two approaches whose underlying aim is not to fade architecture into the landscape but conversely, to make buildings that have a strong physical impact.

Lors d'une conférence donnée à Zurich, en octobre 1996, Roger Diener rappelait l'impact de l'œuvre d'Aldo Rossi sur les architectes de sa génération. Il évoquait son admiration d'étudiant pour l'opération de logements du Gallaratese à Milan (qui avait pour lui la valeur d'une icône), ainsi que l'influence de Luigi Snozzi (son professeur à l'EPFZ) et de Mario Botta, dont l'école de Morbio Inferiore constituait, au milieu des années soixante-dix, un encouragement (→ pp. 52–53): il y avait non seulement la qualité intrinsèque de l'œuvre (avec ses références aux projets de Louis Kahn et de Le Corbusier), mais aussi l'idée selon laquelle l'architecture devait redevenir un métier. Le contexte intellectuel dans lequel Roger Diener a fait ses études à Zurich a beaucoup compté dans ses choix ultérieurs et dans l'orientation future de son agence. Les théories de Rossi sur la ville offraient un cadre de référence solide, tandis que les débuts des Tessinois sur la scène internationale annonçaient un retour à l'édification. Ce cheminement est significatif. Il implique les changements qui se sont produits dans la sphère du projet au cours des années soixante-dix, changements qui ont engendré en Suisse, à travers un processus collectif complexe, un espace problématique parmi les plus riches qu'ait connu l'architecture depuis le brutalisme.

L'architecture vue de l'intérieur

Cet espace (dans lequel continuent d'évoluer aujourd'hui les meilleures agences) résulte d'un étrange feuilletage, où se sont superposées, par vagues successives, des couches culturelles issues d'univers historiques différents. Aux strates déposées par Rossi se sont bientôt ajoutées celles de Robert Ventu-

At a conference held in Zurich in October 1996, Roger Diener recalled the impact of Aldo Rossi's work on the architects of his generation. He spoke of the iconic admiration he had felt as a student for the Gallaratese housing scheme in Milan, and of the influential role that Luigi Snozzi – his professor at EPFZ – was to play in his architecture. He spoke too of Mario Botta's Morbio Inferiore school built in the mid-seventies which many perceived as a symbol of hope (→ pp. 52–53), for aside from the building's intrinsic qualities (containing references to Louis Kahn and Le Corbusier) it clearly conveyed that it was high time architecture became a true profession once again. The intellectual backdrop to Roger Diener's studies in Zurich would thus prove central to his future career and to the course he has since mapped out for his architectural office. Rossi's theories on towns and cities provided him with a solid frame of reference at a time when the canton of Ticino was making its debut in the international arena of architecture. Not only did this debut mark a refocusing on the art of building, it also spawned major changes during the 1970s within the architectural sphere – changes that set in motion a complex, collective process in Switzerland, sowing the seeds of a problematic architectural terrain but one which has nonetheless yielded the richest crop since Brutalism.

Architecture Seen From Within

This terrain (which continues to nurture some of the best architectural offices) has produced a strange blend of

ri, puis un ensemble de références à Adolf Loos, Karl Moser, Walter Gropius, Hannes Meyer, Otto Rudolf Salvisberg, Hans Bernoulli, etc. Des articulations nouvelles ont ainsi vu le jour. Porté par son propre rapport à Loos, l'univers de Rossi s'est trouvé infléchi vers des segments poétiques et rationnels en provenance des traditions modernes suisses et allemandes. Et ceci s'est produit avec d'autant plus de justesse que rien n'a été historiquement forcé. La présence de Rossi à Zurich relevait elle-même d'une causalité organique: au-delà des raisons conjoncturelles, les motivations qui avaient poussé deux Tessinois, Bruno Reichlin et Fabio Reinhart, à convaincre Bernhardt Hoesli et d'autres professeurs de l'EPFZ d'inviter Rossi à Zurich étaient, à bien y réfléchir, liées à l'horizon théorique en cours de formation. Reichlin, qui avait travaillé, dès 1965, sur l'architecture allemande, participait, dans la mouvance de l'Institut d'Histoire et Théorie de l'EPFZ, aux prémices d'un vaste mouvement de réévaluation de l'architecture moderne. Dans le cadre de cet institut, qui avait recueilli les archives de Sigfried Giedion et des CIAM, il s'intéressait à Hans Schmidt, Rudolf Steiger, Hans Hofmann, Alfred Roth et Otto Rudolf Salvisberg. L'intérêt pour cette «modernité objective» a contribué au basculement des problématiques de projet vers un nouvel espace théorique. Un des moments-clés de ce basculement coïncide avec la réception en Suisse alémanique des premiers travaux de l'école tessinoise. Les débats qui ont accompagné l'exposition *Tendenzen. Neuere Architektur im Tessin* ont révélé la cohérence de cette école, mais aussi, pour la génération plus jeune, les conditions de son dépassement. Il suffit de relire l'article publié en 1976 par Bruno Reichlin et Martin Steinmann dans le n° 19 de la revue *archithese* pour se faire une idée assez précise des enjeux de la période. L'analyse des positions de Hans Schmidt, Georg Luckacs et Roman Jackobson sur le réalisme définit une nouvelle exigence: on ne saurait réduire l'art à l'idéologie en projetant sur lui un point de vue extérieur. Il faut désormais explorer son intériorité. Cette thèse est reprise avec force par les deux auteurs dans la polémique qui les oppose, quelques mois plus tard, à Francesco Dal Co à propos du statut de la production tessinoise. Leur réponse à l'article publié par Dal Co dans *L'Architecture d'aujourd'hui* (n° 190, avril 1977) est sans ambiguïté. Elle se fonde sur les positions de Brecht, qui déclare que pour apprécier une œuvre, il faut se mettre soi-même en état de produire: «*Brecht exige qu'on parle de la construction d'un roman ou d'une pièce d'une façon*

Diener & Diener, Immeuble Kohlenberg, Bâle / Kohlenberg building, Basel

cultural strata representing different historic worlds. First, there were the layers formed by Rossi which were swiftly added to by Robert Venturi; then came an ensemble of references to Adolf Loos, Karl Moser, Walter Gropius, Hannes Meyer, Otto Rudolf Salvisberg, Hans Bernoulli and so forth. New links and connections were thus forged. Borne along by his affinity with Loos, Rossi focused on the poetic and rational ingredients of Swiss and German modernism in an act that was rendered particularly legitimate given that nothing was forced – it was just a case of history unfolding naturally. The very fact that Rossi came to Zurich in the first place was in itself part of nature's course, for beyond broader considerations, the reason Bruno Reichlin and Fabio Reinhardt (two Ticino-born architects) urged Bernhardt Hoesli and other professors at the EPFZ to invite Rossi to Zurich was that they saw what was being sketched out on the horizon. Reichlin was a member of the Institute of History and Theory at the EPFZ and as such was involved in the premises of a vast movement dedicated to reassessing modern architecture. Under the banner of the Institute, which had become home to the archives of Siegfried Giedion and the CIAM, Reichlin centred on the work of

aussi technique que de la construction de ponts. Il nous faut exiger maintenant que l'on parle d'architecture d'une manière aussi technique que Brecht de ses œuvres»[1]. En un mot, la critique doit devenir productive et, n'en déplaise aux scientistes, c'est le même savoir qui vaut pour l'histoire et pour la fabrication. Ici réside, paradoxalement, le sens caché du recentrement sur la discipline revendiqué plus tard par la jeune génération. Il ne s'agit pas simplement de bâtir, car la discipline suppose la mémoire. Mais celle-ci ne peut plus se contenter de stèles verbeuses érigées en hommage au passé. La mémoire se construit par un travail acharné à l'intérieur des œuvres. Il faut en re-créer les dispositifs théoriques et les redéployer.

Ce travail concret dans la substance des œuvres engendre des segments problématiques qui, de proche en proche, constituent le tissu conjonctif où prend corps la contemporanéité. C'est de cette territorialité abstraite, construite au sein de la discipline (et non d'un quelconque régionalisme) qu'est né le processus historique qui a transformé le territoire de la Suisse en un laboratoire. Le rôle joué par l'atelier Diener & Diener a été décisif. En regard des références collectives, il a placé, dès la fin des années quatre-vingt, des œuvres compactes issues d'un embrayage maximal entre théorie et fabrication. Il s'est engagé dans des formulations tendues, hors de portée des précédents dont lui-même s'inspirait. Si l'exemple tessinois a aidé au rétablissement de la confiance dans le projet (comme outil de l'édification), c'est la tradition de la *Neue Sachlichkeit* qui, en fournissant les moyens projectuels d'un traitement «objectif» de la complexité, a été le vecteur de la nouveauté. En parcourant, d'œuvre en œuvre, cet axe théorico-pragmatique, l'atelier Diener & Diener a contribué, au même titre que les architectes les plus inquiets de la génération précédente (comme Livio Vacchini) à la mise en place d'un espace problématique contemporain.

Les objets-paysages: Diener & Diener

Plutôt que de décrire la diversité des pratiques à l'intérieur de ce nouvel espace (que nous avons qualifié ailleurs de «post-kahnien»[2]), il nous semble préférable de ne traiter ici que d'une seule question, celle du «paysage», mais en la mettant en rapport avec deux mondes qui enveloppent l'architecture comme s'ils lui étaient inhérents, celui de la «perspective» et

Hans Schmidt, Rudolf Steiger, Hans Hofmann, Alfred Roth and Otto Rudolf Salvisberg. This interest in "objective modernity" contributed to a shift in focus whereby preoccupation with the problematics of design was usurped by the devising of a new theoretical framework. It is of no minor importance that this shift occurred at a time when the early works of the Ticino School were making a mark on German-speaking Switzerland, mainly through an exhibition entitled *Tendenzen. Neuere Architektur im Tessin*. The debates that took place around this exhibition revealed a coherence of thought within the school, but also unveiled frustration among the younger generation. One need only read an article published in issue 19 of *archithese*, dated 1976 and written by Bruno Reichlin and Martin Steinmann, to grasp the thrust of the challenges being faced during that period; analyzing ideas on realism expounded by Hans Schmidt, Georg Luckacs and Roman Jackobson, the authors drew up new parameters seated in the assumption that we cannot turn art into ideology simply by injecting it with an outside viewpoint. Instead, we must explore its inner depths. The same two authors returned to this theme several months later in forceful response to Francesco Dal Co's article in *L'Architecture d'aujourd'hui* (no. 190, April 1977) which addressed the nature of Ticino building output. The reply formulated by Reichlin and Steinmann was totally unambiguous. It was grounded in views elucidated by Brecht, who declared that to appreciate a work, one must put one's very self in production mode: *"Brecht insists that we speak of building a book or a play using the same technical language as if speaking of building bridges. It is now up to us to insist that we speak of architecture using the same technical language as Brecht when speaking of his own works."*[1] In sum, the critic has to become productive, for whether scientists like it or not, knowing about history and knowing how to create are part and parcel of the same process. Such thinking underlies the actions later taken up by the younger generation in their refocusing of architecture. It is no longer simply a question of building, for the discipline of architecture presupposes memory and remembrance of the past. Yet this memory must no longer be founded on verbose steles erected in tribute to bygone

T. O'Sullivan, Tufa Domes, Photographie et photolithographie/Photograph and photo-lightography

celui de la «construction» (de la représentation de la construction). Si la question du paysage est devenue cruciale, c'est précisément parce qu'elle déforme ces deux mondes réputés hyper-stables. Le paysage porte en lui la transformation. Il enregistre le mouvement (induit par l'expansion de la production) vers un univers de plus en plus artificiel. Dès les années soixante, les théories américaines de la complexité ont pressenti, à travers leur valorisation des zones suburbaines dénigrées, ce glissement inexorable du référent vers le paysage. Il s'agit d'une tendance profonde de la contemporanéité, qui traduit un flottement identitaire et une appropriation étirée du lieu. Ces théories (comme le suggère le caractère «éthique» de l'esthétique du banal) sont à mettre en rapport avec le brutalisme et les prémices anglais du Pop Art. Elles constituent la forme ultime des processus d'acculturation de la modernité au contact de la quotidienneté. Le rapport au paysage (artificiel/naturel) révèle un état de culture contemporain, que l'architecture peut prendre en compte en modifiant le cadre de la perception. On peut, pour éclairer ces potentialités nouvelles, risquer une analogie avec l'univers ultra-sensible de la photographie.

years. Memory is built up through seeking out what lies within a work. New theoretical markers therefore have to be constantly set out and put to new uses.

The above approach is pragmatic, for it examines the very substance of each work, engendering problematic scenarios that step by step weave the conjunctive fabric of our contemporary universe. It has resulted in a form of abstract territoriality constructed within the discipline itself (i.e. not restricted to regionalism) and it is this that has made Switzerland the testing ground it is today. The role played by the Diener & Diener atelier has proved decisive in this respect. As of the late 1980s it began creating compact works that were the product of maximal interaction between theory and production. It has adopted a condensed vocabulary, reaching beyond the scope of the very languages on which it initially drew. It has benefited from the Ticino example, while drawing on the *Neue Sachlichkeit* as a vector of new ideas that allows complexity to be dealt with "objectively". By introducing this theoretical-pragmatic axis into their work, the Diener & Diener atelier has contributed to shaping a contemporary problematic space, following on the heels of restless architects of the previous generation such as Livio Vacchini.

Landscape Objects: Diener & Diener

Rather than describe the myriad practices within the aforementioned new space (which we have elsewhere qualified as "post-Kahnian"),[2] it would be more appropriate here to address merely one question, namely that of 'landscape'. However, we will be placing it in relationship with two worlds inherent to architecture – "perspective" and "construction" (or rather the symbol of construction). If landscape has become a crucial issue, it is precisely because it deforms these two reputedly hyper-stable worlds. Landscape is a vehicle of change. It records movement (induced by greater building output) towards an increasingly artificial universe. It has become an inexorable referent, as foreseen as early as the 1960s in American theories on complexity that focused on rundown suburbs, spotlighting a grass-roots contemporary tendency to question our identity and appropriate larg-

Diener & Diener, Immeuble Hochstrasse, Bâle / Hochstrasse building, Basel

Dans son livre *Le Photographique. Pour une théorie des écarts*, Rosalind Krauss compare deux images. La première est une photographie prise en 1868 par Timothy O'Sullivan. Celle-ci représente un paysage de rochers émergeant à la surface d'un lac du Nevada (Tufa Domes, Pyramid Lake, Nevada). La seconde est une photo-lithographie réalisée sept ans plus tard d'après l'original de O'Sullivan pour un livre de géologie. On reconnaît dans la première image un modèle de beauté silencieuse: «*on voit trois rochers massifs qui semblent se déployer sur une sorte d'échiquier abstrait et transparent, et dont les différentes positions indiquent une trajectoire qui s'éloigne vers le fond. La précision descriptive [...] confère aux rochers une richesse de détails hallucinante, si bien que chaque fissure, chaque granulation [...] s'y trouve enregistrée. Pourtant, ces rochers paraissent irréels et l'espace semble être celui d'un rêve. Les dômes de tuf sont comme suspendus dans un éther lumineux, illimité et sans repères. L'éclat de ce socle indifférencié où eau et ciel se rejoignent dans un continuum presque ininterrompu submerge les objets matériels qui s'y trouvent, si bien que les rochers, qui paraissent flotter ou planer, ne sont en fait plus que des formes*». La seconde image explicite tout ce qui était mysté-

er spaces. As is implied in the "ethical" quality of banal design, these theories can be linked to Brutalism, as well as to Pop Art. Furthermore, they constitute the final stage in the acculturation process whereby modernity is aligned with daily life. Our relationship with the landscape (artificial/natural) can thus be viewed as a factor of contemporary culture, which can be accounted for in architecture if the frame of perception is altered.

At this juncture, it would be interesting to draw an analogy with the world of photography. In a book entitled *Le Photographique. Pour une théorie des écarts*, Rosalind Krauss compares two pictures. The first is a photograph taken in 1868 by Timothy O'Sullivan of rocks jutting out from a lake in Nevada (Tufa Domes, Pyramid Lake, Nevada). The second is a photo-lithography produced seven years later from O'Sullivan's original for a book on geology. In the first picture, one can feel the silent beauty of the landscape: *"three hefty rocks appear to unfurl over a sort of abstract and transparent chessboard, their different positions seeming to indicate a trajectory that grows increasingly fainter towards the background. The accuracy of description [...] bestows a hallucinating wealth of detail on the rocks, so much so that every fissure, every grain [...] is recorded. And yet these rocks seem unreal, set in dream-like surroundings. It is as if the domes of tuff are hanging in luminous ether, in boundless space devoid of any landmarks. The brightness of the undifferentiated base where water and sky come together in a near-unbroken continuum drowns out the neighbouring material objects to such an extent that the rocks become nothing but hovering shapes"*. The second picture explicates all the mystery of the first one: *"We have amassed the clouds in the sky; we have endowed the shore of the lake with a precise shape and we have bestowed material form upon the water by marking ripples and small waves; [...] the reflections of the rocks in the water have been carefully recreated, thus re-establishing a sense of weight and orientation..."*[3] To Krauss' mind, these two pictures self-demonstrate how they belong to two different cultural domains – photography and geology. But beyond the codes underpinning the two images, it is their artistic handling that interests us here. Two symbolic modes can be observed. The first deals with depth in an abstract

rieux dans la première: «*On a amassé des nuages dans le ciel, on a donné une forme précise à la rive du lac dans le fond et l'on a matérialisé la surface de l'eau par de petites rides et ondulations; [...] les reflets des rochers dans l'eau ont été soigneusement recréés, rétablissant pesanteur et orientation...*» [3]. Pour Rosalind Krauss, ces deux images révèlent leur appartenance à des domaines culturels différents: la photographie et la géologie. Mais, au-delà des codes qui conditionnent ces deux images, c'est la nature même de leur traitement plastique qui nous intéresse ici. On observe deux modes de représentation: le premier traite la profondeur de manière abstraite, conférant aux objets, malgré la précision des textures, une présence surréelle, presque magique; le second replace les objets dans une étendue jalonnée en mettant en évidence tous les repères susceptibles de reconstituer les hiérarchies de la profondeur. On peut dire de ce second mode qu'il est diachronique et perspectif. Le premier est synchronique et anti-perspectif. On devine l'ouverture créée par cet écart. A partir d'un réel donné, on obtient deux représentations antithétiques. La force de l'image synchronique provient de ce qu'elle nous libère des habitudes visuelles pour conférer aux objets une présence renouvelée. Cette libération suppose un transfert de la tridimensionnalité vers la bidimensionnalité. Peut-on imaginer, en architecture, une résistance à la perspective sans un tel transfert, c'est-à-dire au sein de l'espace tridimensionnel lui-même?

Nous avions, dans un essai déjà ancien, suggéré cette possibilité à propos des travaux de Diener & Diener. Contrairement à la galerie Gmurzynska (1988–1990), dont les volumes se pressent l'un contre l'autre jusqu'aux limites de la fusion, l'immeuble de la Hochstrasse (1986–1988) paraît se tordre sur lui-même à l'intérieur d'un cube vide [4]. L'édifice semble se dupliquer dans l'espace de sa représentation. Pour éclairer cette «torsion/duplication», nous avions évoqué les tableaux de Francis Bacon, où les figures sont représentées dans des cubes d'espace vide matérialisés par leurs arêtes. Dans ces tableaux, le volume se construit dans un écart désespéré à la surface. Il échappe simultanément à la planéité et à la perspective. On observe une contradiction analogue (mais sans violence) dans des tableaux inspirés à Picasso par la sculpture ibérique (1906), où le peintre semble vouloir éprouver la consistance de la surface par le biais du volume. Cette problématique réapparaît avec force, après

fashion, cloaking objects in a surreal, almost magical shroud, even though their texture is still patently portrayed; the second repositions the objects within a clearly defined area by foregrounding all those landmarks that enable a hierarchy of depth to be reconstituted. One might term the former mode synchronic and anti-perspective and the latter diachronic and perspective. The gulf that divides them is palpable. Two antithetic images can thus be produced from one real given, with the strength of the synchronic image residing in its power to free us from everything that is familiar, for it infuses objects with new meaning. Such an action presupposes a switch from the three-dimensional to the two-dimensional. The question is whether there need be such a switch in architecture; that is, can perspective be contained within a three-dimensional space?

In an essay written some time ago, we cited Diener & Diener's works in corroboration of the above. For example, in contrast to the Gmurzynska gallery, whose volumes press against one another to the point of fusing, the Hochstrasse building seems to be twisting around, coiled within an empty cube.[4] It is as if the building were seeking to duplicate itself within its own space. Taking

Diener & Diener, Galerie Gmurzynska, Munich / Gmurzynska Gallery, Munich

L. Vacchini, Lido d'Ascona / Lido in Ascona

l'aventure du cubisme, dans l'œuvre des années vingt, lorsque Picasso décide de réinstaller les objets dans la profondeur. La contradiction du volume et de l'espace peut paraître incongrue en architecture. Tout édifice se traduit par un volume qui, en principe, s'insère sans distorsion topologique dans une étendue homogène prête à l'accueillir. On aurait tort cependant de considérer l'ordre perspectif comme naturel en architecture. Le destin tridimensionnel des objets se joue dans l'espace de leur conception. Louis Kahn a perçu très tôt les potentialités de cette problématique volumique. Son approche s'inscrit dans le droit-fil des œuvres post-cubistes de Picasso. Chez Kahn, les volumes sont jetés dans l'espace. Ils surgissent d'un coup, comme pour prendre de vitesse l'étendue amorphe. L'espace se propage ensuite à partir des objets. Les forces volumiques s'unifient en un équilibre stable, qui n'a plus rien à voir avec celui, hiérarchique, de la perspective.

Proche du modèle kahnien par la rigueur de ses processus de projet, l'architecture de Diener & Diener produit un effet de stabilité similaire. Elle contredit le traitement perspectif de l'espace en transférant vers le volume le système de la perception. Mais elle diverge de ce modèle, car elle laisse subsister un trouble (une tension) en raison du double statut de son enveloppe. Celle-ci constitue simultanément une façade interne et une façade externe. Tenaillé entre l'espace de l'édifice et l'espace urbain, ce «mur de façade» est soumis aux forces les plus diverses en provenance de ces deux univers complexes. Lisibles dans les premières réalisations, les contradictions liées à cette bipolarité sont soustraites à la visibilité dans les bâtiments plus récents (Kohlenberg, 1994–1995, Greifengasse, 1995–1997, Landskronstrasse, 1996–1997). Elles continuent pourtant d'agir, mais injectées dans la paroi robuste qui assure l'interface entre vie urbaine et vie privée. Les fenêtres qui trouent la façade, malgré leur béance, n'affectent pas l'intégrité du mur, qui laisse s'accrocher à sa grille, au dedans comme au dehors, les grands volumes qui le jouxtent. Ces vides quadrangulaires (internes/externes) engendrent une nouvelle forme d'isotropie. A l'intérieur, les pièces sont soudées les unes aux autres en segments rigides. A l'extérieur, les édifices se présentent comme des blocs. Comme le montre le Warteckhof (1993–1996), il s'agit d'insérer dans l'espace urbain des blocs opaques (bâti) et des blocs transparents (non-bâti). La tridimensionnalité surpuis-

this notion of "twisting and duplication" a step further, we referred in our essay to Francis Bacon's paintings in which the figures are represented in cubes of empty space whose edges are given material form. There is a hopeless chasm in these paintings between each constructed volume and surface, relieving the works of both flatness and perspective. A similar contradiction can be noted in Picasso's paintings inspired by Iberian sculpture (1906), in which the artist was apparently endeavouring to test the consistency of surface by means of volume. The same issue was addressed again by Picasso in his 1920s work, i.e. after his experiments with Cubism. This time he decided to give objects depth. Yet when opposition between volume and space is applied to architecture, it can seem incongruous, for a building is lent expression via volumes which, in principle, are inserted smoothly into a homogeneous space. That being said, it must not be assumed that perspectival order is natural in architecture; it is simply that the three-dimensionality of objects hinges on the space around them. Louis Kahn, whose approach fits neatly with Picasso's post-cubist oeuvres, noticed this potential of volume very early on. In his work, volumes are cast into space. They rise up suddenly, as if poised to engulf the amorphous area around them. Space is then propagated from each object. The volumes

sante de ces blocs (concrets/virtuels) construit l'isotropie de proche en proche, bloc après bloc, vide après vide, hors de toute centralité (→ pp. 38–39). À l'ancienne stratégie anti-perspective (dont on sait par les travaux de Van Doesburg et Van Esteren qu'elle était planaire, proliférante et expressive) s'est substituée, dans la fluidité de l'espace contemporain, une nouvelle stratégie, tout aussi anti-perspective mais, cette fois, volumique, compacte et muette. Une stratégie où l'usage et le quotidien colorent l'espace dense. Les bâtiments de Diener & Diener fonctionnent comme des «objets-paysages». Ils enregistrent les données urbaines dans le processus abstrait de leur conception. Leur rapport à la ville implique un déracinement du lieu dans l'étendue oblongue de l'espace[5].

Les objets dans le paysage: Livio Vacchini

La photographie de O'Sullivan, nous l'avons vu, confère au paysage et aux objets qui le composent une présence ambiguë: les rochers qui émergent du lac paraissent flotter comme s'ils n'étaient que des formes. L'architecture, lorsqu'elle s'inscrit dans le paysage naturel, ne peut se prévaloir de ces marges d'action qu'ouvre à la photographie sa condition planaire. Ne pouvant prélever les objets dans le réel pour les plonger dans son propre espace, elle n'a d'autre alternative que de se soumettre à l'étendue perspective, ou de lui opposer, comme en milieu urbain, une certaine résistance. Mais, hors de cet intérieur qu'est la ville, hors des parois verticales qu'offrent les autres édifices, la stratégie volumique est inopérante. Pour résister au paysage naturel, l'architecture doit déployer d'autres dispositifs. Il lui faut faire flotter son volume (sa masse visible) en l'opposant au sol (seule paroi susceptible d'être solidifiée). Cette dialectique de la masse et de la surface est présente dans les meilleurs projets de Livio Vacchini. On l'observe, dans certaines œuvres déjà anciennes (école de Montagnola, lido d'Ascona), mais de manière embryonnaire. La terrasse de l'école de Montagnola (1978–1984), le porte-à-faux du lido d'Ascona (1980–1986) révèlent la mise en place d'une approche synchronique du paysage. Cette approche (nous l'avions montré à propos de l'école d'architecture de Nancy) passe, pour Livio Vacchini, par la construction. Comme chez Kahn, c'est la radicalité des solutions spatio-construc-

are unified in a stable equilibrium that has nothing in common with the hierarchic equilibrium of perspective. Diener & Diener's architecture bears strong overtones of the Kahnian model, notably regarding the precision with which the design process is tackled. Consequently, it generates an analogous effect of stability. It contradicts the perspective treatment of space by transferring the system of perception to volumes. Nevertheless, it diverges from the Kahnian model in that it generates an element of tension due to the dual status of its internal-external facade. This façade is clapped between two complex universes – the space of the building and the urban space – and is thus subject to multiple forces. The ambivalence that derives from such bi-polarity is visible in Diener & Diener's early works but less so in their most recent buildings (Kohlenberg: 1994–1995; Greifengasse: 1995–1997 and Landskronstrasse: 1996–1997). Not that it has been discarded; it is just that it has been injected into the solid wall which acts as the interface between urban life and private life. Large volumes adjoin this wall, clamped to it on both the inside and outside; then there are the windows – gaping gashes that slash the façade, but which do not in any way interfere with the integrity of

L. Vacchini, Ecole de Montagnola /School in Montagnola

L. Vacchini, Poste de Locarno / Post office in Locarno

tives qui fonde le rapport de l'édifice à son site. A Nancy, l'école d'architecture (1993–1995) est pensée comme une «forme-structure» hyper-dense. Cette boîte inaltérable présente, à l'avant, face au canal, un parallélépipède d'espace vide défini par trois plans: la façade opaque, le parvis minéral, les lames verticales de béton. Débarrassée de toute rhétorique contextuelle, l'architecture se hisse par l'abstraction de sa conception constructive au niveau du paysage des silos et des bassins environnants. Au gymnase de Losone (1990–1997), Vacchini durcit les constituants du projet pour les faire fusionner en un splendide cristal. Il ne retient que deux éléments, une dalle immense et un poteau (dont la répétition sur tout le pourtour engendre les quatre façades). Cet édifice («dolmen» et «Parthénon») actualise en une forme indestructible les traditions tectoniques les plus longues. A l'extérieur, il apparaît comme un roc. Il capte, par sa seule présence, tous les éléments du territoire alentour (y compris la colline proche qu'il s'approprie comme une acropole). A l'intérieur, c'est un bloc d'espace transparent. L'enveloppe structurelle, authentique mur de «lumière/matière» (au sens kahnien), plane littéralement sur la surface lisse et

the wall. The internal and external quadrangular voids that make up the volumes engender a new form of isotropy. Inside, the rooms are soldered to one another in rigid segments. Outside, the buildings are set out like blocks. As demonstrated by the Warteck exercise (1994–1996), it is a question of inserting opaque blocks (the built parts) and transparent blocks (the unbuilt parts) into an urban space. The ultra-powerful three-dimensionality of these real/virtual components gradually creates isotropy, block by block and void by void, excluding all notion of centrality (→ pp. 38–39). The result is a new strategy of spatial flow, replacing the former anti-perspective strategy (which as we know from Van Doesburg and Van Esteren's works was planar, proliferative and expressive). Paradoxically, the new strategy is also anti-perspective, but it is volumed, compact and silent. It is a strategy whereby usage and daily life colour a dense space. Diener & Diener's buildings function as "landscape objects" whose abstract design contains all the relevant urban givens. These objects are uprooted and placed in open space.[5]

L.. Vacchini, Ecole d'architecture de Nancy / School of architecture of Nancy

Objects in the Landscape: Livio Vacchini

As discussed above, O'Sullivan's photograph shrouds the landscape and its constituent objects in ambiguity: the rocks jutting out of the lake seem to be floating, as if they were nothing but shapes. However, architects do not have the same leverage as photographers when inscribing their works in the natural landscape, for planar relationships differ between architecture and photography. Since architects cannot pluck objects from reality and plunge them into a space created by themselves, they have no other alternative than to make their creations bow to perspective space, or else try and combat the latter through "volume strategy", as in urban environments. However, such a strategy is ineffectual outside cities, i.e. where there are no other buildings to provide vertical walls. Architecture needs to be invested with other powers if it is to stand firm against the natural landscape. Its volume (visible mass) has to hover by being placed in opposition with the ground (the only solid wall). This dialectic of mass and surface features in some of the best designs by Livio Vacchini. It can be perceived in embryonic form right from his earliest works, such as the school in Montagnola and the lido in Ascona, with the flat roof of the school and the overhang of the lido being the product of a synchronic strategy vis-à-vis the landscape. Livio Vacchini focuses on construction elements in applying this strategy, which is graphically illustrated in the school of architecture at Nancy (1993-1995). As in Kahn's work, it is the radical nature of his spatial-constructional solutions that binds the building to its site. In Nancy, the school is conceived as a hyper-dense "form-structure". It is an unshakeable solid box fronting the canal; it is an empty parallelepiped delineated in three planar ways: an opaque facade, a mineral concourse and vertical concrete blades. Freed of all contextual rhetoric, the building's abstract design calls to mind a landscape of silos and canals. For the gymnasium in Losone (1990–1998), Vacchini hardened the design components, fusing them into a splendid crystal. He worked with just two components: a huge slab and a row of columns that edges the building, in effect making up the outer walls. The edifice is like a dolmen or Parthenon in which long-standing tectonic traditions have been indestructibly contemporized. From the outside it resembles a

unie du sol (jaune). Le site y pénètre de toutes parts. Avec cette œuvre décisive, Livio Vacchini opère un renversement des rapports de l'architecture au paysage. Il enregistre la co-présence de tous objets sur le territoire, leur proposant un ordre sans hiérarchie, où chaque place occupée est équivalente aux autres[6]. (→ pp. 116–119)
D'autres projets de Vacchini confirment cette vision anti-perspective: la poste (1988–1995) et le bâtiment des services municipaux (1989–1998) de Locarno, la Piazza del Sole à Bellinzona (1981–1998), la maison à Costa Tenero (1991–1992). A Bellinzona, Vacchini architecture la surface de la place en un vaste carré. Il donne à cette plate-forme une solidité visuelle telle qu'elle peut convoquer d'un coup, tels des ready-made, la montagne, la muraille et le château qui la surplombent. Le regard peut rebondir sur cette surface abstraite (sur laquelle semblent flotter les prismes sans poids des escaliers). La vision pittoresque se transforme en une vision volumique, où chaque objet peut prétendre à la centralité. La maison à Costa Tenero est elle aussi une «plate-forme» incrustée dans le paysage. La relation du volume intérieur (l'entre-deux dalles) au volume extérieur (le terri-

L. Snozzi, Maison à Ronco / House in Ronco

rock, commanding everything around it (including the nearby hill which it appropriates like an acropolis). Inside, it is a block of transparent space. The structural envelope – a genuine wall of light/matter (in the Kahnian sense) literally glides above the smooth plain yellow floor and the site penetrates the building from all sides. It is a mightily powerful œuvre, not least due to Vacchini reversing the relations between architecture and landscape. He records every surrounding object, positioning them in a hierarchy-free order whereby each occupied space is equivalent to the others.[6] (→ pp. 116–119)

Other designs by Vacchini confirm his anti-perspective stance. These include two buildings in Locarno: a post office (1988–1995) and a local council building (1989–1998), the Piazza del Sole in Bellinzona (1981–1998) and a private house in Costa Tenero (1991–1992). In Bellinzona, Vacchini "architectured" the piazza into a vast platform-like square, lending it visual solidity so that like a ready-made, it might at one glance summon up the nearby mountain, city wall and castle. Instead of a picturesque vision we have a vision of volumes, with each object laying claim to a central position. One's gaze bounces off the square's abstract surface, above which the prisms of the stairs seem to hover in mid-air. The Costa house in Tenero is equally a "platform" embedded in the landscape. The relationship between the interior (one single space) and the exterior (the land) is total and instantaneous. Comparing this house to the one built at the same time by Luigi Snozzi in Ronco, one can immediately understand what makes Vacchini's approach so specific. Snozzi's house is a complex Corbusian box. It is sunken into the hillside, serrated by numerous indentations that frame the lake and mountains, channelling light and views all day long. Every one of its surfaces (both vertical and horizontal) plays a role in the game of perception. It is a clever machine, bordering on sophistication. Vacchini's house, on the other hand, grasps the landscape like a block. It does not frame it, nor is light magnified through its openings. Instead, one's gaze can wander at will, all the while remaining riveted to the yellow slab of the floor. Vacchini's house records everything, but from an objective distance. It is a camera obscura, or to borrow an expression from Roland Barthes, a "light room" set in the heart of the landscape.[7]

toire) est totale et instantanée. Si l'on compare cette maison à celle construite à la même période par Luigi Snozzi à Ronco (1989–1990), on comprend immédiatement ce qui fait la spécificité de la démarche de Vacchini. La maison de Snozzi est une boîte complexe dans la lignée des recherches corbuséennes. Encastrée dans la colline, elle cadre, à travers ses multiples échancrures, le paysage du lac et des montagnes. Elle oriente le regard et dirige la lumière tout au long de la journée. Toutes ses parois (verticales et horizontales) participent à la perception. C'est une machine savante, presque sophistiquée. La maison de Vacchini, à l'opposé, prend le paysage comme un bloc. Elle ne le cadre pas. Ses baies ne cherchent pas à magnifier la lumière. Elle laisse le regard aller où il veut. Elle concentre la dynamique de la vision sur la dalle jaune de son plancher. Elle enregistre tout, mais avec une distance objective. Elle agit comme une camera obscura, ou plutôt, pour reprendre l'expression de Roland Barthes, comme une «chambre claire» au cœur du paysage[7].

L. Vacchini, Maison à Costa Tenero / House in Costa Tenero

1 Bruno Reichlin et Martin Steinmann, «Critique d'une critique», réponse à l'article de Francesco Dal Co, «Critique d'une exposition», *L'Architecture d'aujourd'hui*, n° 190, avril 1977, pp. 58–60.

2 Cf. Joseph Abram, «La contemporanéité aux limites», *Faces*, Genève, n° 38, printemps 1996, pp. 42–45.

3 Rosalind Krauss, *Le Photographique. Pour une théorie des écarts*, Macula, Paris, 1990, pp. 37–38.

4 Joseph Abram, «Un Réalisme contemporain», *AMC*, n° 24, septembre 1991, pp. 35–44.

5 Joseph Abram, *Diener & Diener. La beauté du réel*, essai écrit en 1998 (à paraître chez Birkhäuser).

6 Joseph Abram, «Tectoniques contemporaines. De Marcel Breuer à Livio Vacchini» (à paraître dans le numéro «Tectonique II», *Faces*, 2001).

7 Roland Barthes, *La Chambre claire. Note sur la photographie*, Gallimard-Seuil («Cahiers du cinéma»), Paris, 1980.

1 Bruno Reichlin and Martin Steinmann, "Critique d'une critique"; written in response to an article by Francesco Dal Co entitled "Critique d'une exposition", *L'Architecture d'aujourd'hui*, no. 190, April 1977, pp. 58–60.

2 Cf. Joseph Abram, "La contemporanéité aux limites", *Faces*, Geneva, no. 38, spring 1996, pp. 42–45.

3 Rosalind Krauss, *Le Photographique. Pour une théorie des écarts*, Macula, Paris, 1990, pp. 37–38.

4 Joseph Abram, "Un Réalisme contemporain", *AMC*, no. 24, September 1991, pp. 35–44.

5 Joseph Abram, "Diener & Diener. La beauté du réel"; essay written in 1998 (to be published by Birkhäuser).

6 Joseph Abram, "Tectoniques contemporaines. De Marcel Breuer à Livio Vacchini" (to be published in "Tectonique II", *Faces*, 2001).

7 Roland Barthes, *La Chambre claire. Note sur la photographie,* Gallimard-Seuil ("Cahiers du cinéma"), Paris, 1980.

UNE RHETORIQUE AUTRE
«Evidence imaginée» et «honnête dissimulation»[1]

ANOTHER RHETORIC
"Imaginary Obviousness" and "Honest Dissimulation"[1]

Bruno Marchand

La plupart des bâtiments auxquels nous nous sommes intéressés dans ce livre se caractérisent par une réserve formelle, que certains qualifieront d'austérité ou même d'ascétisme. Dans le développement de l'architecture moderne, cette réserve correspond souvent à la recherche d'un langage débarrassé des traces d'un héritage stylistique. Cela signifie-t-il l'effacement de toute procédure rhétorique? Ou bien plutôt, n'a-t-on pas affaire à une autre rhétorique: c'est l'hypothèse ici avancée par Bruno Marchand.

Most buildings featured in this book are cloaked in an aura of formal reserve, which some might even call austere or ascetic. Within the development of modern architecture, such reserve has often corresponded to attempts at devising a language stripped of any stylistic legacy. At times this has been interpreted as a language devoid of rhetoric. Here, however, Bruno Marchand postulates that it might be more apt to view this language as being based on another *rhetoric.*

Valoriser une architecture qui tend paradoxalement vers une sorte d'anonymat esthétique: dans les années soixante-dix, Alison et Peter Smithson plaident pour une sensibilité autre qui tend à exclure toute forme de rhétorique. Une sensibilité qui dérive du devoir de contrôle, d'autodétermination et de réserve. Une sensibilité qui prône l'utilisation consciente et maîtrisée de l'uniformité et de la répétition selon la conviction *«qu'une baie bien proportionnée acquiert, lorsqu'elle est répétée, une qualité magique»* [2].

Dans leur ouvrage *Without Rhetoric*, paru en 1973, les Smithson déplorent en effet la double perte d'une valeur essentielle – *«la répétition en tant que qualité en elle-même»* – et d'un savoir-faire – *«la manière de traiter cette répétition»* – qu'on peut reconnaître, selon eux, dans le rythme des colonnades des agoras grecques, dans les façades ordonnées des immeubles de Mies van der Rohe (à qui les Smithson rendent un vibrant hommage[3]), mais aussi dans la régularité des ouvertures des immeubles formant le tissu urbain traditionnel des dix-huitième et dix-neuvième siècles. Des architectures aux surfaces neutres et répétitives, qui célèbrent une sorte de «calme décent».

Plaider pour une architecture sans rhétorique semble néanmoins une position extrême dès le moment que l'on reconnaît que tout acte architectural, même le plus discret, implique une certaine forme de discours[4]. On peut aussi s'étonner du fait que l'argumentation repose sur l'utilisation indistincte d'exemples tirés de plusieurs époques et appartenant à des systèmes de tradition opposés (de la colonnade au trou dans le mur et à la façade-rideau métallique). Mais ces critiques (légitimes) n'atténuent en rien la force de la démonstration et ne doivent pas nous faire perdre de vue l'élargissement du champ

In the 1970s, Alison and Peter Smithson posited a design logic that precluded all forms of rhetoric. It was a logic based on control, self-determination and reserve, allied with conscious and restrained use of uniformity and repetition, in line with the conviction that: "A well proportioned bay, when repeated, is magically enhanced."[2]

In their work *Without Rhetoric*, published in 1973, the Smithsons decry the twofold loss of an essential value – *"repetition as a quality in itself"* and *"how well repetition was handled"* – savoir-faire in other words. According to the authors, this savoir-faire can be perceived in the rhythmic pattern generated by the colonnades in Greek agorae, in the ordered façades of Mies van der Rohe's buildings (to whom the Smithsons pay glowing tribute[3]), as well as in the evenly arranged openings in traditional eighteenth- and nineteenth-century buildings. All these structures have neutral and repetitive surfaces, celebrating a sort of "decent calm".

Championing an architecture without rhetoric might nonetheless seem rather extreme if one accepts that any architectural act, however minor, implies some form of discourse.[4] Critics might also question why the Smithsons' reasoning is grounded in rather blurred examples drawn from different eras and types (ranging from the colonnade to pierced openings and the curtain wall). Yet however legitimate these criticisms may be, they do not in any way weaken the strength of the Smithsons' arguments; nor should they encourage us to lose sight of the testing ground that the Smithsons opened up by bringing to light the artistic principles that characterize not

d'exploration esthétique auquel les Smithson parviennent par la mise en évidence de principes artistiques qui caractérisent, certes des œuvres exceptionnelles, mais aussi, et surtout, l'architecture «anonyme» et banale.

Cet intérêt des Smithson pour l'architecture ordinaire n'est pas nouveau. Il s'est manifesté dès le début des années cinquante, lorsqu'ils ont exposé au CIAM IX, à Aix-en-Provence, les reportages photographiques de Nigel Henderson sur la vie des rues des quartiers ouvriers de l'East End londonien et lorsqu'ils ont construit, à Watford, la maison Sudgen (1955–1956)[5], qui ne se distingue d'un cottage traditionnel de la banlieue londonienne que par la forme et la taille inhabituelles des ouvertures (thème sur lequel nous reviendrons plus loin). Vingt ans plus tard, ce regard sur les signes de la vie quotidienne et l'iconographie de l'architecture banale prend une autre dimension, entraîné dans les méandres d'un débat de crise, qui revendique une continuité avec l'héritage du mouvement moderne, et qui insiste sur la nécessité absolue de contrer la monotonie (résultant de la production industrielle en série) par l'instauration de la diversité architecturale.

Le discours des Smithson, situé essentiellement dans le champ de l'objet architectural, crée néanmoins une ouverture, à la fois vers un intérêt marqué pour l'esthétique des objets de consommation et vers la reconsidération de certaines qualités artistiques – telles l'uniformité et la répétition – induites par les règles urbaines. Ce dernier point nous permet de tisser des liens avec la déclaration que Hans Schmidt faisait en 1964[6], à savoir que «les plus grandes villes du passé nous démontrent que l'uniformité est une qualité artistique». Cette déclaration induit inévitablement une double réflexion sur le rôle de l'architecture face à la ville et sur celui de l'individualité créatrice de l'architecte face à la société en général.

Entre répétition et singularité: «imaginer l'évidence»

Si nous nous attardons ici sur certains écrits des années soixante-dix, c'est parce qu'il nous semble que les ressources conceptuelles et le potentiel esthétique liés aux questions qu'ils posent n'ont pas encore été complètement explorés. Et, d'autre part, parce que le principe d'une architecture sans a priori esthétique, dégagée de tout excès rhétorique, une architecture traversée de valeurs cognitives qui nourrissent le

just masterpieces, but also and more importantly, "anonymous" and banal architecture.

The Smithsons' interest in ordinary architecture can be traced back to well before the seventies. Even as early as the ninth CIAM held in 1953 at Aix-en-Provence, they gave a presentation based on Nigel Henderson's photographs of life in the working-class streets of London's East End. Then they built Sudgen House in Watford (1955–1956)[5] which differed from traditional London suburban dwellings only in the unusual form and size of its openings (a theme we will return to further on in this essay). Twenty years later, this outlook on representative symbols of daily life and the iconography of banal architecture changed course, veering along the twists and turns of fiery debate. Most notably, there were calls to capitalize on the legacy of the Modern Movement, countering the monotony of mass production with architectural diversity.

Although primarily focused on architectural objects, the discourse of the Smithsons nevertheless sparked interest in the aesthetic nature of consumer goods and paved the way for revisiting a number of artistic attributes such as uniformity and repetition. As Hans Schmidt stated in 1964: *"The greatest cities of the past illustrate how uniformity is an artistic quality."* Yet this has inevitably given rise to a dual consideration, namely the role of architecture in relation to the city and the role of individual creation in relation to society at large.

Repetition and Singularity
"Imagining the Obvious"

The reason for dwelling on selected writings of the seventies is that the conceptual reasoning expressed within them, combined with the aesthetic potential they offer, have not yet been thoroughly explored. In addition, their underlying principle of creating architecture whose aesthetic design is denuded of all rhetoric excess (and hence is no foregone conclusion), and of creating buildings injected with cognitive values that feed on everyday, ordinary life, would appear to be completely in phase with the approach of contemporary Swiss architects.

It is no longer a question of demonstrating the deliberately ordinary character of buildings such as those

Diener & Diener, Warteckhof, Bâle / Basel

quotidien et le banal nous semble être parfaitement en phase avec la sensibilité des architectes contemporains suisses.

En effet, le caractère ordinaire des immeubles de Diener & Diener n'est plus à démontrer, plusieurs critiques ayant relevé leur aspect volontairement «banal», qui fait *«qu'on passerait devant sans en prendre connaissance»*[7]. On connaît aussi l'importance accordée par les architectes à la prise en compte dans le projet architectural des règles et des conventions urbaines, notamment à travers le thème de la fenêtre, analysé à plusieurs reprises[8] et sur lequel nous souhaitons pourtant revenir pour éclairer notre propos.

Selon Roger Diener, *«nous nous préoccupons d'abord de la taille et des proportions des ouvertures, de leur profondeur et de leur dessin. [...] Le mur n'est pas l'image, il n'est pas la reproduction de la construction. [...] le mur permet l'échange entre l'immeuble et la ville. [...] Dans le meilleur des cas, la façade paraît si évidente et retenue qu'elle appartient finalement autant à la ville qu'au bâtiment»*[9]. Cette «discrétion» est induite par un dessin de façade qui refuse toute rhétorique constructive et qui se concentre sur les éléments constitutifs de l'architecture: les murs, rythmés par la répétition des fenêtres.

Le thème de la répétition implique, toujours selon les Smithson, que les éléments répétés dérivent du *«tout auquel ils appartiennent»* et qu'ils *«tirent leur signification de la répétition même»*, ce qui atténue la singularité des unités au profit de l'uniformité de l'ensemble. Mais dans l'architecture de Diener & Diener, l'application de fenêtres répétitives n'exclut pas la singularité de l'élément dans la mesure où celle-ci se conjugue avec cette «évidence» qui en fait un objet conventionnel, reconnaissable par tous. La conception de l'ouverture se fonde en effet sur le degré de familiarité qu'elle évoque et, par conséquent, son dessin et sa matérialisation évacuent toute poétique autre, que ce soit celle attachée au principe kahnien de la décomposition de la fenêtre en fonction du regard et du contrôle de la lumière[10] ou encore celle du détail emphatique d'évacuation des eaux de pluie utilisé par Carlo Scarpa – thèmes mis en scène par Mario Botta dans la Banque de Fribourg (1977–1982).

designed by Diener & Diener, for that ground has already been covered by a number of critics who have declared: *"One could walk past* [those buildings] *without noticing them."*[7] We also know how much importance architects place on including certain urban conventions in their designs, notably fenestration, which has been analyzed on numerous occasions[8] yet nonetheless merits comment for the purpose of this essay.

According to Roger Diener: *"We concentrate first and foremost on the size and proportions of the openings, focusing on their depth and design. [...] A wall is not an image; it is not a reproduction of the building. [...] A wall enables exchange between the building and the city. [...] In the best case scenario, the façade seems so obvious and yet so discreet that it can be said to belong just as much to the city as to the building."*[9] This "discretion" is generated by a façade design that is devoid of all constructional rhetoric and which instead lays bare the constituent architectural components, i.e. the walls and the rhythmic pattern of the windows.

As expounded by the Smithsons: *"The elements repeated seem to derive from the intention of the whole of which they form the part"* and they *"seem to gain their meaning only in repetition,"* thus suggesting that the singular character of each unit is weakened in order to underscore overall uniformity. However, in Diener & Diener's architecture, the use of a repeated window pattern does not preclude singularity, insofar as the windows are endowed with an air of "obviousness" which makes them conventional objects that everyone can recognize. For it should be noted that the design of each opening is governed by the degree of familiarity it evokes; consequently, it cannot emit any poetic expression, whether it be the Kahnian principle of fragmenting the window scheme to channel light and views[10] or Carlo Scarpa's system of draining rainwater – themes staged by Mario Botta in the Banque de Fribourg (1977–1982).

In Warteck Hof (1995–1996), the windows are simply large holes bored into the wall, delineated both by a surround that has no real relief as such and by internal divisions separating the jambs from the casement. Such

Au Warteckhof (1993–1996), l'expression de la fenêtre est celle d'un grand trou dans le mur, défini par un pourtour sans relief particulier et par le dessin des divisions internes entre parties ouvrantes et parties fixes. Ce minimalisme expressif réduit l'ouverture à l'essentiel, sans rhétorique apparente, et a pour conséquence d'accorder une même valeur à la perception extérieure et à la perception intérieure de la fenêtre. Cette ambivalence est présente dès la conception de la fenêtre qui, selon Roger Diener, renvoie d'une part à une image générale et collective d'une façade définie par des murs rythmés par des ouvertures et, d'autre part, à un «*objet dont la représentation matérielle s'adresse à la perception individuelle*»[11]. (→ pp. 38–39)

La singularité des fenêtres de Diener & Diener est obtenue par une accentuation et une exagération de certaines caractéristiques, comme les dimensions et les proportions. En effet, par leur taille et leur forme inhabituelles, ces fenêtres donnent à voir ce «*quelque chose d'autre*» qui fait comprendre que le banal est conscient et qu'il est le produit d'une mesure rhétorique dont l'objectif est d'empêcher les choses de se figer en une ultime signification[12]. Cette singularité est fondamentale car, tout en préservant les qualités essentielles de la fenêtre, reconnaissable par tous, elle évacue toute lecture trop évidente – en d'autres termes elle nous induit à «imaginer l'évidence».

Rhétorique et détournement de sens

Poursuivons nos réflexions sur la question de la rhétorique et de l'expression des fenêtres en prenant comme exemple l'ensemble de logements Broelberg (1990–1996) construit à Kilchberg par Annette Gigon & Mike Guyer. Pour l'observateur, ce qui frappe au premier abord, c'est la répartition des ouvertures, dont le rythme soutenu et apparemment aléatoire crée une sorte de figure saillante et surprenante sur le fond homogène des volumes compacts et orthogonaux. Comme chez Diener & Diener, les ouvertures sont trop grandes et répétitives. Mais l'analogie s'arrête là: les fenêtres, placées légèrement en saillie de la façade, sont encadrées de façon très voyante par des tôles d'aluminium. Dans l'architecture murale traditionnelle, l'encadrement est généralement construit en pierre de façon à garantir la reprise des charges verticales et à assurer latéralement la stabilité de l'ouverture et un bon degré de finition du façonnage du mur. Il représente la résistance et la solidité, à l'opposé desquelles se situe la fragilité de la tôle d'aluminium.

expressive minimalism divests openings of overt rhetoric, stripping them down to their bare essentials; subsequently, we perceive the interior of the window in exactly the same way as its exterior, which engenders an ambivalent sensation. As Roger Diener states, on the one hand windows are a general and collective image of a façade patterned by openings, while on the other hand, they are *"objects whose material aspect is ruled by each individual's perception."*[11] (→ pp. 38–39)

The singularity of Diener & Diener's windows is expressed by certain characteristics being accentuated and even exaggerated, such as proportion and dimensions. All in all therefore, it is the windows' unusual shape and size that adds the touch of "something different", for it is on account of them that we realize how banality has been deliberately introduced – how it is the product of a rhetorical device whose objective is to prevent things from being frozen into one single meaning.[12] And such singularity is fundamental, for while it preserves the primary attributes of the window – which are easily recognizable – it prevents the scheme from being too easily decipherable. Ultimately, it encourages us to *"imagine the obvious"*.

Rhetoric and Twisted Meaning

Let us continue along the line of rhetoric and fenestration by studying the example of the Broelberg housing complex built in Kilchberg by Annette Gigon & Mike Guyer (1990–1996). What strikes on-lookers most is how the openings are set out in a continuous yet apparently haphazard arrangement, generating a surprisingly protruding effect against a background of uniformly compact and orthogonal volumes. As in Diener & Diener's work, the openings are too large and are repeated. But the analogy stops there, for the windows jut out slightly from the façade and are markedly framed in aluminium sheeting. This runs counter to traditional frames, which are generally built of stone to guarantee vertical loads, ensure the opening remains stable and provide the wall with a tidy finish. They embody resistance and solidity, in total contrast to the inherent fragility of aluminium sheeting.

Gigon & Guyer reprennent ainsi un thème récurrent de l'architecture traditionnelle mais en procédant à un détournement par rapport à la sémantique de la fenêtre. Les clés de lecture permettant de relier la forme de ces ouvertures à notre expérience architecturale en deviennent moins évidentes, parfois même ambiguës. Les fenêtres, par leur dessin particulier, créent une figure rhétorique artificielle accentuée par le fait que les vitres collées font disparaître, du moins partiellement, les cadres portants et que la surface lisse ainsi obtenue sert surtout à refléter le paysage naturel environnant aux différentes heures de la journée.

Contrairement à celles de Diener & Diener, ces fenêtres présentent deux faces d'aspects opposés: à l'intérieur, elles sont domestiques et sobres, en bois apparent; à l'extérieur, elles sont lisses et réfléchissantes et, par leur rythme irrégulier et leurs décalages successifs (associés aux couleurs inhabituelles des murs), elles confèrent un caractère artificiel à l'ensemble.

Gigon & Guyer, Logements Broelberg, Kilchberg / Broelberg housing, Kilchberg

Gigon & Guyer have thus drawn on a well-known theme of traditional architecture but have twisted its meaning in their semantic handling of the window scheme. There are hence fewer links that enable us to relate these openings to our own architectural experience, which at times fosters ambiguity. This specific style of fenestration breeds an artificial rhetoric – underscored by the fact that the glazing which has been pasted to the jambs enfulfs the structural frames. The end result is a silky smooth surface that reflects the natural surroundings in various ways depending on the time of day.

Gigon & Guyer's windows have two contrasting sides, unlike the ones by Diener & Diener: inside, they are of exposed timber, whereas outside they are glisteningly smooth. Furthermore, they add an artificial flavour to the whole scheme due to their jutting uneven arrangement and the unusual colour of the walls. Yet at the same time, the aluminium frames highlight both the material aspect of the façades and the roughcast external insulation wrapped around the structural brick walls. Basically, the windows are fitted into a wood frame inserted into the thermal insulation, the role of the aluminium being to provide a clean finish that blends seamlessly with the roughcast. We can thus clearly see how the outside wall was made, which gives rise to conflicting sensations: at first, we have the impression that it is the hefty structural wall that endows the building with such a monolithical aspect, then we are struck by the building's lightness, conveyed by the top layer of flimsy roughcast. Hence, by carefully camouflaging the main features of the materials, the architects have neatly side-stepped all forms of constructional and technological narrative. Instead they have drifted towards abstract volumes, though counteracting these with another type of rhetoric primarily communicated via the creative artificial expression of the windows; it is a rhetoric that follows in the wake of a "patient search" undertaken by Gigon & Guyer in their most recent works such as the Liner Museum (1996–1998), where the side openings are designed as protruding boxes that puncture the uniform outside walls and frame the panoramic landscape of Appenzell. (→ pp. 86–89)

Mais l'utilisation de l'encadrement en tôle dévoile aussi la matérialisation des façades et l'emballage des murs porteurs en briques par de l'isolation périphérique crépie. Les fenêtres sont en effet fixées dans un cadre en bois dans le plan de l'isolation thermique et l'encadrement en aluminium vient apporter une finition nette, sans joints, du raccord avec le crépi. L'encadrement donne ainsi à lire le processus de fabrication du mur extérieur: sa légèreté vient nous rappeler la présence, en dernière couche, du crépi fragile et contrarier la première impression que l'aspect monolithique du volume provient de la masse et de la lourdeur du mur porteur. A Broelberg, les caractéristiques essentielles des matériaux utilisés sont donc soigneusement occultées, les architectes écartant ainsi toute forme de narration constructive ou technologique. Cette dérive vers des volumes abstraits est néanmoins contrariée par l'affirmation d'une rhétorique autre qui repose essentiellement sur l'expression artificielle et inventive des fenêtres, dans le sillage d'une recherche patiente que Gigon & Guyer poursuivent dans des réalisations plus récentes comme le musée Liner (1996–1998) où des ouvertures latérales, traitées comme de véritables boîtes en saillie, ponctuent l'unité des façades et focalisent le paysage panoramique d'Appenzell. (→ pp. 86–89)

La dissimulation comme principe esthétique

A l'affirmation expressive des fenêtres de Kilchberg, on peut maintenant opposer une autre forme de recherche esthétique, la dissimulation. Dans l'immeuble de logements de la Schützenmattstrasse (1984–1993), construit à Bâle par Herzog & de Meuron, la perception de la rangée répétitive de fenêtres est conditionnée par la présence d'un front continu de volets en fonte. En tant qu'élément constitutif de la façade, la fenêtre est ainsi dissimulée par ces éléments d'obscurcissement et de protection solaire dont la matérialité intrigante renvoie à des ambivalences contraires[13]: à un premier sentiment de lourdeur succèdent la vibration et la légèreté d'une texture conférées par le dessin des rainures.

Mais la dissimulation n'est pas totale: même reléguée au second plan et bien que dépendant de la position des volets, la perception de la fenêtre demeure. Il en résulte ainsi un jeu d'ouvertures et de fermetures qui modifie constamment la vision extérieure de la façade et qui dénote l'occupation différenciée des espaces domestiques. Dès lors, l'instauration d'une rhétorique provient

Herzog & de Meuron, Immeuble Schützenmattstr., Bâle / Schützenmattstr. building, Basel

Dissimulation as an Aesthetic Principle

Let us now turn to the concept of dissimulation – a design aesthetic that can be said to sharply contrast the expressive windows of Kilchberg. In an apartment block built in Schützenmattstrasse in Basel by Herzog & de Meuron (1984–1993), there are repeated rows of windows dominated by belts of cast-iron shutters. The windows are masked by these shutters whose role it is to darken the interior space, and whose intriguing material begets an ambivalent sensation:[13] looking at them, one initially feels a sense of heaviness, but this is quickly replaced by an impression of weightlessness and resonance triggered by the grooved texture of the material. Yet despite the shutters "taking over", they do not completely mask the windows. Consequently, there is a play on opening and closing that constantly alters the exterior view of the façade and which denotes the different functions of the space inside the apartment block. This intense interplay engenders rhetorical expression, characterized by diverse forms and features that are outlined in converse ways depending on whether the shutters are open – revealing a glazed transparent exterior – or closed, resulting in a textured and opaque façade.

The same concept of masking standard façade components (notably windows) can be found in the extension to the Zürichberg Hotel built in Zurich by Marianne Burkhalter & Christian Sumi (1989–1995).[14] The new building, which is set in the hotel grounds, is oval and is remarkable for its uniform aspect, which the architects

Burkhalter & Sumi, Hôtel Zurichberg, Zurich / Zurichberg Hotel, Zurich

de l'intensité de cette relation et des diverses figures qui se profilent à l'intérieur d'un champ défini par les deux configurations extrêmes: le tout ouvert – la façade vitrée et transparente –, le tout fermé – la façade opaque et texturée.

Nous retrouvons ce même principe de dissimulation des éléments courants constitutifs de la façade – et en particulier de la fenêtre – dans l'extension de l'hôtel Zürichberg (1989–1995) construit à Zurich par Marianne Burkhalter & Christian Sumi[14]. La forme ovale du nouveau pavillon implanté dans le parc appelle un traitement unitaire. Pour obtenir cet effet, les architectes ont adopté le même principe de recouvrement de la façade en lames de bois pour les garde-corps et les volets des loggias. Selon un rapport toujours changeant d'ouverture et de fermeture des volets, notre perception de la façade varie, oscillant entre le sentiment d'observer une façade «trouée» ou au contraire une façade parfaitement lisse qui occulte toute indication apparente de la position des ouvertures.

Dans les deux réalisations ici évoquées, la nécessité d'assurer un traitement esthétique neutre de la façade conduit à la dissimulation, partielle ou totale, des ouvertures. Un voile masque la réalité en dérobant au regard ce qu'il y a à voir, ou plutôt en faisant «*semblant de donner à voir ce qu'il refuse au regard*»[15]. En effet, le principe de la dissimulation consiste à ne pas voir les choses telles qu'elles sont, mais plutôt à les suggérer, à induire un regard intrigué et fuyant, non orienté.

Le voile et la dissimulation évoquent habituellement l'objet du désir caché et des plaisirs furtifs. Mais, dans ces mots, on peut aussi déceler, paradoxalement, une certaine «honnêteté», au sens ou si on simule ce qui n'est pas (à la manière d'un trompe l'œil), au contraire on dissimule ce qui est – en d'autres termes, on voile pour mieux dévoiler. Dans cette optique, il faut souligner l'importance de la vision extérieure nocturne, dont la luminosité révèle «la présence d'une absence» et la simultanéité étrange du voile et des éléments constitutifs de la façade.

Une rhétorique autre

Imaginer l'évidence, le détournement de sens, l'honnête dissimulation: ces termes nous ont servi à caractériser quelques lignes de force, quelques vecteurs de la recherche contemporaine d'une rhétorique autre, nourrie d'abstraction et d'essentiel. Une rhétorique qui refuse toute emphase esthétique et qui joue sur les paradoxes, voulant paraître à la fois singulière

achieved by covering the façades, shutters and wall of the loggias in strips of wood. The way we perceive the façade thus varies, depending on whether the shutters are open or closed; since all outward signs of the openings can be concealed, it is impossible to ascertain whether the façade is pierced or, conversely, as flat as a board.

In both works cited above, the fact that the architects aimed to create a neutral façade design prompted them to partially or totally mask the openings. Reality is hence veiled by a screen that hides from sight what there is to be seen, or rather which *"pretends to show elements that are actually concealed from view."*[15] In sum, the whole principle of masking is rooted in not showing things as they are; instead, the objective is to hint and suggest, so our gaze darts in intrigue from one place to another, never quite sure where to focus.

The words "veil" and "mask" usually evoke thoughts of hidden desire and furtive pleasure. But paradoxically, they also conjure up the notion of a kind of honesty, in the sense that if we simulate something that is not there (like a trompe l'œil), we are in fact dissimulating something that is there; in other words, we veil things in order to better reveal them. Outdoor nocturnal vision is a case in point, for the night emanates a light that reveals "an absent presence" wrought by the strange combination of architectural profiles and the veil that envelops them.

Another Rhetoric

Imagining the obvious; twisting the meaning; honest dissimulation. Such are the expressions we have used to sketch out a few key themes and vectors of the current quest for another rhetoric, fed by abstraction and basic essentials. It is a rhetoric that rejects all aesthetic emphasis and which plays on paradox, with a view to seem-

et banale. Une rhétorique qui fait encore aujourd'hui écho à cette idée insufflée dans les années soixante-dix: «*pour qu'un bâtiment soit aujourd'hui intéressant, il semble qu'il doive être plus qu'il n'est, qu'il doive investir les lieux qui l'entourent de tout un ensemble de possibilités de conjonctions; et surtout qu'il doive le faire avec calme...*»[16].

ing both singular and banal. It is, moreover, a rhetoric that projects the idea sown in the seventies whereby: *"It would seem as if a building today is only interesting if it is more than itself; if it charges the space around it with connective possibilities; especially if it does this by a quietness."*[16]

1 Je paraphrase ici le titre de deux ouvrages: *Immaginare l'evidenzia* d'Alvaro Siza, Gius. Laterza & figli Spa, Roma-Bari, 1998 et *Della Dissimulazione onesta*, texte du dix-septième siècle de Torquato Acetto publié par Costa & Nolan, Gênes, 1983 (Version française: *De l'Honnête Dissimulation*, Editions Verdier, Lagrasse, 1990).
2 Alison et Peter Smithson, *Without Rhetoric*, Latimer New Dimensions Limited, Londres, 1973. Une traduction par I. von Moss d'une version abrégée de ce texte a été publiée dans la revue *archithese*, n° 1, 1977.
3 «*Notre dette envers Mies van der Rohe est si grande qu'il nous est parfois difficile de distinguer nos propres pensées des siennes, car ses propres visions ont si souvent stimulé notre réflexion*». Alison et Peter Smithson, op. cit.
4 C'est la thèse de Robert Maxwell dans son article «Truth without rhetoric. The new softly smiling face of our discipline» in *AA Files*, n°28, 1994.
5 Derek Sudgen, «The Sudgen House. Dreaming and living» in Helena Webster (éd.), *Modernism without Rhetoric. Essays on the Work of Alison and Peter Smithson*, Academy Editions, Londres, 1977.
6 Hans Schmidt, «La coordinazione modulare nell'architettura» in *Contributi all'architettura 1924–1964*, Franco Angeli Editore, Milan, 1974 (Version originale: *Beiträge zur Architektur 1924–1964*, Veb, Verlag für Bauwesen, Berlin, 1965).
7 Martin Steinmann, «Le sens du banal», *Faces*, n° 13, 1989. A ce sujet, voir aussi Wilfried Wang, «From normality to abstraction: Diener & Diener's recent work» in *From City to Detail*, Ernst & Sohn, Berlin, 1992, et Joseph Abram, «Un caractère intemporel. A propos de l'immeuble de la Roquette à Paris», *Faces*, n° 41, 1997.
8 Voir à ce sujet: Martin Steinmann, «Le regard producteur. A propos de la maison du Kohlenberg à Bâle», *Faces*, n° 41, 1997; Ulrike Jehle, «Seen through the window» in *Diener & Diener, Projects 1978–1990*, Rizzoli, New York, 1991; Andreas Janser, «Das grosse Fenster», *archithese*, n° 5, 1997.
9 Roger Diener, «Firmitas», conférence inédite donnée à l'EPFZ le 29 octobre 1996, traduction de Colette Raffaele.
10 Voir à ce sujet Jacques Lucan, «De la décomposition de la fenêtre à la pièce de lumièr»» in P. Mestelan (sous la dir.), «Louis I. Kahn, Silence and Light, Actualité d'une pensée», *Cahiers de théorie*, n° 2/3, PPUR-EPFL-ITHA, 2000.
11 Roger Diener, «Sur le processus conceptuel du projet d'architecture et les moyens qu'il implique» in *Fenêtres habitées*, Architekturmuseum in Basel, Bâle, 1989.
12 Martin Steinmann, «Le sens du banal», op. cit.
13 L'allusion à l'utilisation de grilles de fonte Von Roll pour les volets nous amènerait à évoquer de nouveau le principe de détournement de sens.
14 Nous retrouvons ce même principe dans d'autres réalisations bâloises de Herzog & de Meuron datant de la même période, comme l'extension du bâtiment administratif de la SUVA (1988–1993) – où une peau de verre à la technologie sophistiquée recouvre la massivité de la façade préexistante – ou dans le poste d'aiguillage à Auf dem Wolf (1989–1994), où la continuité de l'enveloppe unitaire en cuivre patiné est assurée devant les fenêtres par des bandes dont la torsion permet de laisser passer la lumière et par conséquent d'éclairer les espaces intérieurs.
15 Martin Steinmann, «Architecture récente en Suisse alémanique» in Peter Disch, *Architektur in der Deutschen Schweiz 1980–1990*, Verlag ADV, Lugano, 1991.
16 Alison et Peter Smithson, op. cit.

1 Here, I am paraphrasing the title of two works: *Immaginare l'evidenzia* by Alvaro Siza, Gius. Laterza & figli Spa, Roma-Bari, 1998 and *Della Dissimulazione onesta*, a text written in the seventeenth century by Torquato Acetto and published by Costa & Nolan, Genoa, 1983.
2 Alison and Peter Smithson, *Without Rhetoric*, Latimer New Dimensions Limited, London, 1973.
3 *"Our debt to Mies van der Rohe is so great it is difficult to disentangle what are our own thoughts so often have they have been the results of insights received from him."* Alison and Peter Smithson, op. cit.
4 This is the argument expounded by Robert Maxwell in an article entitled "Truth without rhetoric. The new softly smiling face of our discipline" in *AA Files*, no. 28, 1994.
5 Derek Sudgen, "The Sudgen House. Dreaming and Living" in Helena Webster (éd.), *Modernism without Rhetoric. Essays on the Work of Alison and Peter Smithson*, Academy Editions, London, 1977.
6 Hans Schmidt, "La coordinazione modulare nell'architettura" in *Contributi all'architettura 1924–1964*, Franco Angeli Editore, Milan, 1974 (original version: *Beiträge zur Architektur 1924–1964*, Veb, Verlag für Bauwesen, Berlin, 1965).
7 Martin Steinmann, "Le sens du banal", *Faces*, no. 13, 1989. See also Wilfried Wang, "From normality to abstraction: Diener & Diener's recent work" in *From City to Detail*, Ernst & Sohn, Berlin, 1992, and Joseph Abram, "Un caractère intemporel. A propos de l'immeuble de la Roquette à Paris", *Faces*, no. 41, 1997.
8 See Martin Steinmann, "Le regard producteur. A propos de la maison du Kohlenberg à Bâle", *Faces*, no. 41, 1997; Ulrike Jehle, "Seen through the window" in *Diener & Diener, Projects 1978–1990*, Rizzoli, New York, 1991; Andreas Janser, "Das grosse Fenster", *archithese*, no. 5, 1997.
9 Roger Diener, "Firmitas", an unpublished lecture given at the EPFZ on 29 October 1996; translated into French by Colette Raffaele.
10 See Jacques Lucan, "De la décomposition de la fenêtre à la pièce de lumière" in P. Mestelan, "Louis I. Kahn, Silence and Light, Actualité d'une pensée", *Cahiers de théorie*, no.2/3, PPUR-EPFL-ITHA, 2000.
11 Roger Diener, "Sur le processus conceptuel du projet d'architecture et les moyens qu'il implique" in *Fenêtres habitées*, Architekturmuseum, Basel, 1989.
12 Martin Steinmann, "Le sens du banal", op. cit.
13 These call to mind Von Roll cast-iron grating, once again evoking the notion of twisted meaning.
14 The same principle can be found in other builings constructed in Basel around the same time by Herzog & de Meuron. Examples include an extension to an administrative building for SUVA (1988–1993) where a sophisticated glass skin covers the hefty façade of the old building, and a signal box at Auf dem Wolf (1989–1994) where strips of weathered copper have been laid below the windows so that the latter blend with the rest of the structure. These strips are twisted to let sunlight filter in to the interior.
15 Martin Steinmann, "Architecture récente en Suisse alémanique" in Peter Disch, *Architektur in der Deutschen Schweiz 1980–1990*, Verlag ADV, Lugano, 1991.
16 Alison and Peter Smithson, op. cit.

Annexes Appendix

Jacques Lucan

Né en 1947. Architecte, professeur de théorie au Département d'Architecture de l'Ecole polytechnique fédérale de Lausanne et directeur de l'ITHA (Institut de Théorie et d'Histoire de l'Architecture); il donne aussi des cours à l'Ecole d'Architecture de la Ville et des Territoires à Marne-la-Vallée. Il fait partie du comité de rédaction de *matières*, revue publiée par l'ITHA.

Joseph Abram

Né en 1951. Architecte et historien, enseignant-chercheur à l'Ecole d'architecture de Nancy et chargé de cours à l'IAUG (Institut d'Architecture de l'Université de Genève). Il fait partie du comité de rédaction de *Faces*, revue publiée par l'IAUG. Il a récemment publié *L'Architecture en France, Tome 2 – Du chaos à la croissance, 1940–1966* (Paris, Picard, 1999).

Bruno Marchand

Né en 1955. Diplômé de l'Ecole polytechnique fédérale de Lausanne (1980) et docteur ès sciences (1992). Il est professeur de théorie au Département d'Architecture de l'Ecole polytechnique fédérale de Lausanne, directeur de l'ITHA et membre du comité de rédaction de *matières*.

Stanislaus von Moos

Né en 1940. Historien d'art. A enseigné à Harvard, Berne, Londres, Lausanne et Delft. Fondateur et rédacteur de la revue *archithese* (1970–1980), il est professeur d'histoire de l'art moderne à l'Université de Zurich. Il a été commissaire de l'exposition «Minimal Tradition» présentée à la dix-neuvième Triennale de Milan en 1996.

Martin Steinmann

Né en 1942. Diplômé de l'ETH de Zurich en 1967. Rédacteur de la revue *archithese* de 1979 à 1986, il occupe plusieurs postes d'enseignement avant de devenir professeur de projet et théorie d'architecture au Département d'Architecture de l'Ecole polytechnique fédérale de Lausanne. Il fait partie du comité de rédaction de *Faces* et de celui de *matières*.

Jacques Lucan

Jacques Lucan was born in 1947. He is a practising architect, Professor of Architectural Theory at the Ecole Polytechnique Fédérale de Lausanne and co-chair of the ITHA (Institut de Théorie et d'Histoire de l'Architecture). He also teaches at the Ecole d'Architecture de la Ville et des Territoires in Marne-la-Vallée, France and is on the editorial board of *matières* – a review published by ITHA.

Joseph Abram

Joseph Abram was born in 1951. He is an architect and historian, as well as a professor and researcher at the School of Architecture in Nancy and a fellow lecturer at IAUG (Institut d'Architecture de l'Université de Genève). He is on the editorial board of *Faces* – a review produced by IAUG – and has recently published *L'Architecture en France, Tome 2 – Du chaos à la croissance, 1940–1966* (Paris, Picard, 1999).

Bruno Marchand

Bruno Marchand was born in 1955. He graduated from the Ecole Polytechnique Fédérale de Lausanne in 1980 and received his PhD in science in 1992. He is Professor of Architectural Theory at the Ecole Polytechnique Fédérale de Lausanne. He also co-chairs the ITHA and is on the editorial board of *matières*.

Stanislaus von Moos

Stanislaus von Moos was born in 1940. He is an art historian and has taught at Harvard, Bern, London, Lausanne and Delft. He is Professor of the History of Modern Art at the University of Zurich and was a founding member and editor of the review *archithese* (1970–1980). He was a commissioner of the "Minimal Tradition" exhibition shown in 1996 at the nineteenth Triennale of Milan.

Martin Steinmann

Martin Steinmann was born in 1942. He graduated from ETH Zurich in 1967. He took up several lecturing posts before being appointed Professor of Design and Architectural Theory at the Ecole Polytechnique Fédérale de Lausanne. He was a contributing editor for the review *archithese* from 1979 to 1986 and is on the editorial boards of *Faces* and *matières*.

tecture à l'ETH de Zurich depuis 1999. Architecte FAS.
Bâtiment d'exploitation et étables, Vrin, Grisons, 1998–1999.
Ing. Jürg Conzett (Conzett, Bronzini, Gartmann), Coire.

Clavuot, Conradin
Né à Davos en 1962. Diplômé de l'ETH de Zurich en 1988. Etabli à Coire depuis 1988.

Ecole et salle polyvalente, St. Peter, Grisons, 1994–1998.
Ing. Jürg Conzett (Conzett, Bronzini, Gartmann), Coire. (→ pp. 70–73)

Conzett, Jürg (Conzett, Bronzini, Gartmann)
Jürg Conzett est né à Aarau en 1956. Diplômé ingénieur civiil de l'EPF de Lausanne en 1980. Collaborateur de l'agence Peter Zumthor, Haldenstein (1981–1987). Etabli à Coire depuis 1988 en association avec Gianfranco Bronzini et Patrick Gartmann. Depuis 1985, enseigne à l'Ecole d'ingénieurs de Coire. Membre associé FAS.

Passerelle, Suransuns, Grisons, 1997–1999. (→ pp. 74–77)

Devanthéry, Patrick & Lamunière, Inès
Patrick Devanthéry et Inès Lamunière sont respectivement nés à Sion et Genève en 1954. Diplômés de l'EPF de Lausanne en 1980. Etablis à Genève et Lausanne depuis 1983. Professeurs invités à l'Université de Harvard en 1996 et 1999. Inès Lamunière est professeur de projet et théorie de l'architecture à l'EPF de Lausanne. Architectes FAS.

Avec Gabriel de Freudenreich, architecte FAS.
Bibliothèque Edouard Fleuret, Lausanne-Dorigny, Vaud, 1998–2000. (→ pp. 78–81)

Diener & Diener
Roger Diener est né à Bâle en 1950. Diplômé de l'ETH de Zurich en 1975. Partenaire du bureau Diener & Diener à Bâle depuis 1980. Professeur invité de diverses institutions dont l'EPF de Lausanne (1985 et 1987–1989), et à Harvard, Vienne, Amsterdam et Copenhague. Depuis 1999, Roger Diener dirige le «Studio Basle», laboratoire externe d'expérimentation de l'ETH de Zurich (avec Marcel Meili, Jacques Herzog et Pierre de Meuron). Architecte FAS.

Extension de la Compagnie des eaux, Berlin, Allemagne. Concours, 1993. (→ pp. 34–36)

Plan d'ensemble pour Baden-nord, Argovie, 1993–1995. (→ pp. 35–37)

Immeuble de commerces et logements, Steinenvorstadt 2 / Kohlenberg 1, Bâle, 1994–1995. (→ p. 136)

Bâtiments de logements et bureaux Warteck, Grenzacherstrasse 62–64 / Fischerweg 6–8–10 / Alemannengasse 33–35–37, Bâle, 1993–1996. (→ pp. 38–39)

Magasin Migros, école de formation et de loisirs, parking, Hertensteinstrasse et Töpferstrasse, Schweizerhof, Lucerne, 1995–2000. (→ pp. 82–85)

Gigon, Annette & Guyer, Mike
Annette Gigon est née en 1959 à Herisau. Diplômée de l'ETH de Zurich en 1984. Collaboratrice de l'agence Marbach + Rüegg, Zurich (1984–1986) et de l'agen-

Vrin. Professor of architecture at ETH Zurich since 1999.
Farm building and stables in Vrin, Graubünden, 1998–1999.
Engineer: Jürg Conzett (Conzett, Bronzini, Gartmann), Chur.

Clavuot, Conradin
Born 1962, Davos. Graduated from ETH Zurich in 1988. Founded his own practice in 1988, Chur.

School and multifunctional hall, St. Peter, Graubünden, 1994–1998.
Engineer: Jürg Conzett (Conzett, Bronzini, Gartmann), Chur. (→ pp. 70–73)

Conzett, Jürg (Conzett, Bronzini, Gartmann)
Jürg Conzett was born in 1956. Graduated in civil engineering from EPF Lausanne in 1980. Worked with Peter Zumthor's office in Haldenstein (1981–1987). Set up in partnership with Gianfranco Bronzini and Patrick Gartmann (Chur, 1988). Has taught at Chur School of Engineering since 1985. Associate member of FAS.

Footbridge, Suransuns, Graubünden, 1997–1999. (→ pp. 74–77)

Devanthéry, Patrick & Lamunière, Inès
Patrick Devanthéry and Inès Lamunière were born in 1954, in Sion and Geneva respectively. They graduated from EPF Lausanne in 1980. Set up in practice in Geneva and Lausanne in 1983. Visiting professors at Harvard University (1996 and 1999). Inès Lamunière is professor of design and architectural theory at EPF Lausanne. Both are FAS members.

With Gabriel de Freudenreich, FAS member
Edouard Fleuret Library, Dorigny, Lausanne, Vaud, 1998–2000. (→ pp. 78–81)

Diener & Diener
Roger Diener was born in Basel in 1950. Graduated from ETH Zurich in 1975. Partner of the Diener & Diener office in Basel since 1980. Visiting professor at EPF Lausanne (1985 and 1987–1989), Harvard, Vienna, Amsterdam and Copenhagen. Since 1999 Roger Diener has run "Studio Basle", an annex research unit of ETH Zurich (with Marcel Meili, Jacques Herzog and Pierre de Meuron). FAS member.

Extension of the Berlin Water Company, Germany. Competition, 1993. (→ pp. 34–36)

Site plan for north Baden, Argovie, 1993–1995.

Office building and housing, Steinenvorstadt 2 / Kohlenberg 1, Basel, 1994–1995. (→ p. 136)

Housing and Warteck offices, Grenzacherstrasse 62–64 / Fischerweg 6–8–10 / Alemannengasse 33–35–37, Basel, 1993–1996. (→ pp. 38–39)

Migros shop, adult education centre and car park, Hertensteinstrasse and Töpferstrasse, Schweizerhof, Luzern, 1995–2000. (→ pp. 82–85)

Gigon, Annette & Guyer, Mike
Annette Gigon was born in 1959 in Herisau. Graduated from ETH Zurich in 1984. Worked with the Marbach + Rüegg office, Zurich (1984–1986) and with

ce Herzog & de Meuron, Bâle (1986–1988). Etablie à Zurich depuis 1989, en association avec Mike Guyer. Architecte FAS.
Mike Guyer est né en 1958 à Columbus, Ohio, USA. Diplômé de l'ETH de Zurich en 1984. Collaborateur de l'Office for Metropolitan Architecture (OMA-Rem Koolhaas), Rotterdam (1984–1987). Assistant du Professeur Hans Kollhoff à l'ETH de Zurich (1987–1988). Etabli à Zurich depuis 1989, en association avec Annette Gigon. Architecte FAS.

Christoph Bürkle, *Gigon Guyer Architekten: Arbeiten 1989 bis 2000*, Niggli Verlag, Zurich, 2000.

Musée Kirchner, Davos, Grisons, 1989–1992.
Ing. DIAG, Davos. (→ p. 126)

Extension du Kunstmuseum, Winterthur, Zurich, 1993–1995.
Ing. Jürg Conzett (Branger & Conzett), Coire. (→ p. 135)

Musée Liner, Unterrainstrasse 5, Appenzell, 1996–1998.
Ing. Aerni + Aerni, Zurich. (→ pp. 86–89)

Poste d'aiguillage CFF, Zurich, 1996–1999.
Ing. Jürg Conzett (Conzett, Bronzini, Gartmann), Coire. (→ p. 144)

Centre de formation Roche, Buonas, Zoug. Concours, 1999. (→ pp. 158–161)

Giuliani, Lorenzo & Hönger, Christian
Lorenzo Giuliani est né en 1962. Diplômé de l'ETH de Zurich en 1988. Collaborateur de l'agence Gonthier, Berne (1989). Assistant des Professeurs E. Studer et A. Corboz à l'ETH de Zurich (1989–1993). Etabli à Zurich depuis 1991 en association avec Christian Hönger. Architecte FAS.
Christian Hönger est né en 1959. Diplômé de l'ETH de Zurich en 1987. Collaborateur de l'agence Burkhard, Meyer, Steiger, Baden (1983). Assistant du professeur E. Studer à l'ETH de Zurich (1990–1993). Etabli à Zurich depuis 1991 en association avec Lorenzo Giuliani. Architecte FAS.

Ecole supérieure de Tourisme, Samedan, Grisons, 1994–1997. (→ p. 129)

Herzog & de Meuron
Jacques Herzog est né à Bâle en 1950. Diplômé de l'ETH de Zurich en 1975. Professeur invité à l'Université Cornell (1983) et à l'Université de Harvard (1996–1998). Architecte FAS.
Pierre de Meuron est né à Bâle en 1950. Diplômé de l'ETH de Zurich en 1975. Professeur invité à l'Université de Harvard (1996–1998). Architecte FAS.
Jacques Herzog et Pierre de Meuron sont associés depuis 1978. Depuis 1999, ils dirigent le «Studio Basle», laboratoire externe d'expérimentation de l'ETH de Zurich (avec Roger Diener et Marcel Meili).
Harry Gugger est né à Grezenbach en 1956. Apprentissage de mécanicien. Diplômé de l'ETH de Zurich en 1989. Partenaire de l'agence Herzog & de Meuron depuis 1991. Professeur invité à l'EPF de Lausanne (2000–2001). Architecte FAS.
Christine Binswanger est née à Kreuzlingen en 1964. Diplômée de l'ETH de Zurich en 1990. Partenaire de l'agence Herzog & de Meuron depuis 1994. Professeur invité à l'EPF de Lausanne (2000–2001). Architecte FAS.

Gerhard Mack, *Herzog & de Meuron* (1) *1978–1988*; (2) *1989–1991*; (3) *1992–1996*, Birkhäuser, Bâle, 1996, 2000.

Herzog & de Meuron, Basel (1986–1988). Set up in partnership with Mike Guyer (Zurich, 1989). FAS member.
Mike Guyer was born in 1958 in Columbus, Ohio, USA. Graduated from ETH Zurich in 1984. Worked with the Office for Metropolitan Architecture (OMA-Rem Koolhaas), Rotterdam (1984–1987). Assistant to Professor Hans Kollhoff at ETH Zurich (1987–1988). Set up in partnership with Annette Gigon in 1989, Zurich. FAS member.

Christoph Bürkle, *Gigon Guyer Architekten: Arbeiten 1989 bis 2000*, Niggli Verlag, Zurich, 2000.

Kirchner Museum, Davos, Graubünden, 1989–1992.
Engineer: DIAG, Davos. (→ p. 126)

Extension to the Kunstmuseum, Winterthur, Zurich, 1993–1995.
Engineer: Jürg Conzett (Branger & Conzett), Chur. (→ p. 135)

Liner Museum, Unterrainstrasse 5, Appenzell, 1996–1998.
Engineer: Aerni + Aerni, Zurich. (→ pp. 86–89)

CFF signal box, Zurich, 1996–1999. (→ p. 144)
Engineer: Jürg Conzett (Conzett, Bronzini, Gartmann), Chur. (→ p. 144)

Roche Training Centre, Buonas, Zug. Competition, 1999.

Giuliani, Lorenzo & Hönger, Christian
Lorenzo Giuliani was born in 1962. Graduated from ETH Zurich in 1988. Worked with Gonthier's office, Bern (1989). Assistant to Professors E. Studer and A. Corboz at ETH Zurich (1989–1993). Set up in partnership with Christian Hönger in 1991, Zurich. FAS member.
Christian Hönger was born in 1959. Graduated from ETH Zurich in 1987. Worked with the Burkhard, Meyer and Steiger office in Baden (1983). Assistant to Professor E. Studer at ETH Zurich (1990–1993). Set up in partnership with Lorenzo Giuliani in 1991, Zurich. FAS member.

Tourism College, Samedan, Graubünden, 1994–1997. (→ p. 129)

Herzog & de Meuron
Jacques Herzog was born in Basel in 1950. Graduated from ETH Zurich in 1975. Visiting professor at Cornell University (1983) and Harvard University (1996–1998). FAS member.
Pierre de Meuron was born in Basel in 1950. Graduated from ETH Zurich in 1975. Visiting professor at Harvard University (1996–1998). FAS member.
Jacques Herzog and Pierre de Meuron set up in partnership in 1978. Since 1999 they have run "Studio Basle", an annex research unit of ETH Zurich (with Roger Diener and Marcel Meili).
Harry Gugger was born in Grezenbach in 1956. Trained as a mechanic. Graduated from ETH Zurich in 1989. Partner of the Herzog & de Meuron office since 1991. Visiting professor at EPF Lausanne (2000–2001).
Christine Binswanger was born in Kreuzlingen in 1964. Graduated from ETH Zurich in 1990. Partner of the Herzog & de Meuron office since 1994. Visiting professor at EPF Lausanne (2000–2001).

Gerhard Mack, *Herzog & de Meuron* (1) *1978–1988*; (2) *1989–1991*; (3) *1992–1996*, Birkhäuser, Basel, 1996, 2000.

Atelier Frei, Weil, Allemagne 1981–1982. (→ p. 11)

Entrepôt Ricola, Laufen, Bâle, 1986–1987. (→ p. 134)

Maison en pierre, Tavole, Italie, 1982–1988. (→ p. 128)

Immeuble de logements Schwarz-Park, Bâle. Concours, 1988. (→ p. 132)

Centre de stockage et de production de Ricola Europe, Mulhouse-Brunnstatt, France, 1992–1993. (→ p. 31)

Bâtiment de marketing Ricola, Laufen, Bâle, 1997–1998. (→ pp. 32–33)

Pharmacie de l'hôpital, Rossettiareal, Bâle, 1995–1998. (→ pp. 90–93)

Bibliothèque de l'Ecole technique, Eberswalde, Allemagne, 1994–1999. (→ pp. 136–137)

Poste central de commande CFF, Bâle, 1999. (→ p. 145)

Immeuble de bureaux et logements, Soleure, 1998–2000. (→ p. 131)

Magasin et bureaux Prada, Tokyo-Aoyama, Japon, 1999–2002. (→ p. 29)

Horváth, Pablo
Né à St. Moritz en 1962. Diplômé de l'ETH de Zurich en 1988. Etabli à Coire depuis 1990.

Ecole primaire et local des pompiers, Fläsch, Grisons, 1996–1998. (→ pp. 50–51)

Jüngling, Dieter & Hagmann, Andreas
Dieter Jüngling est né à Bâle en 1957. Diplôme d'architecte de l'Ecole d'ingénieurs de Bâle en 1982. Collaborateur de l'agence Herzog & de Meuron, Bâle (1978–1979 et 1983–1986) et de l'agence Peter Zumthor, Haldenstein (1986–1990). Etabli à Coire depuis 1990 en association avec Andreas Hagmann. Architecte FAS.
Andreas Hagmann est né à Lucerne en 1959. Diplômé de l'ETH de Zurich en 1987. Collaborateur du service des Monuments historiques du canton des Grisons (1985–1987) et de l'agence Peter Zumthor, Haldenstein (1987–1990). Etabli à Coire depuis 1990 en association avec Dieter Jüngling. Architecte FAS.

Maison pour deux familles, Felsberg, Grisons, 1994–1996. (→ p. 133)

Märkli, Peter
Peter Märkli est né à Zurich en 1953. Etudie l'architecture à l'ETH de Zurich de 1972 à 1977. Etabli à Zurich depuis 1978. Professeur invité à l'ETH de Zurich (1997) et à l'EPF de Lausanne (1998).

Avec Stefan Bellwalder
Immeuble d'habitation, Brigue, Valais, 1992–1995. (→ p. 130)

Avec Gody Kühnis
Maison Huerzeler, Erlenbach, Zurich, 1997. (→ pp. 94–97)

Marques, Daniele & Zurkirchen, Bruno
Daniele Marques est né à Aarau en 1950. Diplômé de l'ETH de Zurich en 1976. Eta-

Frei atelier, Weil, Germany 1981–1982. (→ p. 11)

Ricola warehouse, Laufen, Basel, 1986–1987. (→ p. 134)

Stone House, Tavole, Italy, 1982–1988. (→ p. 128)

Housing block, Schwarz-Park, Basel. Competition, 1988. (→ p. 132)

Storage and production centre for Ricola Europe, Mulhouse-Brunnstatt, France, 1992–1993. (→ p. 31)

Ricola marketing building Ricola, Laufen, Basel, 1997–1998. (→ pp. 32–33)

Hospital pharmacy, Rossettiareal, Basel, 1995–1998. (→ pp. 90–93)

Library (Eberswalde Technical College), Eberswalde, Germany, 1994–1999. (→ pp. 136–137)

CFF rail control tower, Basel, 1999. (→ p. 145)

Offices and housing, Soleure, 1998–2000. (→ p. 131)

Prada shop and offices, Tokyo-Aoyama, Japan, 1999–2002. (→ p. 29)

Horváth, Pablo
Born 1962, St. Moritz. Graduated from ETH Zurich in 1988. Founded his own practice in 1990, Chur.

Primary school and fire station Fläsch, Graubünden, 1996–1998. (→ pp. 50–51)

Jüngling, Dieter & Hagmann, Andreas
Dieter Jüngling was born in Basel in 1957. Graduated in architecture from the Engineering School of Basel in 1982. Worked with Herzog & de Meuron in Basel (1978–1979 and 1983–1986) and with Peter Zumthor's office in Haldenstein (1986–1990). Set up in partnership with Andreas Hagmann (Chur, 1990).
Andreas Hagmann was born in Luzern in 1959. Graduated from ETH Zurich in 1987. Worked with the Department of Listed Buildings of Graubünden (1985–1987) and with Peter Zumthor's office in Haldenstein (1987–1990). Set up in partnership with Dieter Jüngling (Chur, 1990).

Two-family dwelling, Felsberg, Graubünden, 1994–1996. (→ p. 133)

Märkli, Peter
Born 1953, Zurich. Studied architecture at ETH Zurich from 1972 to 1977. Founded practice in Zurich in 1978. Visiting professor at ETH Zurich (1997) and at EPF Lausanne (1998).

With Stefan Bellwalder
Housing block, Brig, Valais, 1992–1995. (→ p. 130)

With Gody Kühnis
Hürzeler House, Erlenbach, Zurich, 1997. (→ pp. 94–97)

Marques, Daniele & Zurkirchen, Bruno
Daniele Marques was born in Aarau in 1950. Graduated from ETH Zurich in

bli à Lucerne en association avec Bruno Zurkirchen de 1980 à 1996. Atelier d'architecture indépendant à Lucerne depuis 1996. Professeur invité à l'EPF de Lausanne (1993–1994, 1999–2000) et à l'ETH de Zurich (1996–1997). Architecte FAS. Bruno Zurkirchen est né en 1948. Diplômé de l'ETH de Zurich en 1980. Etabli à Lucerne en association avec Daniele Marques de 1980 à 1996. Atelier d'architecture indépendant à Lucerne depuis 1996. Professeur invité à l'ETH de Zurich (1996–1997). Architecte FAS.

Centre commercial Kirchpark, Hub 734, Lustenau, Autriche, 1990–1996. Ing. WGG, H. Schnetzer, Bâle; Moosbrugger Martin; Dornbirn Merz & Kaufmann AG, Lustenberg. (→ pp. 134–135)

Meili, Marcel & Peter, Markus
Marcel Meili est né à Küsnacht en 1953. Diplômé de l'ETH de Zurich en 1980. Collaborateur de l'agence Dolf Schnebli, Zurich (1983–1985). Assistant du Professeur Mario Campi à l'ETH de Zurich (1985–1987). Etabli à Zurich depuis 1987 en association avec Markus Peter. Depuis 1999, Marcel Meili dirige le «Studio Basle», laboratoire externe d'expérimentation de l'ETH de Zurich (avec Roger Diener, Jacques Herzog et Pierre de Meuron).
Markus Peter est né à Zurich en 1957. Apprentissage de dessinateur. Diplôme d'architecte de l'Ecole d'ingénieurs de Winterthur en 1984. Collaborateur de l'agence Dolf Schnebli, Zurich (1985–1986). Assistant du Professeur Mario Campi à l'ETH de Zurich (1986–1988). Etabli à Zurich depuis 1987 en association avec Marcel Meili. Professeur invité à l'ETH de Zurich (1993–1995).

Passerelle sur la Mur, Murau, Autriche, 1995. Ing. Jürg Conzett (Conzett, Bronzini, Gartmann), Coire. (→ p. 153)

Avec Zeno Vogel
Ecole suisse d'ingénieurs du bois, Solothurnstrasse 102, Bienne, Berne, 1990–1999. Ing. Jürg Conzett (Conzett, Bronzini, Gartmann), Coire. (→ pp. 98–103)

Centre de séminaires Swiss Re, Rüschlikon, Zurich 1995–2000. (→ p. 137)

Miller, Quintus & Maranta, Paola
Quintus Miller est né à Aarau en 1961. Diplômé de l'ETH de Zurich en 1987. Assistant de la Professeure Inès Lamunière à l'ETH de Zurich et à l'EPF de Lausanne (1990–1994). Etabli à Bâle depuis 1994 en association avec Paola Maranta. Architecte FAS.
Paola Maranta est née à Coire en 1959. Diplômée de l'ETH de Zurich en 1986. Conseillère en entreprise à Zurich (1991–1994). Etablie à Bâle depuis 1994 en association avec Quintus Miller. Architecte FAS.

Ecole et gymnase Volta, Bâle, 1996–2000. Ing. Jürg Conzett (Conzett, Bronzini, Gartmann), Coire. (→ pp. 104–107)

Morger, Meinrad & Degelo, Heinrich
Meinrad Morger est né en 1957. Apprentissage de dessinateur en bâtiment, diplôme d'architecte à l'Ecole d'ingénieurs de Winterthur en 1980. Etudie à l'ETH de Zurich. Collaborateur de Michael Alder, Bâle et de Metron, Windisch (1984–1988). Etabli à Bâle depuis 1988 en association avec Heinrich Degelo. Professeur invité à l'EPF de Lausanne et à l'ETH de Zurich (1998–2000). Architecte FAS.
Heinrich Degelo est né en 1957. Apprentissage d'ébéniste, étude l'architecture d'intérieur et le design industriel à la Schule für Gestaltung de Bâle (1983) et aux

1976. Practised in Luzern in association with Bruno Zurkirchen from 1980 to 1996. Set up in his own right in 1996 (Luzern). Visiting professor at EPF Lausanne (1993–1994, 1999–2000) and at ETH Zurich (1996–1997).
Bruno Zurkirchen was born in 1948. Graduated from ETH Zurich in 1980. Practised in Luzern in association with Daniele Marques from 1980 to 1996. Set up in his own right in 1996, Luzern. Visiting professor at ETH Zurich (1996–1997). FAS member.

Kirchpark shopping mall, Hub 734, Lustenau, Austria, 1990–1996. Engineers: WGG, H. Schnetzer, Basel; Moosbrugger Martin; Dornbirn Merz & Kaufmann AG, Lustenberg. (→ pp. 134–135)

Meili, Marcel & Peter, Markus
Marcel Meili was born in Küsnacht in 1953. Graduated from ETH Zurich in 1980. Worked with Dolf Schnebli's office, Zurich (1983–1985). Assistant to Professor Mario Campi at ETH Zurich (1985–1987). Set up in partnership with Markus Peter in 1987, Zurich. Since 1999, Marcel Meili has run "Studio Basle", an annex research unit of ETH Zurich (with Roger Diener, Jacques Herzog and Pierre de Meuron).
Markus Peter was born in Zurich in 1957. Trained as a draughtsman. Graduated in architecture from Winterthur Engineering School in 1984. Worked with Dolf Schnebli's office in Zurich (1985–1986). Assistant to Professor Mario Campi at ETH Zurich (1986–1988). Set up in partnership with Marcel Meili in 1987. Visiting professor at ETH Zurich (1993–1995).

Footbridge over the Mur, Murau, Austria, 1995. Engineer: Jürg Conzett (Conzett, Bronzini, Gartmann), Chur. (→ p. 153)

With Zeno Vogel
Swiss Timber Engineering School, Solothurnstrasse 102, Biel, Bern, 1990–1999. Engineer: Jürg Conzett (Conzett, Bronzini, Gartmann), Chur. (→ pp. 98–103)

Swiss Re Seminar Centre, Rüschlikon, Zurich 1995–2000. (→ p. 137)

Miller, Quintus & Maranta, Paola
Quintus Miller was born in Aarau in 1961. Graduated from ETH Zurich in 1987. Assistant to Professor Inès Lamunière at ETH Zurich and EPF Lausanne (1990–1994). Set up in partnership with Paola Maranta (Basel, 1994). FAS member.
Paola Maranta was born in Chur in 1959. Graduated from ETH Zurich in 1986. Company consultant in Zurich (1991–1994). Set up in partnership with Quintus Miller in 1994, Basel. FAS member.

Volta school and gymnasium, Basel, 1996–2000. Engineer: Jürg Conzett (Conzett, Bronzini, Gartmann), Chur. (→ pp. 104–107)

Morger, Meinrad & Degelo, Heinrich
Meinrad Morger was born in 1957. Trained as a construction draughtsman. Graduated in architecture from Winterthur School of Engineering in 1980. Studied at ETH Zurich. Worked with Michael Alder in Basel and with Metron in Windisch (1984–1988). Set up in partnership with Heinrich Degelo (Basel, 1988). Visiting professor at EPF Lausanne and ETH Zurich (1998–2000). FAS member.
Heinrich Degelo was born in 1957. Trained as a cabinetmaker, then studied interior design and industrial design at the Schule für Gestaltung in Basel (1983)

USA. Collaborateur de Herzog & de Meuron (1984–1986). Etabli à Bâle depuis 1988 en association avec Meinrad Morger. Architecte FAS.

Avec Gérard Prêtre
Crèche, Zähringerstrasse, Bâle, 1987–1988. (→ p. 149)

Christoph Bürkle, *Morger & Degelo Architekten*, Niggli, Zurich, 2000.

Maison plurifamiliale, Binningen, Bâle, 1994–1997. (→ p. 133)

Postes de transformation CFF, répartis sur le territoire suisse, 1996-2001 (→ pp. 146–147)

Morger, Degelo, Kerez
Christian Kerez est né à Maracaibo, Venezuela, en 1962. Diplômé de l'ETH de Zurich en 1988. Collaborateur de Rudolf Fontana (1991–1994). Etabli à Zurich depuis 1994.

Musée d'art, Vaduz, Liechtenstein, 1998–2000. (→ pp. 108–111)

Olgiati, Valerio
Né à Zurich en 1958. Diplômé de l'ETH de Zurich en 1986. Assistant du Professeur Fabio Reinhart à l'ETH de Zurich (1986–1987). Etabli à Zurich (1988–1993) et à Los Angeles avec Frank Escher, architecte associé pour les Souks de Beyrouth (1993–1995). Atelier d'architecture indépendant à Zurich et Flims depuis 1996. Professeur invité à l'Ecole technique de Stuttgart (1994) et à l'ETH de Zurich (1998). Architecte FAS.

Ecole, Paspels, Grisons, 1996–1998.
Ing. Gebhard Decasper. (→ pp. 112–115)

Das gelbe Haus (musée), Flims, Grisons, 1995–1999. (→ pp. 140–141)

Maison pour trois familles, Coire, Grisons, 2000–. (→ p. 131)

Šik, Miroslav
Né à Prague en 1953. Diplômé de l'ETH de Zurich en 1979. Assistant du professeur Fabio Reinhart à l'ETH de Zurich (1983–1991). Etabli à Zurich depuis 1987. Professeur invité à l'EPF de Lausanne (1992–1993 et 1997–1998). Enseigne l'architecture à l'ETH de Zurich depuis 1999. Architecte FAS.

Miroslav Šik avec Daniel Studer, *Altneu*, Quart Verlag, Lucerne, 2000.

Avec Daniel Studer
Centre catholique Sankt Antonius, Egg, Zurich, 1988–1997. (→ p. 45)

Avec Daniel Studer
Logements pour musiciens, Bienenstrasse, Zurich, 1992–1998. (→ pp. 46–47)

Snozzi, Luigi
Né en 1932 à Mendrisio. Diplômé de l'ETH de Zurich en 1957. Etabli à Locarno en 1958. Associé avec Livio Vacchini de 1963 à 1968. Professeur invité à l'ETH de Zurich (1973–1975), puis à l'EPF de Lausanne (1980–1982, 1984–1985). Professeur à l'EPF Lausanne (1985–1997).

and in the USA. Worked with Herzog & de Meuron (1984–1986). Set up in partnership with Meinrad Morger in 1988, Basel. FAS member.

With Gérard Prêtre
Day nursery, Zähringerstrasse, Basel, 1987–1988. (→ p. 149)

Christoph Bürkle, *Morger & Degelo Architekten*, Niggli, Zurich, 2000.

Multifamily dwelling, Binningen, Basel, 1994–1997. (→ p. 133)

CFF transformer stations, Switzerland, 1996–2001.
(→ pp. 146–147)

Morger, Degelo, Kerez
Christian Kerez was born in Maracaibo, Venezuela, in 1962. Graduated from ETH Zurich in 1988. Worked with Rudolf Fontana (1991–1994). Set up in private practice in 1994, Zurich.

Art museum, Vaduz, Liechtenstein, 1998–2000. (→ pp. 108–111)

Olgiati, Valerio
Born 1958, Zurich. Graduated from ETH Zurich in 1986. Assistant to Professor Fabio Reinhart at ETH Zurich (1986–1987). Practised in Zurich (1988–1993) and Los Angeles with Frank Escher, associate architect for the Souks of Beirut (1993–1995). Set up in his own right in Zurich and Flims in 1996. Visiting professor at Stuttgart Technical College (1994) and at ETH Zurich (1998). FAS member.

School, Paspels, Graubünden, 1996–1998.
Engineer: Gebhard Decasper. (→ pp. 112–115)

Das gelbe Haus (museum), Flims, Graubünden, 1995–1999. (→ pp. 140–141)

Three-family house, Chur, Graubünden, 2000–. (→ p. 131)

Šik, Miroslav
Born 1953, Prague. Graduated from ETH Zurich in 1979. Assistant to Professor Fabio Reinhart at ETH Zurich (1983–1991). Founded his own practice in Zurich in 1987. Visiting professor at EPF Lausanne (1992–1993 and 1997–1998). Has taught architecture at ETH Zurich since 1999.

Miroslav Šik with Daniel Studer, *Altneu*, Quart Verlag, Luzern, 2000.

With Daniel Studer
Sankt Antonius Catholic Centre, Egg, Zurich, 1988–1997. (→ p. 45)

With Daniel Studer
Housing for musicians, Bienenstrasse, Zurich, 1992–1998. (→ pp. 46–47)

Snozzi, Luigi
Born 1932, Mendrisio. Graduated from ETH Zurich in 1957. Set up practice in Locarno in 1958. Worked in partnership with Livio Vacchini from 1963 to 1968. Visiting professor at ETH Zurich (1973–1975) and EPF Lausanne (1980–1982, 1984–1985). Professor at EPF Lausanne (1985–1997).

Peter Disch, *Luigi Snozzi. Costruzioni e progetti– Buildings and projects 1958–1993*, ADV, Lugano, 1994.

Projets et réalisations à Monte Carasso, Tessin, à partir de 1979. (→ pp. 54–55)

Vacchini, Livio

Né à Locarno en 1933. Diplômé de l'ETH de Zurich en 1958. Associé avec Luigi Snozzi de 1963 à 1968. Atelier d'architecture indépendant à Locarno depuis 1969. Collabore à de nombreux projets avec Aurelio Galfetti entre 1973 et 1976. Association avec Silvia Gmür depuis 1995. Professeur invité à l'ETH de Zurich (1976) et au Département d'Architecture de l'Ecole polytechnique de Milan (1982).

Roberto Masiero, *Livio Vacchini. Works and Projects*, Gustavo Gili, Barcelone, 1999.

Gymnase, Losone, Tessin, 1990–1997.
Ing. Andreotti R. & Partners, Locarno. (→ pp. 116–118)

Zumthor, Peter

Né à Bâle en 1943. Apprentissage de menuisier (1958). Etudes d'architecture à la Schule für Gestaltung de Bâle (1963) et au Pratt Institute de New-York (1966). Architecte des Monuments historiques du canton des Grisons (1968–1978). Etabli à Haldenstein depuis 1979. Professeur invité à Santa Monica (1988), Munich (1989), New Orleans (1992), Berlin (1994). Enseigne à l'Accademia di Architettura de Mendrisio, Université de la Suisse italienne. Architecte FAS.

Peter Zumthor, Hélène Binet (photographe), *Peter Zumthor Works. Buildings and Projects 1979–1997*, Princeton Architectural Press, 1998.

Abris pour un site archéologique romain, Coire, Grisons, 1985–1986. (→ pp. 142–143)

Maison Gugalun, Versam, Grisons, 1990–1994. (→ p. 150)

Bains thermaux, Vals, Grisons, 1990–1996. (→ pp. 41–43)

Kunsthaus, Bregenz, Autriche, 1996–1997. (→ p. 138)

Corps sonore suisse, Hanovre, Allemagne, 1996–2000. (→ pp. 120–123)

Peter Disch, *Luigi Snozzi. Costruzioni e progetti / Buildings and projects 1958–1993*, ADV, Lugano, 1994.

Built works and projects at Monte Carasso, Ticino, from 1979. (→ pp. 54–55)

Vacchini, Livio

Born 1933, Locarno. Graduated from ETH Zurich in 1958. Worked in partnership with Luigi Snozzi from 1963 to 1968. Set up in his own right in 1969, Locarno. Worked on several projects with Aurelio Galfetti between 1973 and 1976. Has worked in partnership with Silvia Gmür since 1995. Visiting professor at ETH Zurich (1976) and at the Department of Architecture at Milan Polytechnic School (1982).

Roberto Masiero, *Livio Vacchini. Works and Projects*, Gustavo Gili, Barcelone, 1999.

Gymnasium, Losone, Ticino, 1990–1997.
Engineer: Andreotti R. & Partners, Locarno. (→ pp. 116–118)

Zumthor, Peter

Born 1943, Basel. Trained as a carpenter (1958). Studied architecture at the Schule für Gestaltung in Basel (1963) and at the Pratt Institute in New York (1966). Architect for Listed Buildings of the Graubünden canton (1968–1978). Set up practice in Haldenstein in 1979. Visiting professor at Santa Monica (1988), Munich (1989), New Orleans (1992) and Berlin (1994). Teaches at Accademia di Architettura de Mendrisio (Swiss Italian University). FAS member.

Peter Zumthor, Hélène Binet (photograph), *Peter Zumthor Works. Buildings and Projects 1979–1997*, Princeton Architectural Press, 1998.

Shelter for a Roman archaeological site, Chur, Graubünden, 1985–1986. (→ pp. 142–143)

Gugalun House, Versam, Graubünden, 1990–1994. (→ p. 150)

Thermal baths, Vals, Graubünden, 1990–1996. (→ pp. 41–43)

Kunsthaus, Bregenz, Austria, 1996–1997. (→ p. 138)

Swiss Sound Box, Hanover, Germany, 1996–2000. (→ pp. 120–123)

Nous tenons à remercier tous les architectes et les photographes qui nous ont apporté leur aide pour cette publication en nous fournissant des documents, ainsi que Marylène Montavon, Hendrik Tieben et Lutz Windhöfel.

We wish to thank all the architects and photographers who have provided us with invaluable reference material, as well as Marylène Montavon, Hendrik Tieben and Lutz Windhöfel.

Photographic credits

Jacques Lucan	10, 16, 52, 53
Margherita Spiluttini	11, 12, 22, 30, 32, 33, 41–43, 91, 92, 93, 134, 136 (right), 138 (right), 145, 156, 157 (right), 195
Heinrich Helfenstein	15, 19, 67, 87, 88, 89, 113, 114 (below), 115, 135, 137 (right), 144, 148, 153 (below), 194, 196
Tobias Madörin	28
Thomas Ruff	31 (*Ricola Mulhouse*, 1994, © ProLitteris Zurich), 139 (*Nacht*, Blossfeldt, 1994, © ProLitteris Zurich)
David Willen	34 (left)
Christian Baur	34 (right), 35
Hansruedi Disch	38, 39, 193
KEYSTONE / Martin Ruetschi	40
Hendrik Tieben	44
Walter Mair	45, 46, 47
Ralph Feiner	50, 51, 63, 64, 65, 71, 72, 73, 151 (above), 152, 153 (above)
Filippo Simonetti	55
Jean-Michel Landecy	59, 60, 61, 106 (below), 107
Urs Forster	75, 76, 77
Fausto Plucchinotta	79–81
Gaston Wicky	83–85, 95–97
Georg Aerni	99–103, 150
Ruedi Walti	105, 106 (above), 110, 111, 146, 147, 157 (left)
Thomas Flechtner	109, 121–123
Archive Valerio Olgiati	114 (above), 140, 141, 151 (below)
Alberto Flammer	117–119, 175, 184, 185,
J. Ignacio Martinez	135 (left)
Badische Luftbildvermessung, Freiburg i. Br., Bernhard Strauss	136 (left), 179, 192
Jürg Spaar	137 (left)
Martin Steinmann	138 (left), 143
Francesco Carrascosa	149
Lucia Degonda	154–155
Archive University of Zurich, Kunsthistorisches Institut	162–174
Lili Kehl	182
Christian Vogt	183
Alo Zanetta	186, 189
Olivier-Henry Dancy	187
Giovanni Luisoni	188